미술로
행복
해지는
아이들

# 미술로 행복해지는 아이들

지은이 ㅣ 오현숙
펴낸이 ㅣ 한병화
펴낸곳 ㅣ 도서출판 예경

초판발행 ㅣ 2009년 4월 21일
2쇄발행 ㅣ 2012년 3월 30일

출판등록 ㅣ 1980년 1월 30일(제300-1980-3호)
주소 ㅣ 서울시 종로구 평창동 296-2
전화 ㅣ 02-396-3040~3
팩스 ㅣ 02-396-3044
전자우편 ㅣ webmaster@yekyong.com
홈페이지 ㅣ http://www.yekyong.com

ISBN 978-89-7084-388-9 (13630)

# 미술로 행복해지는 아이들

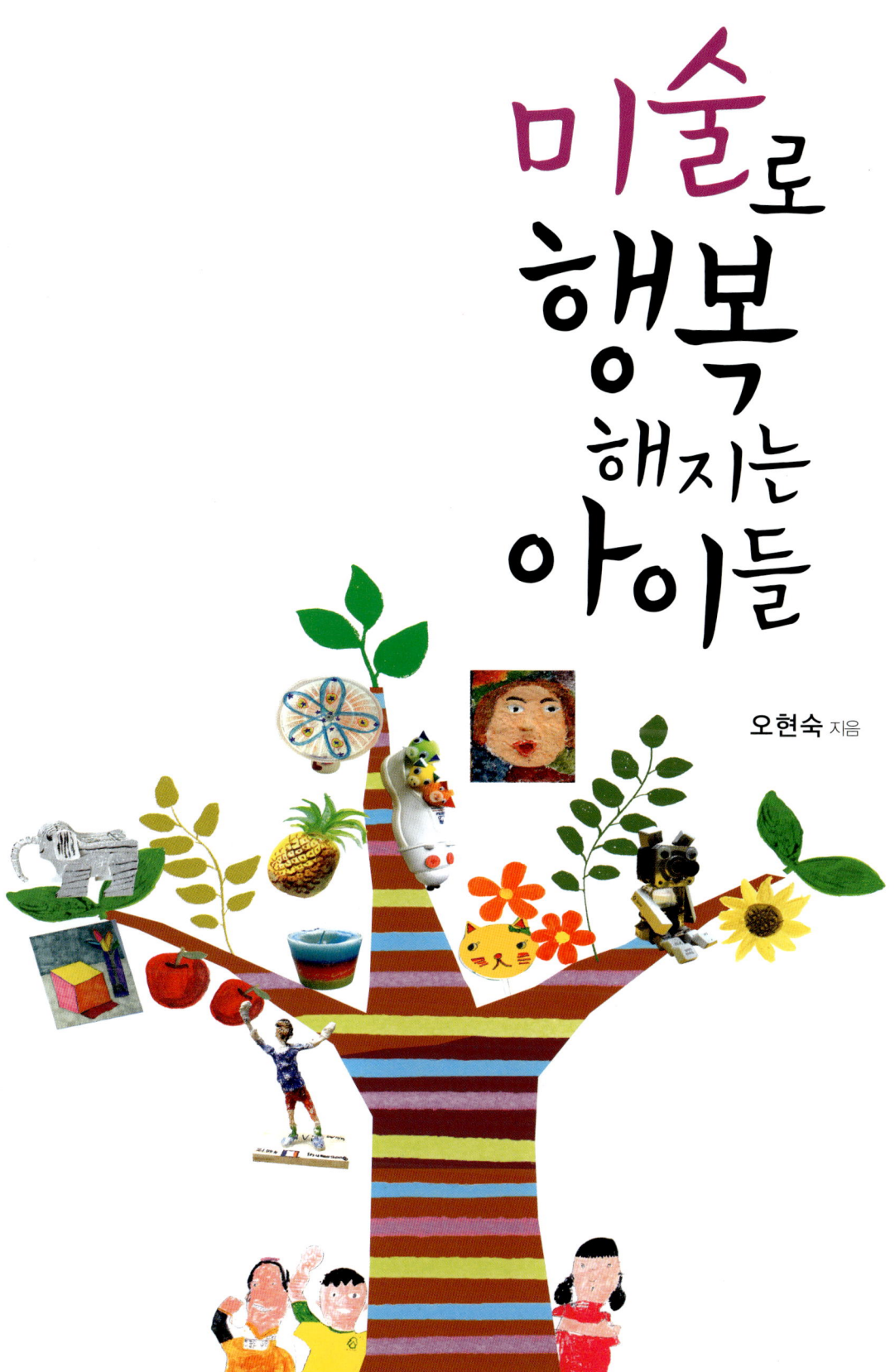

오현숙 지음

예경

미술에 흥미를 보이는 아이들은 모험심과 호기심이 많다는 특징이 있다. 또한 자기 주변의 세상을 받아들이는 감성이 뛰어나고 행동이 열정적이며 아이디어 산출이 활발한 아이들이 대부분이다. 이 아이들은 미술을 통해 자신의 감정을 드러내고, 표현하고, 또 해소한다. 말 그대로 '미술로 행복해지는 아이들' 인 것이다.

이 책 〈미술로 행복해지는 아이들〉은 우리 아이들이 미술을 통해 마음을 풀고, 머리로 사고하고, 두 손으로 자신의 세상을 만들어가는 책이다. 마음을 푼다는 것은 알게 모르게 쌓여 있던 아이들 마음 속의 스트레스를 풀어낸다는 의미이며, 머리로 사고한다는 것은 여러 매체를 다루는 과정을 통해 두뇌 계발이 되며 사고력은 물론 감성력까지 길러진다는 의미다. 두 손으로 세상을 만든다는 것은 창의적인 아이가 되는 첫 걸음으로, 아름답고 건강하고 멋진 미래를 그리면서 성장하도록 한다는 의미가 담겨 있다. Torrance(1988)는 "창의력은 유추를 통해 더 깊이 파는 것, 두 번 보는 것, 냄새를 (맡는 것이 아닌) 듣는 것, 실수를 넘는 것, 파고드는 것, 문 밖으로 나오는 것, 보려고 구멍을 내어 자르는 것, 귀퉁이를 자르는 것, 태양에 플러그를 꽂는 것"이라고 표현했다.

이 책에서 소개하는 프로그램은 이러한 창의력 계발은 물론 멘탈케어(mental care)까지 다루는 것을 중심 목표로 하여 창작표현, 평면, 반입체, 자유창작의 총 4단계로 구성되었다.

## 창작표현 Creative Expression은

특별한 매체를 작품의 소재로 선택해 그것을 응용하고 개발하는 작업이다. 교사가 제시하는 매체들을 자유롭게 탐색하면서 그것으로 무엇을 만들 것인지 아동 스스로 아이디어스케치를 통해 제시해보도록 한다. 평면적인 아이디어스케치를 실제 구조물로 입체화하는 과정을 통해 아동들이 공간감을 기를 수 있는 프로그램이다.

**평면** Plane Figure은

모든 미술 활동의 기본이 되는 조형의 기초를 이해하게 하는 프로그램이다. 하나의 주제를 가지고 교사와 충분한 커뮤니케이션을 통해 개인작업과 공동작업을 병행한다.

**반입체** Concept Program는

하나의 주제를 각기 다른 그리기 재료와 화지를 통해 다양하게 표현해보는 프로그램이다. 매체의 자유로운 사용은 아이들에게 융통성과 독창성을 키워준다.

**자유창작** Open Studio은

재활용 물품들과 여러 가지 매체의 미술 재료들을 가지고 평면과 입체를 넘나들며 작업하는 프로그램이다. 아이들의 미술적 재능을 가장 잘 파악할 수 있는 과정이기도 하다.

각 단계의 끝에는 특별 프로그램이 실려 있는데, 주제를 참고로 해서 아동과 교사 나름의 좀 더 다양한 활동을 꾸며볼 수 있게 했다. 교사들은 아이들이 만든 작품에서 보여지는 상징과 색을 통해 아이들을 더욱 잘 이해할 수 있다.

이 책을 통해 우리 아동들이 감수성이 뛰어난 창의적인 아이, 누구와도 다른 독창적인 아이, 세상과 잘 융합할 수 있는 융통성 있는 아이가 되는 '미술로 행복해지는 아이들'로 자라게 하는 것이 저자의 바람이다.

이 책이 나오기까지 프로그램을 운영해준 제자 안정미, 김윤화, 이미경, 이정혜와 자료 정리를 도와준 김태임에게 고마운 마음을 전한다.

2009년 3월

오 현 숙

# contents
## 차례

머리말  4

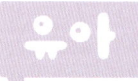

## 1. 창작표현 Creative Expression  11

1. 스펀지의 변신  12
2. 배드민턴 채의 변신  12
3. CD의 변신  13
4. 대바구니의 변신  14
5. 파워스틱의 변신  15
6. 투명매체의 변신  16
7. 봉투류의 변신  16
8. 찰흙의 변신  18
9. 칫솔, 바닥솔, 운동화솔의 변신  18
10. 거품기의 변신  19
11. 솔방울의 변신  20
12. 상자의 변신  20
13. 부챗살의 변신  21
14. 깃발의 변신  21
15. 나무의 변신  22
16. 건빵의 변신  22
17. 리스의 변신  23

## 2. 평면 Plane Figure  25

1. 넓어지는 그림 : 짧았다 길어지는 요술그림  26
2. 동물원 가는 날 : 내가 그린 동물원  28
3. 실루엣을 이용한 인체 확대 표현 : 커졌다 작아졌다 하는 내 모습  30
4. 실물 사진 보고 관찰표현 : 동물의 모습을 사실적으로 표현하기  32
5. 어떤 상황일까? : 옛날 그림 속 이야기를 연결해 보기  34
6. 숨어 있는 그림 : 종이를 펼치면 안 보이던 부분이 보여요!  36
7. 몬드리안 이야기 : 그림 속 그림 명화 이야기  38
8. 야외관찰(세밀화) : 풀잎의 모양은 어떻게 생겼을까  40
9. 돌고 도는 마술그림 : 한 장에서 나오는 여러 그림  42
10. 상상 속의 동물 : 내가 만든 상상 속 동물나라  44
11. 페이퍼 애니메이션 : 동작이 변하는 그림 만들기  46
12. 겨울 풍경 : 반짝이는 겨울 풍경 표현하기  48

## 3. 자유창작 Open Studio  51

1. 빙글빙글 돌아가는 그네  52
2. 움직이는 기차  52
3. 비치는 토끼들의 무대  53
4. 소화기를 든 내 모습  53
5. 고기 잡는 사람들  54
6. 날아다니는 나비들  54
7. 시골마을  55
8. 칼과 방패  55
9. 대포  56
10. 토끼 전화기  56
11. 움직이는 문어와 악어  57
12. 과일이 담긴 접시  57
13. 제트기  58
14. 윙크하는 고양이  58
15. 알록달록 무늬지붕 집  59
16. 새를 좋아하는 곰  59
17. 푸르고 큰 잎을 가진 나무  60
18. 공원  60
19. 거울  61
20. 토끼  61

## 4. 반입체 Concept Program  63

1. 이야기 무대 만들기 : 내가 만드는 이야기 무대, 발표하기  64
2. 로봇 만들기 : 내가 만드는 로봇  66
3. 한 장의 동화책 : 내가 만드는 한 장의 동화책  68
4. Project 활용하기 : 슬라이드 세상 속  70
5. 스토리텔링 : 우리들의 이야기  72
6. 애니메이션 만들기 : 친구들과 함께 만들기  74
7. 내가 다니는 길 : 투명한 지도 위에 놀이 해보기  76
8. 돌멩이 그림 : 새롭게 변신하는 돌멩이  78
9. 청상화 : 내가 표현하는 동화 속 장면  80
10. 자기 신체 본뜨기 : 폼보드로 만드는 내 모습  82
11. 공룡시대 : 공룡들이 사는 세상 만들기  84
12. 퍼즐 그림 : 퍼즐 놀이를 하자  86
13. 철사 모빌 : 철사로 만나는 모빌 세상  88
14. 초대장과 팝업pop-up의 만남 : 팝업으로 초대장 만들기  90
15. 투명 컵 꾸미기 : 스테인드글라스 꾸미기  92
16. 찰흙 토우 : 나만의 찰흙 토기 만들기  94
17. 아르침볼도 작가 탐색  96
18. 의상 디자인 : 내가 만드는 인형 옷  98
19. 공룡 화석 : 친구들과 함께 공룡 화석 만들기  100
20. 나만의 인형 친구 : 내가 만드는 인형  102
21. 폼보드 트리 : 크리스마스 트리 만들기  104

## 5. 특별 프로그램 Special program  107

1. 정크아트  108
2. 와! 여름이다  109

## 1. 창작표현 Creative Expression  111

1. 거품기의 변신  112
2. 빨래판의 변신  112
3. 분무기의 변신  113
4. 박스의 변신  114
5. 폼보드 활용  114
6. 종이죽  115
7. 캔의 변신  115

## 2. 반입체 Concept Program  117

1. 꼭두각시 만들기 : 내가 만드는 꼭두각시 인형  118
2. 월드컵 티셔츠 만들기  120
3. 글루건 다색판화 : 글루건으로 만드는 판화이야기  122
4. 타일에 그려보는 이중섭 그림  124
5. 콜라주 자화상  126
6. 나만의 CD : 나의 프로필  128
7. 스토리 전개를 통한 판화  130
8. 꼬불꼬불 미로 : 나만의 미로를 만들자  132
9. 파라핀 그림  134
10. 콜라주 판화  136
11. 의상 디자인  138
12. 풍경 입체 표현  140

## 3. 자유창작 Open Studio  143

1. 바닷속 풍경  144
2. 반짝이는 로켓  144
3. 여름 달력  145
4. 철사 다람쥐  145
5. 목이 긴 기린  146
6. 초식공룡  146
7. 사자와 토끼  147
8. 가방  148
9. 꿀꿀 돼지가족  148
10. 햄버거 세트  149
11. 바위와 꽃게  150
12. 빨래하는 로봇  150
13. 사계  151
14. 가면  152
15. 카메라  152
16. 아빠 생일 케이크  153
17. 바닷속 연필꽂이  153

## 4. 평면 Plane Figure  155

1. 뭉크 패러디  156
2. 1시간 후에 생긴 일  158
3. 박수근 따라가기  160
4. 민화 표현  162
5. 포토릴레이  164
6. 흑백의 정물  166
7. Paper shower  168
8. 색채탐구  170
9. 반 고흐 따라가기  172

## 5. 교과서 따라가기 School Program  175

1. 나의 방 꾸미기  176
2. 철사 인체탐구  176
3. 포장 디자인  177
4. 양초와 상감기법  178
5. 찰흙 부조  179
6. 다양한 표지판  180
7. 명암 5단계  181
8. 한색+난색 평면구성  182
9. 석고 인체 조형  183

## 6. 특별 프로그램 Special program   185

1. 뚝딱뚝딱 나무이야기   186   2. 마스크   187

## 초등학교 _고학년

## 1. 창작표현 Creative Expression   189

1. 실내화의 변신   190   2. 우산의 변신   191   3. 석쇠의 변신   192
4. 나무로 만들기   192   5. 박스 공동작업   193

## 2. 반입체 Concept Program   195

1. 미니 병풍 만들기   196   2. 원뿔 콜라주   198   3. 이야기 속 장면 표현하기   200
4. 정물 표현하기   202   5. 건축물 부조 만들기   204   6. 동판화   206

## 3. 자유창작 Open Studio   209

1. UFO   210   2. 장구   210   3. 새 종족 탄생   211
4. 들판에 앉은 양 두 마리   211   5. 로봇 개   212   6. 경비행기   212
7. 표주박 장식   213   8. 꽃   213   9. 꽃다발   214
10. 아파트 앞 도로   215   11. 눈 오는 날   215   12. 당구대   216
13. 놀이공원   216   14. 팥빙수   217

## 4. 평면 Plane Figure   219

1. 자화상 소묘   220   2. 붓펜 소묘   222   3. 색연필화   224
4. 내 모습 캐리커처   226   5. 문자 디자인   228   6. 친구의 반쪽 얼굴   230

## 5. 특별 프로그램 Special program   233

1. 스테인드글라스   234   2. 양초 만들기   235

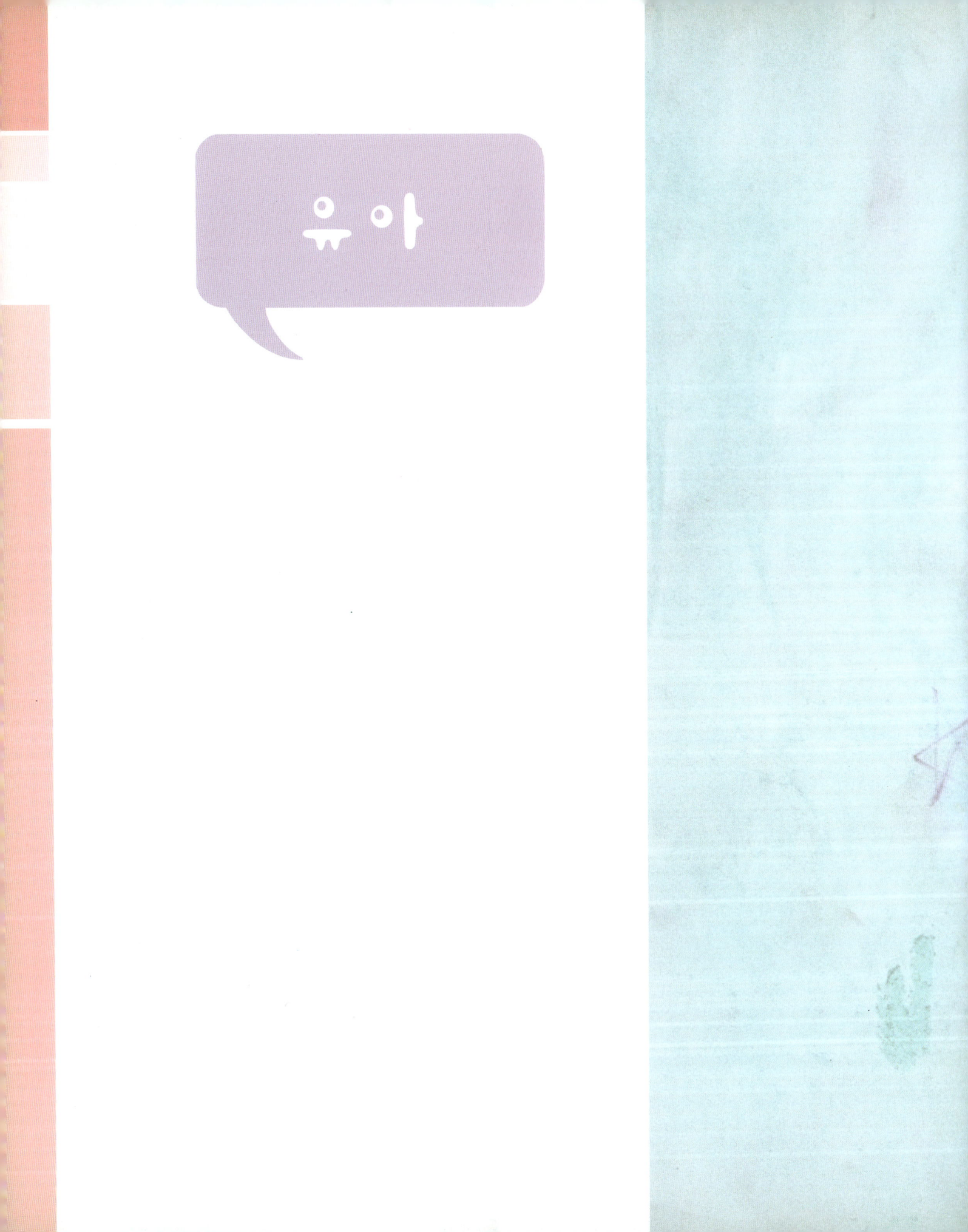

# 1. 창작표현

생활 속의 특별한 물체를 매체로 선택하여 응용하는 작업으로 두뇌계발과 창의력을 키우는 프로그램입니다.

창작표현은 제시되는 매체를 자유롭게 탐색하면서 무엇을 만들 것인지 아동 스스로 생각하게 합니다. 탐색 과정에서 떠오른 아이디어를 스케치 한 후 다양한 매체들을 이용하여 완성합니다. 평면으로 작업한 아이디어스케치가 입체화 되는 과정에서 아동들은 공간감을 기르게 되며, 다양한 매체를 다루면서 유연성과 응용력도 키울 수 있게 됩니다.

## 1. **스펀지**의 변신 – 친구랑 같이 작업해요!

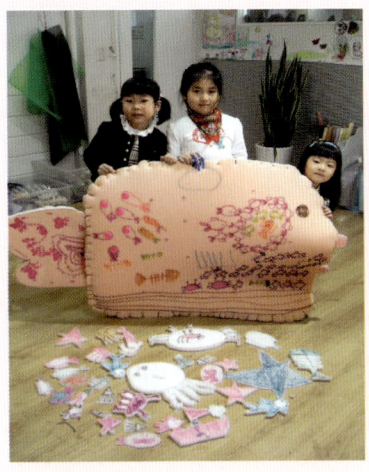

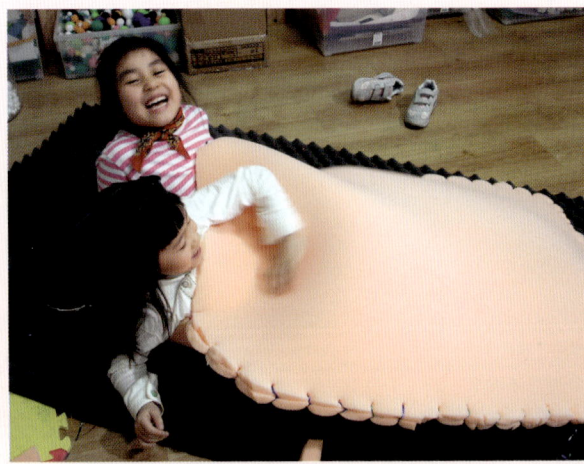

**고래와 물고기들**
◀◀ 우리가 만든 고래와 물고기 어떤가요?
◀ 고래 속에 들어가 누우니 이불도 되요.

**이층 침대**
▶ 짜잔! 스펀지와 백업이 만나 이층침대가 되었어요.
▶▶ 불을 끄고 누우니 편안하게 잠도 잘 수 있어요.

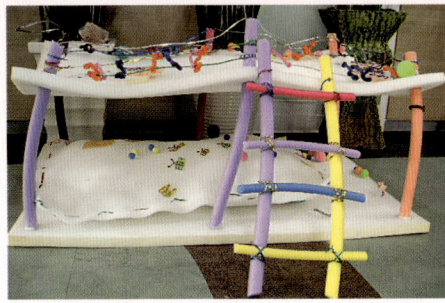

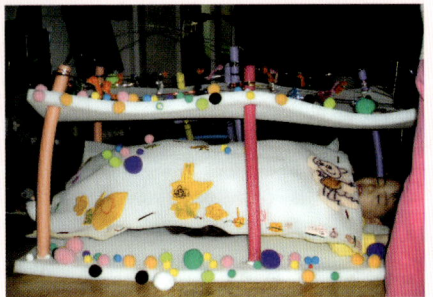

## 2. **배드민턴 채**의 변신

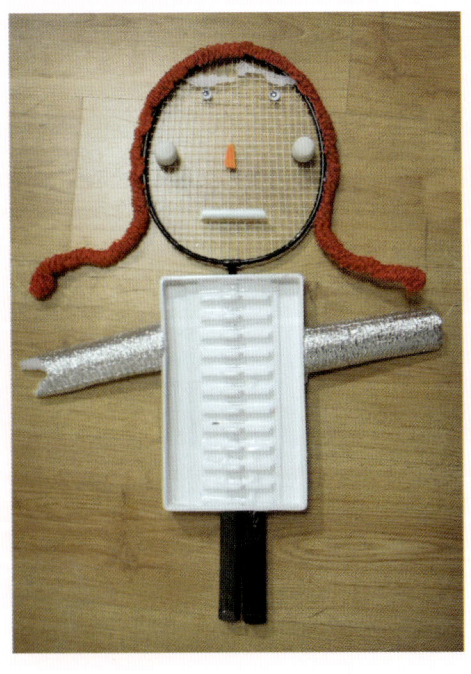

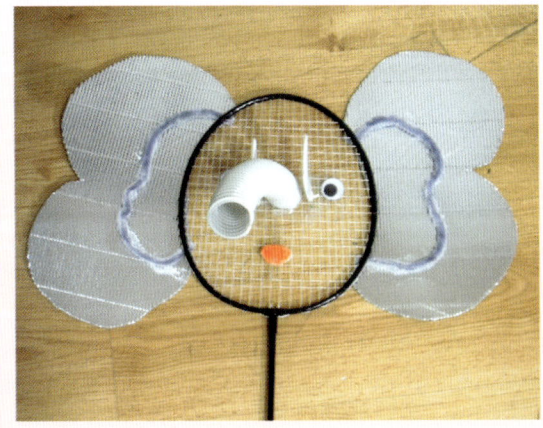

**코끼리**
◀ 채와 호스가 만나니 코끼리 얼굴이 되네요.

**사람과 웃는 얼굴**
◀ 배드민턴 채에 모루로 머리를 붙여주고, 몸통하고 팔도 만들어줬어요.

CREATIVE expression

# 3. CD의 변신

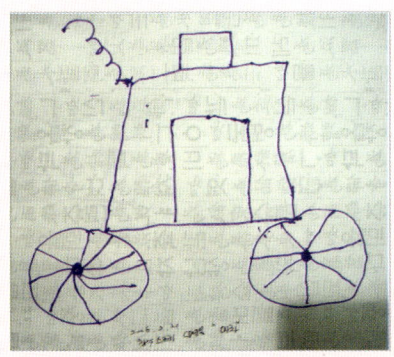

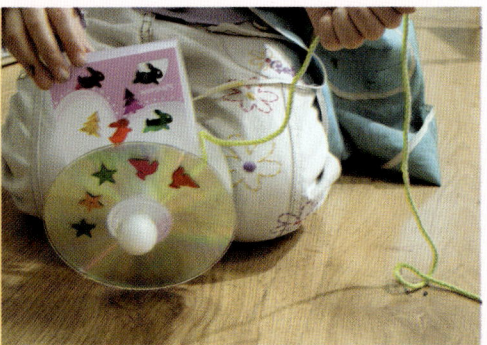

## 마차

◄◄ 유나는 마차를 만들기 전에
원하는 모양의 마차를 아이디어
스케치했어요.
◄ 스케치를 한 후 작업한 마차
어떤가요? 줄도 달아줬어요.

## 열기구

▶ 다혜가 한 열기구 아이디어스케치
▶▶ CD가 열기구의 통으로 변했네요.

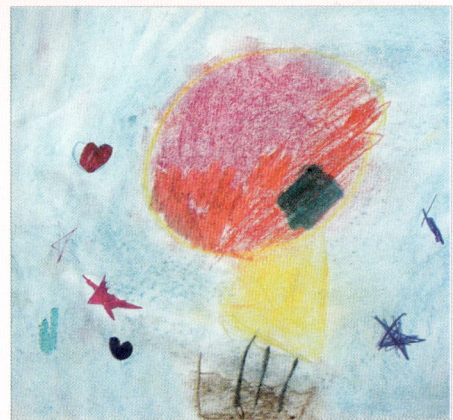

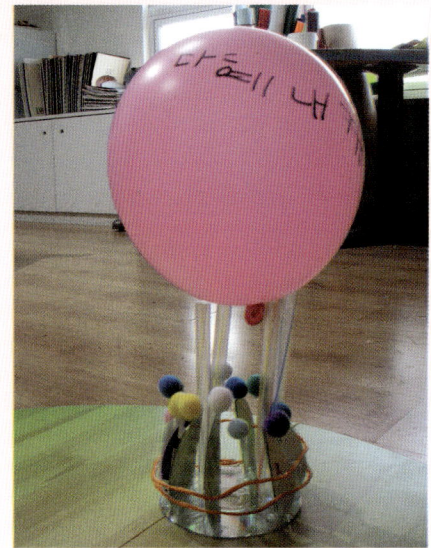

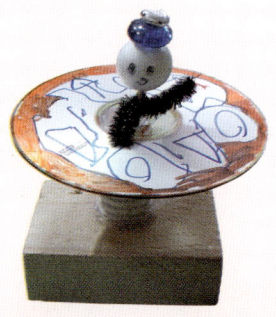

## 오토바이와 홀라후프

◄◄ 나영이는 CD를 오토바이 바퀴로
이용했네요.
◄ 정빈이는 CD를 보고 홀라후프를
연상했어요.

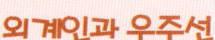

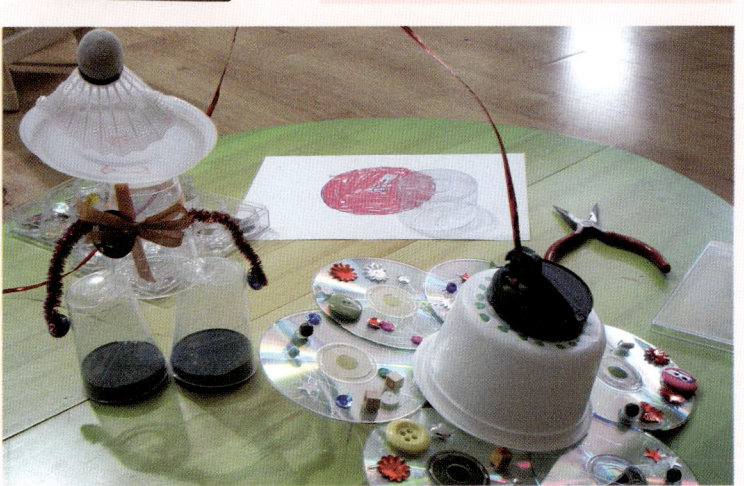

## 외계인과 우주선

▶ 정인이는 외계인과 우주선을 만들었네요.
CD가 모여 우주선 형체가 되었네요.

# 4. **대바구니**의 변신

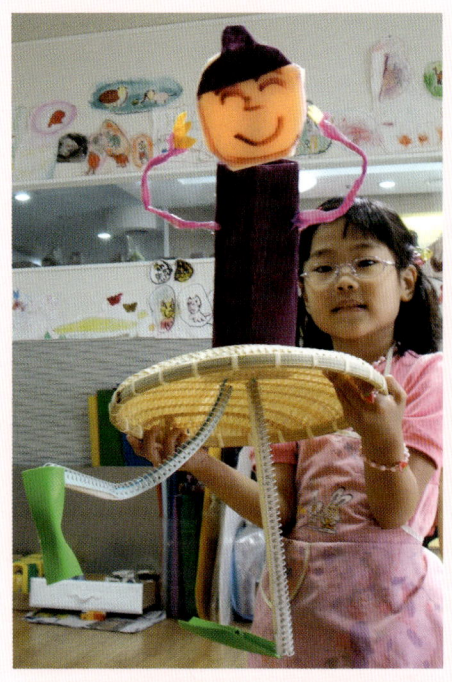

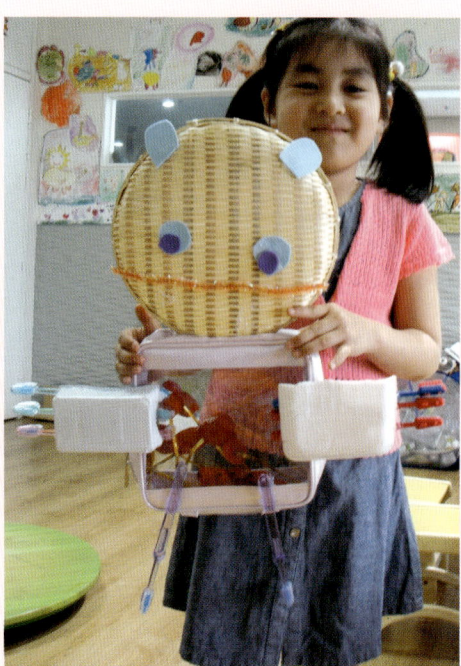

### 춤추는 발레리나
◀◀ 지희는 대바구니로 춤추는 발레리나를 만들었어요. 대바구니가 발레리나의 치마로 변신했어요!

### 올챙이를 품은 개구리
◀ 유정이는 올챙이를 품은 개구리를 만들었어요. 대바구니가 개구리 얼굴로 변신했네요.

### 모자와 장구
▶▶ 영조가 만든 대바구니 모자 어떤가요?
▶ 유진이는 대바구니로 장구를 만들었어요. 꿍더덕 꿍덕! 유진이가 대바구니 장구를 치고 있어요.

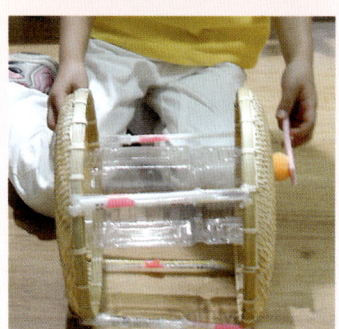

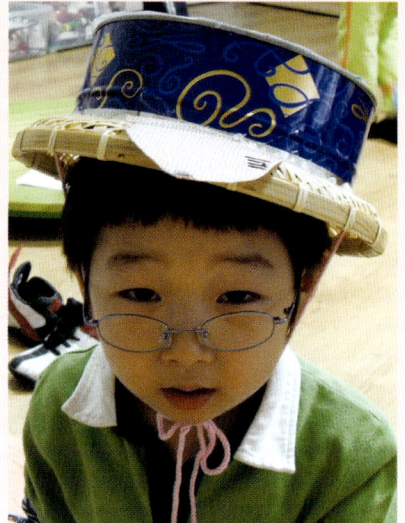

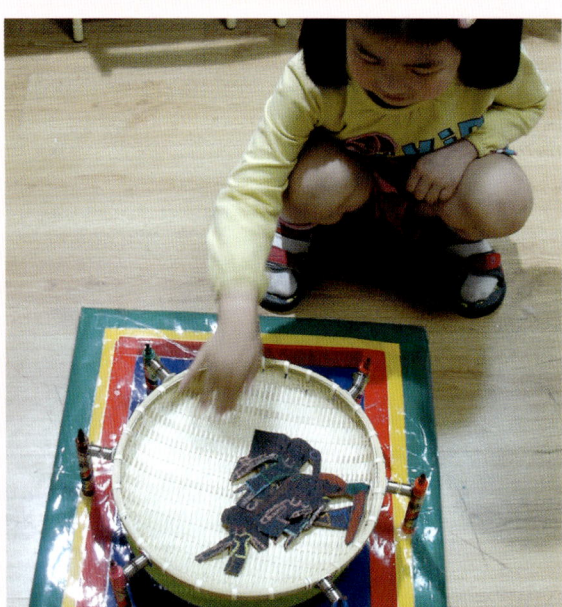

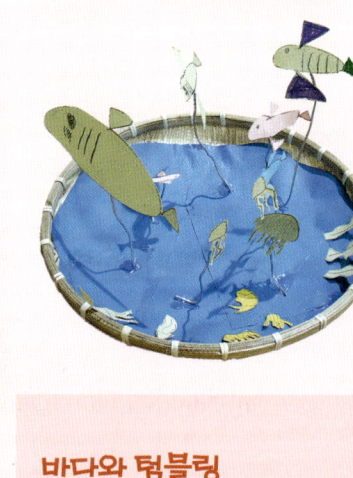

### 바다와 텀블링
▲ 서현이는 대바구니로 바다를 표현했네요. 시원한 바닷물 속에 다양한 어류들이 보여요.
◀ 나영이는 대바구니로 텀블링 판을 만들었어요.

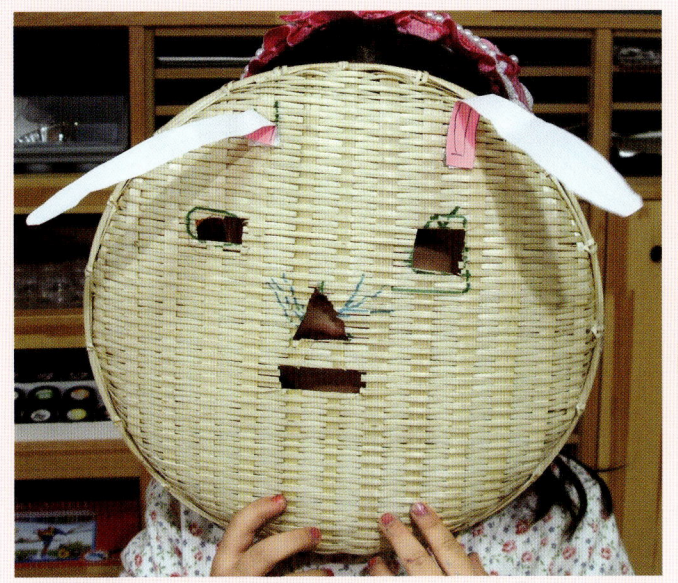

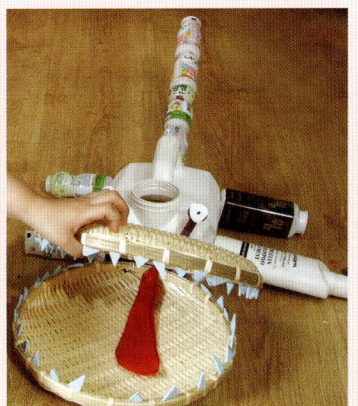

**악어와 토끼**

◀ 가비는 대바구니로 악
어를 만들었네요.
악어의 큰 입과 이빨이
무서워요.

◀◀ 다혜는 토끼 가면을
만들었어요.
다혜가 큰 귀를 가진 토
끼얼굴이 되었네요.

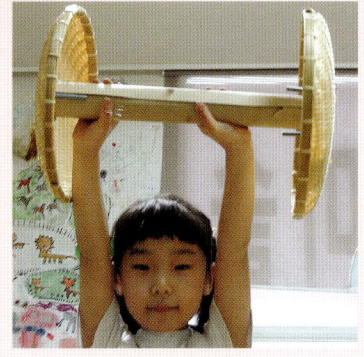

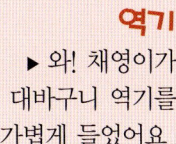

**역기**
▶ 와! 채영이가
대바구니 역기를
가볍게 들었어요.

# 5. **파워스틱**의 변신

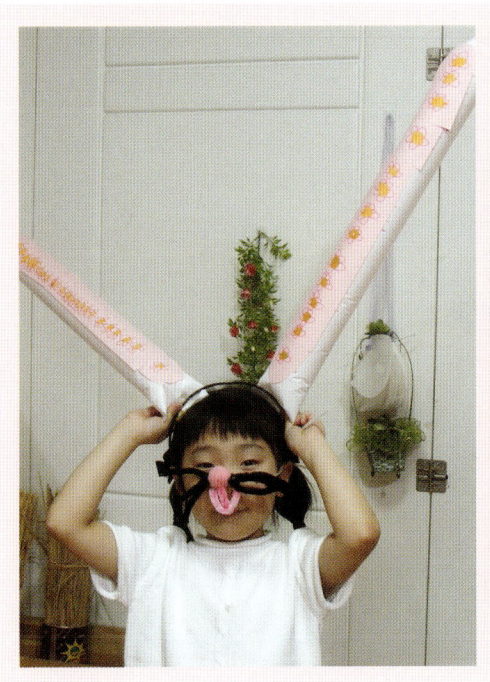

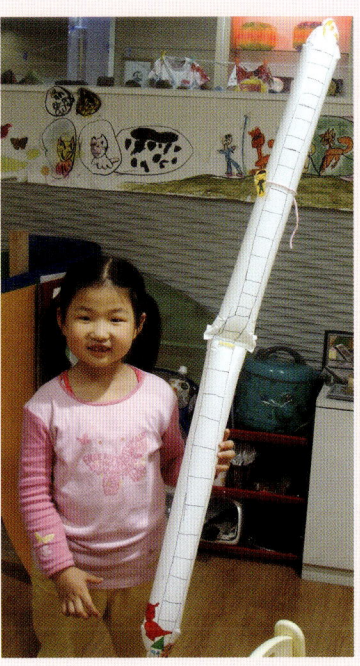

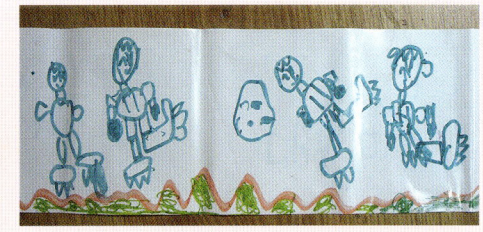

**토끼**
◀◀ 채영아 큰 귀를 가진 귀여운
토끼같아!

**사다리-사람이 올라가고 있어요.**
◀ 나영이는 파워스틱으로 긴 사다리를 만
들었네요.

## 6. **투명매체**의 변신

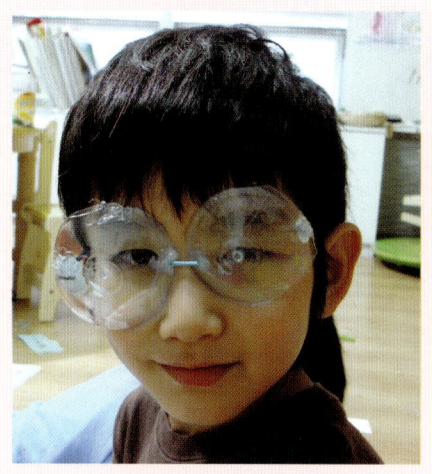

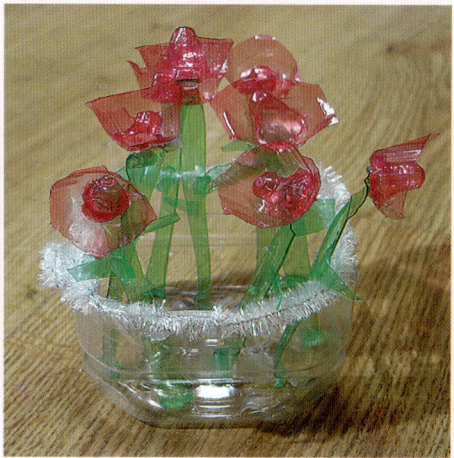

### 사람과 웃는 얼굴

◀◀투명한 커피컵 뚜껑이 멋진 안경
으로 변신했어요.
◀ 유진이는 계란케이스와 페트병으
로 꽃과 화분을 만들었어요.

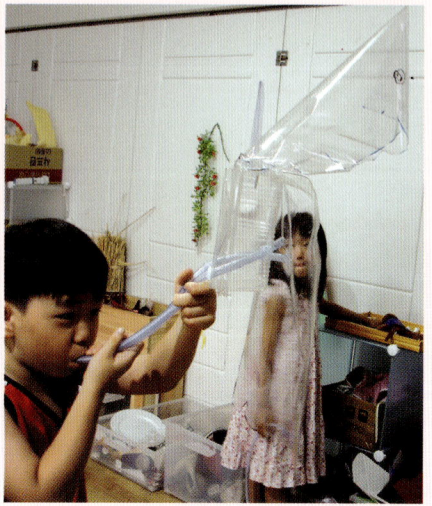

### 가족 목욕탕과
### 몸이 움직이는 유령

▶ 민섭이네 가족이 시원하게
　목욕하고 있어요.
▶▶ 형진이가 바람을 불어 유령의 몸이
　움직이게 하네요.

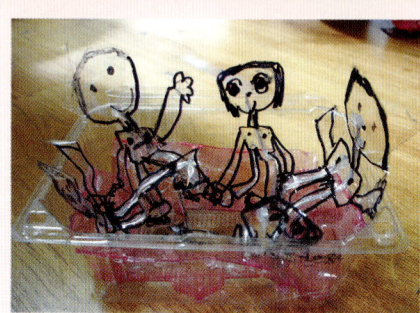

## 7. **봉투류**의 변신

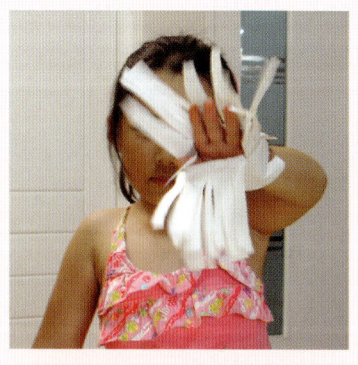

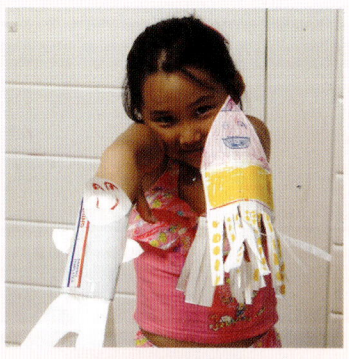

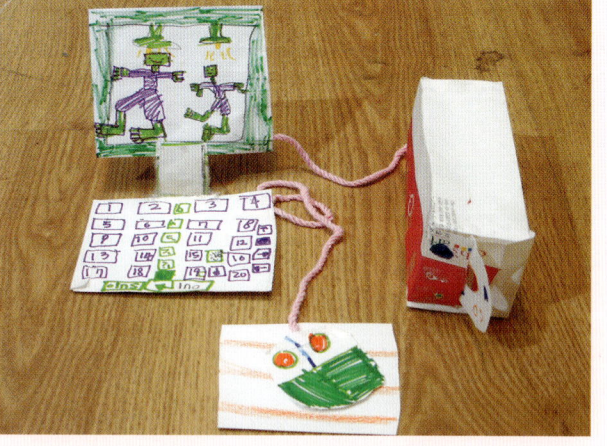

### 오징어와 물고기

▲ 저언이가 봉투에 손을 넣어서
오징어와 물고기를 자랑하고 있어요.

### 컴퓨터

◀ 서현이는 여러 크기의 봉투를 가지고 컴퓨터를 만
들었어요.
▲ 모니터와 자판기, 본체, 마우스도 있어요.

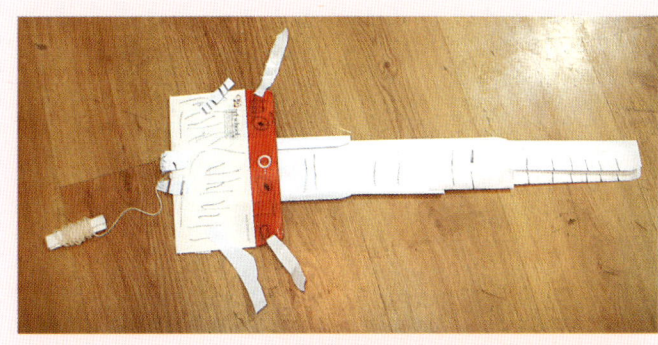

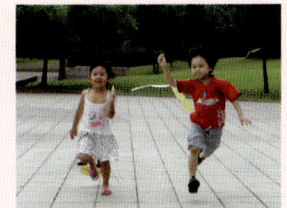

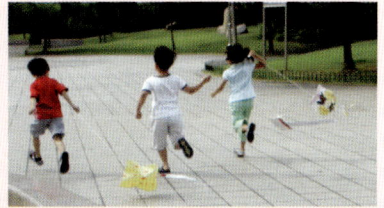

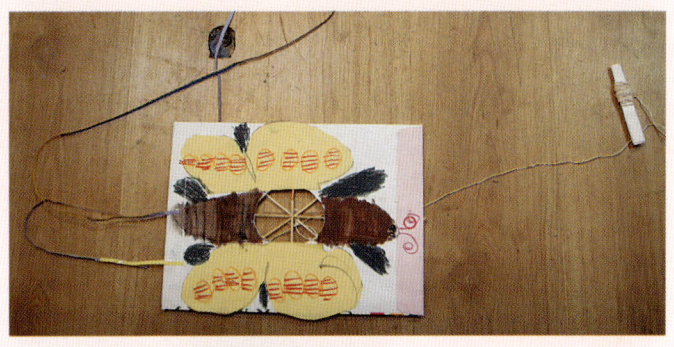

**코끼리 연과 나비 연**
코끼리 연, 나비 연으로
변신한 봉투들.
우리가 만든 연을 친구들과
밖에 나가서 직접 날려 봤어요.

**로켓**
▼ 채움이의 봉투는 로켓으로 변신

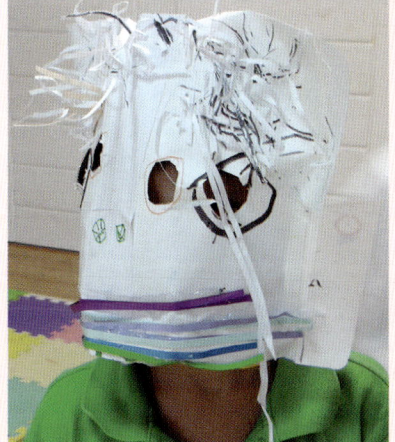

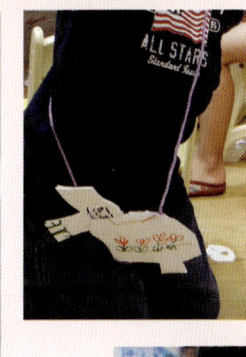

**가면, 칼과 칼집**
◀◀ 가면을 쓰고
있으니까, 누군지
모르겠어요.
◀ 승민이는 봉투로
칼과 칼집을 만들었
어요.

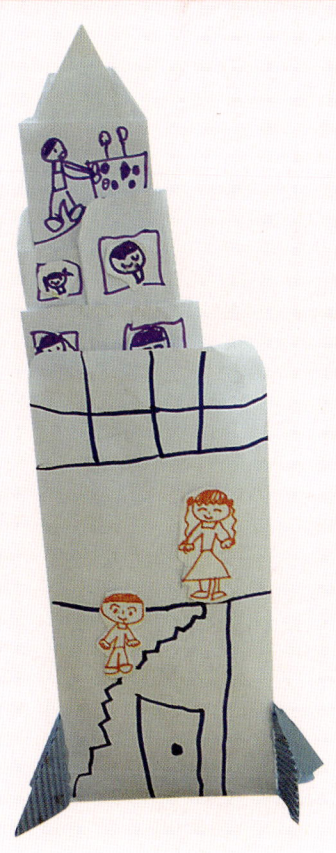

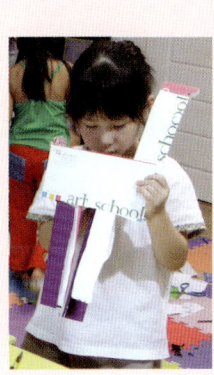
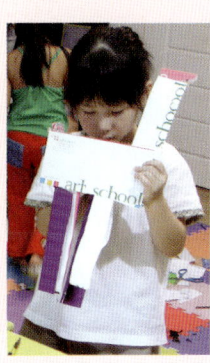

**기린**
▶ 정인이는 목이 긴
기린을 만들었어요.
목이 길어서 잡아줘야
설 수 있답니다.

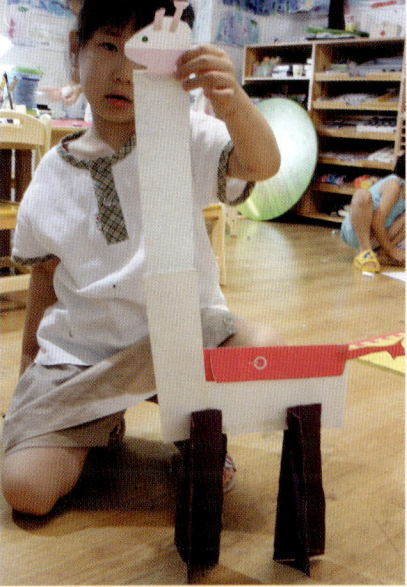

## 8. **찰흙**의 변신

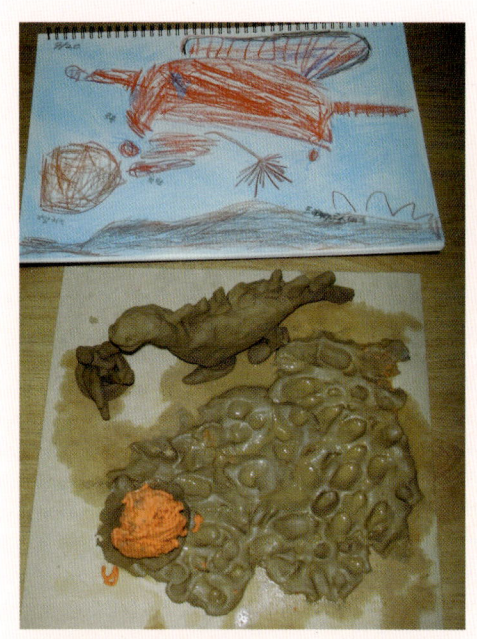

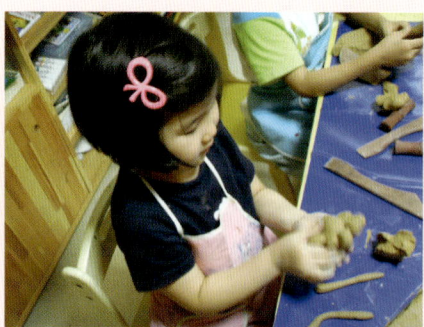

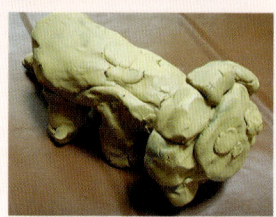

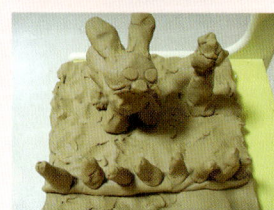

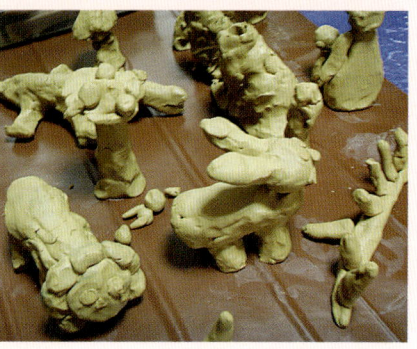

**동물들의 모임**

여러 친구들이 함께 동물을 만들어서
모았어요.
동물들이 모여서 노는 숲 속 같아요.

**공룡마을**

▲ 찰흙으로 공룡마을을 만들었어요.
화산도 만들고, 공룡알도 만들었어요.

## 9. **칫솔, 바닥솔, 운동화솔**의 변신

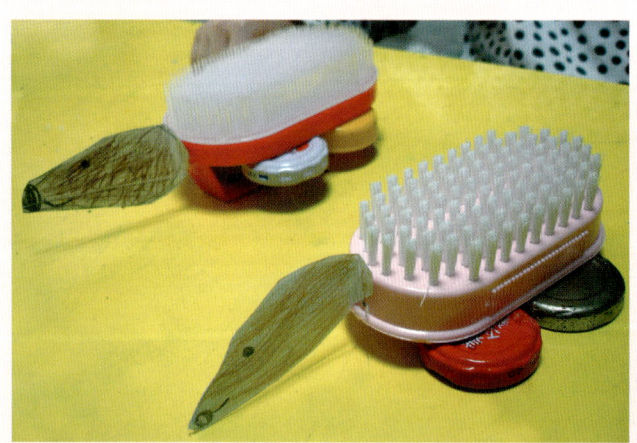

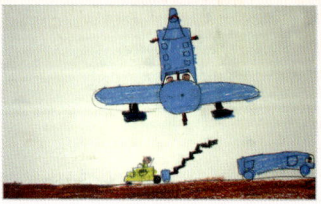

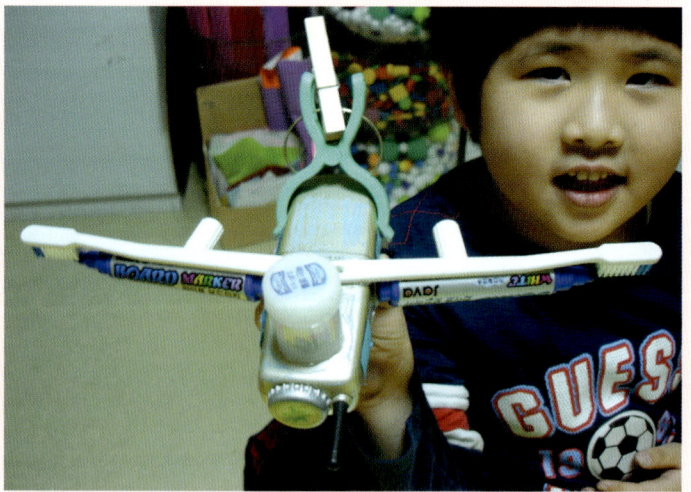

**고슴도치**

▲ 삐죽삐죽 바닥솔이
고슴도치로 변신했어요.

**비행기**

▲ 한이가 칫솔로 만든 비행기! 하늘로 날아오를 것 같죠?
◀ 비행기 만들기 전 아이디어스케치랍니다.

# 10. **거품기**의 변신

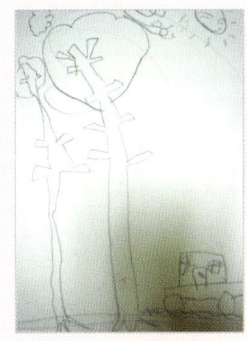

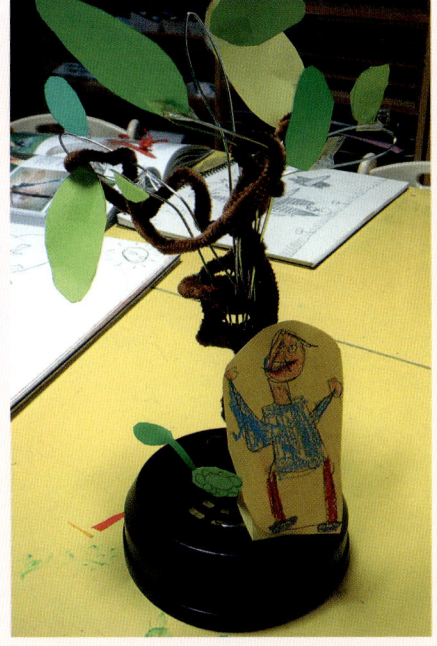

## 나무
◀◀ 나무 만들기 전 아이디어스케치했어요.
◀ 영진이는 거품기로 나무를 만들었어요.

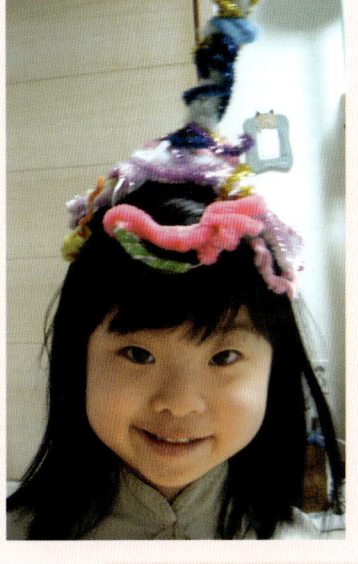

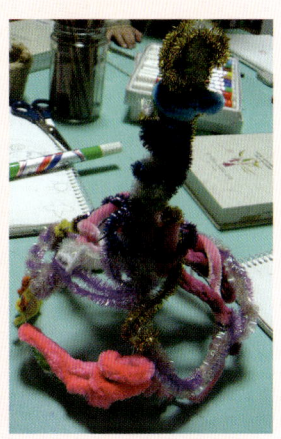

## 나만의 모자
▲ 승희는 거품기로 반짝이는 모자를 만들었어요.
　 모자를 쓴 승희의 모습이 공주 같아요.

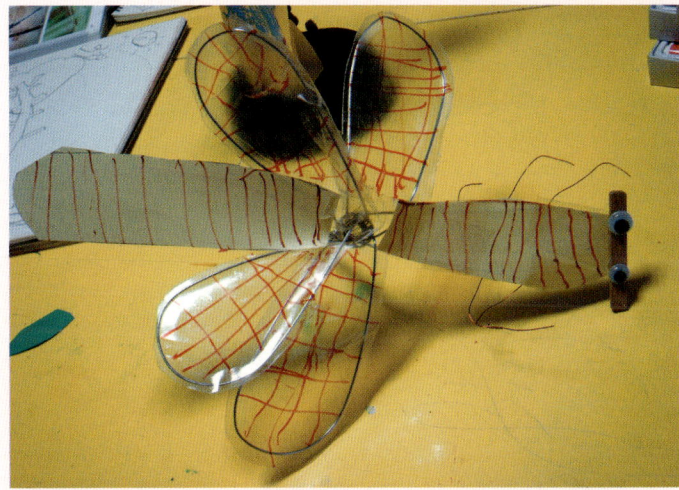

## 벤츠 자동차 마크
▼ 건희는 거품기로 벤츠 자동차 마크를 만들었어요.

## 잠자리
▲ 이번에는 거품기가 잠자리의 날개로 변신했네요.

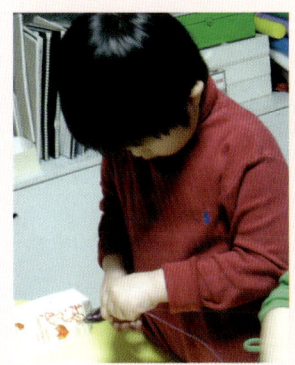

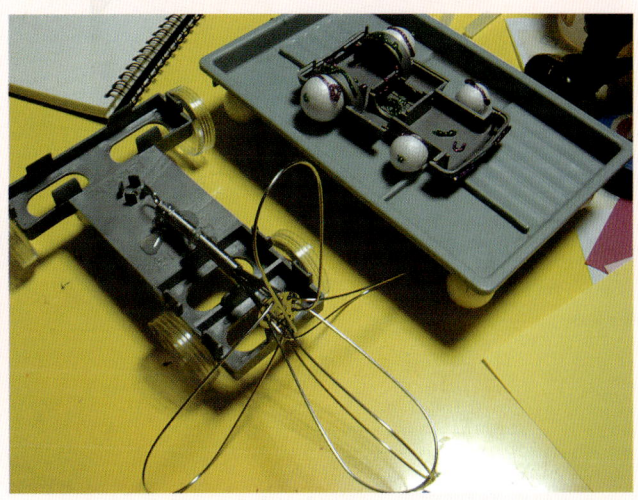

## 11. **솔방울**의 변신

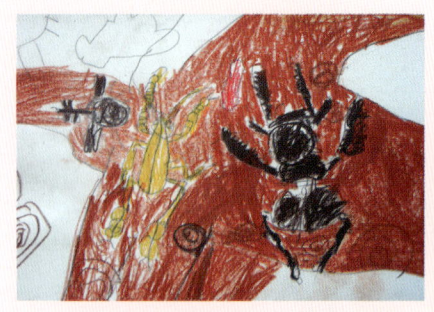

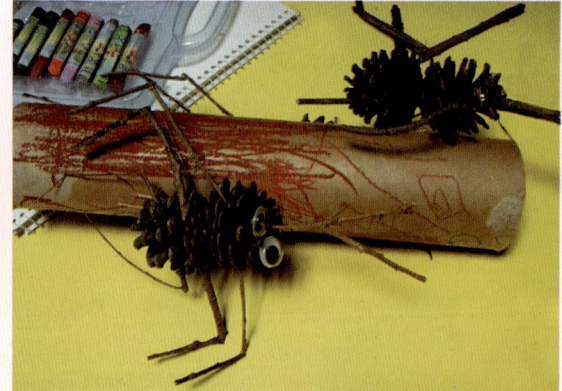

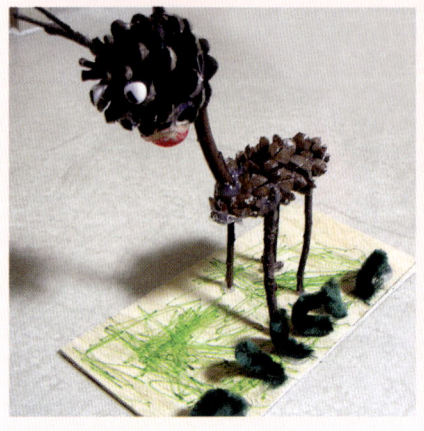

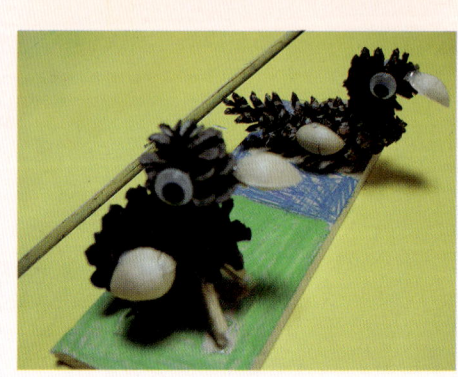

## 12. **상자**의 변신

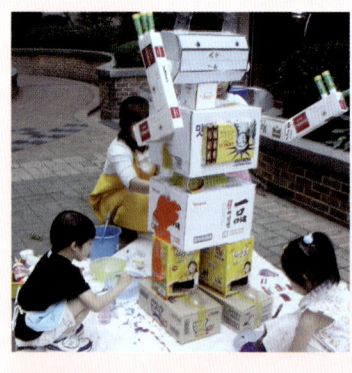

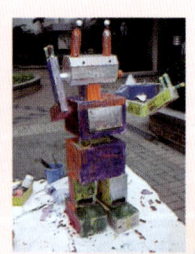

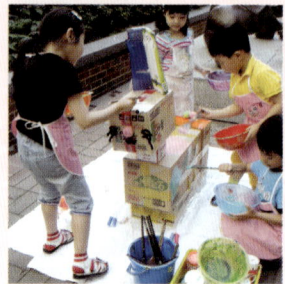

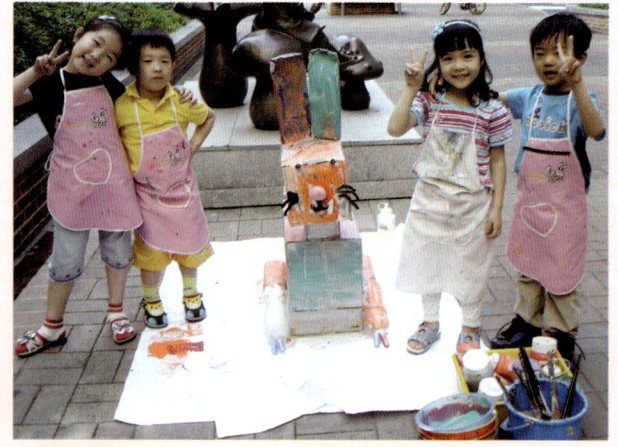

## 13. **부챗살**의 변신

**도미**
▶ 병주가 만든 도미
부챗살이 도미로 변신!

**고양이 얼굴 표정**
◀◀ 수빈이는 만들기 전
아이디어스케치를 했어요.
◀ 부챗살에 고양이 얼굴
표정이 아이디어스케치랑
똑같이 표현됐네요.

## 14. **깃발**의 변신

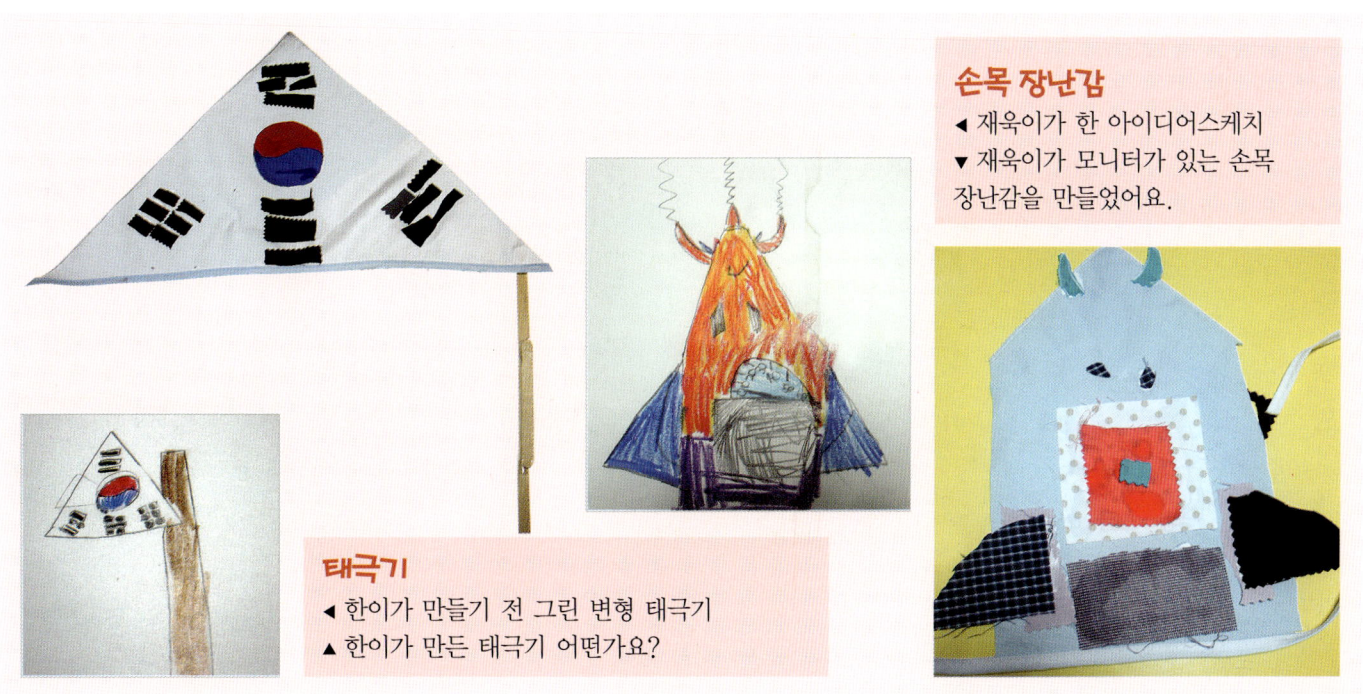

**손목 장난감**
◀ 재욱이가 한 아이디어스케치
▼ 재욱이가 모니터가 있는 손목
장난감을 만들었어요.

**태극기**
◀ 한이가 만들기 전 그린 변형 태극기
▲ 한이가 만든 태극기 어떤가요?

21

## 15. **나무**의 변신

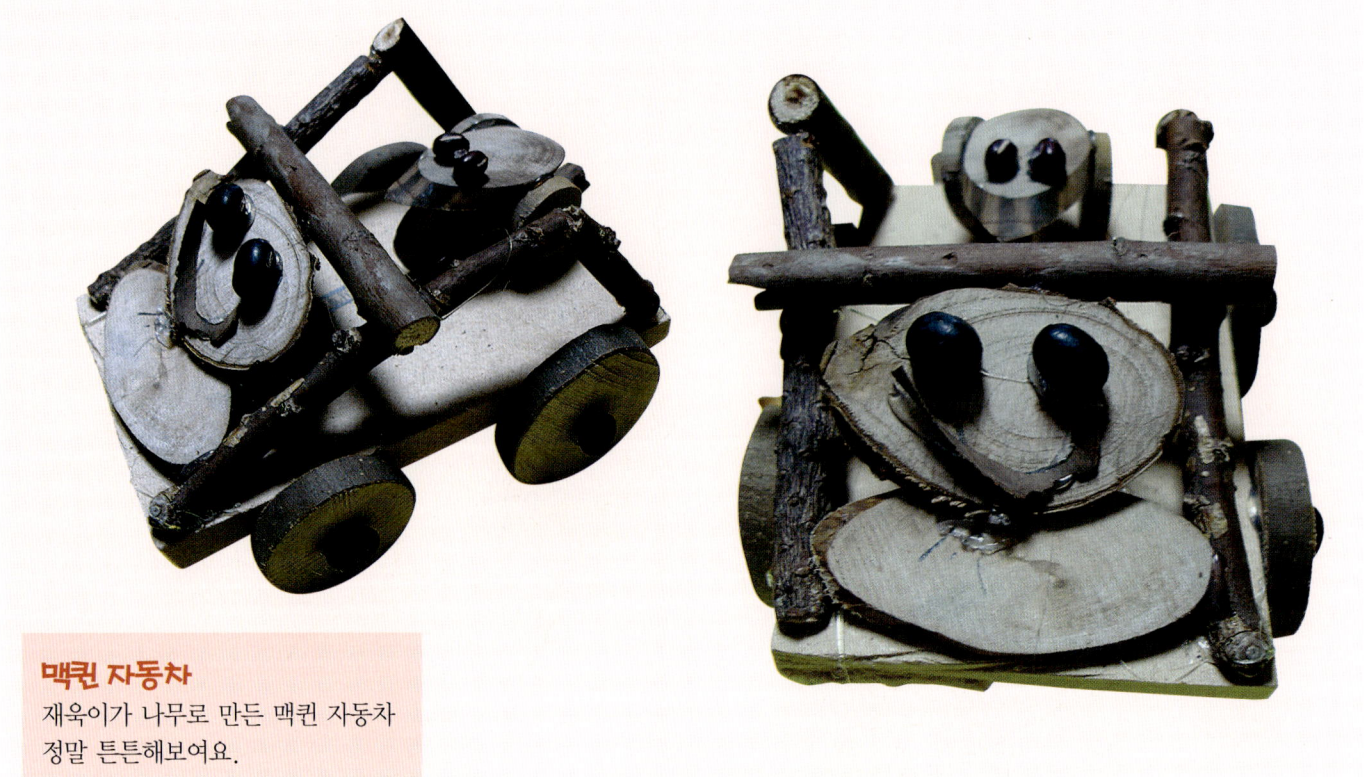

**맥퀸 자동차**
재욱이가 나무로 만든 맥퀸 자동차
정말 튼튼해보여요.

## 16. **건빵**의 변신

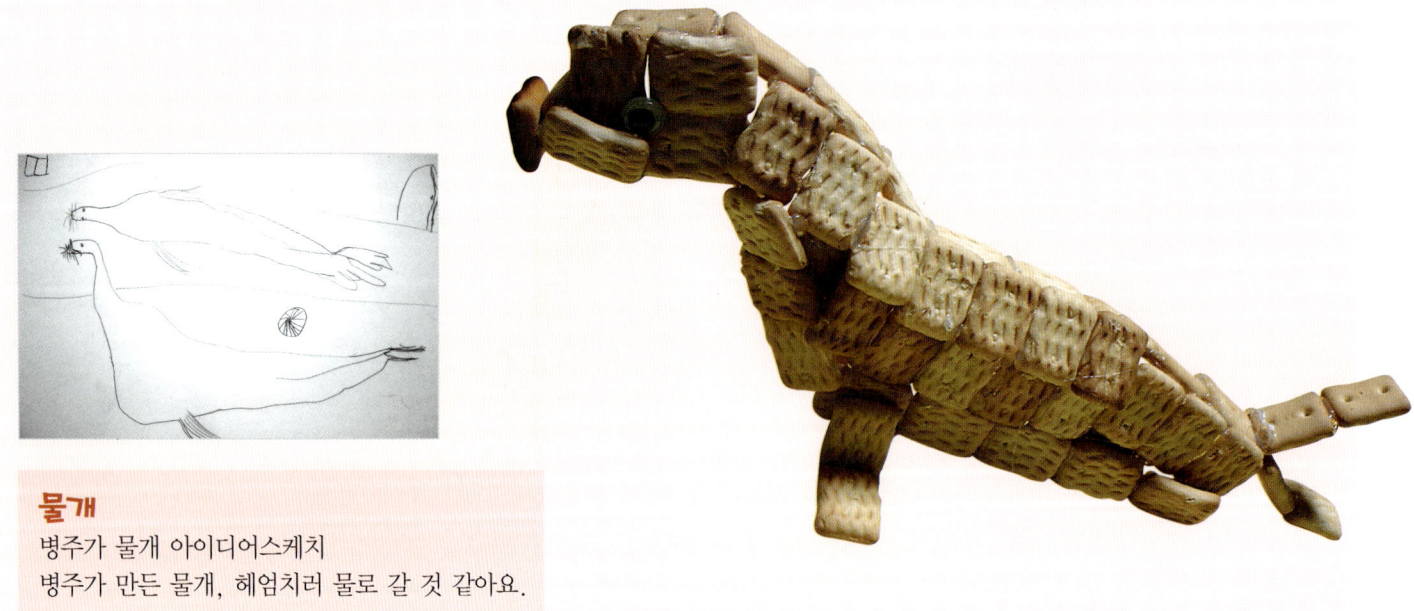

**물개**
병주가 물개 아이디어스케치
병주가 만든 물개, 헤엄치러 물로 갈 것 같아요.

# 17. **리스**의 변신

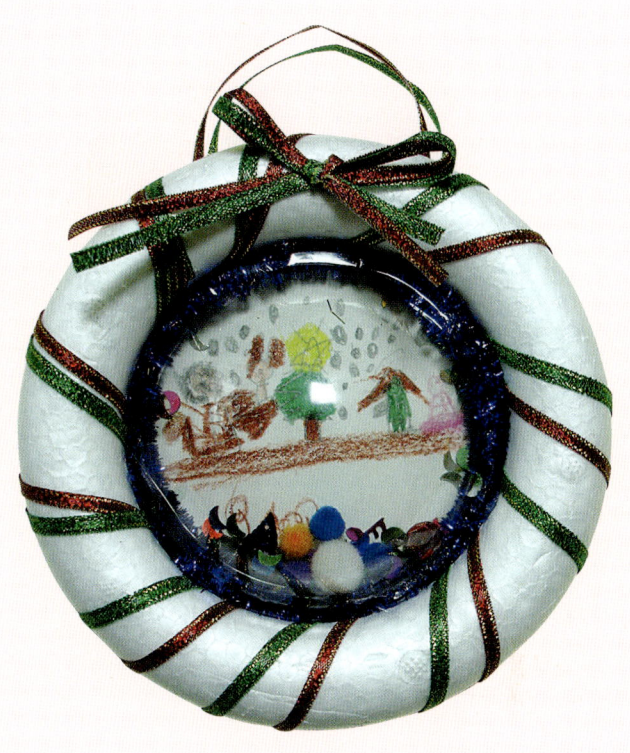

**리스 안의 크리스마스&산타할아버지**

▶ 현서는 크리스마스 풍경 리스를 만들었어요.

▼ 영은이가 만든 산타할아버지 리스 어떤가요?

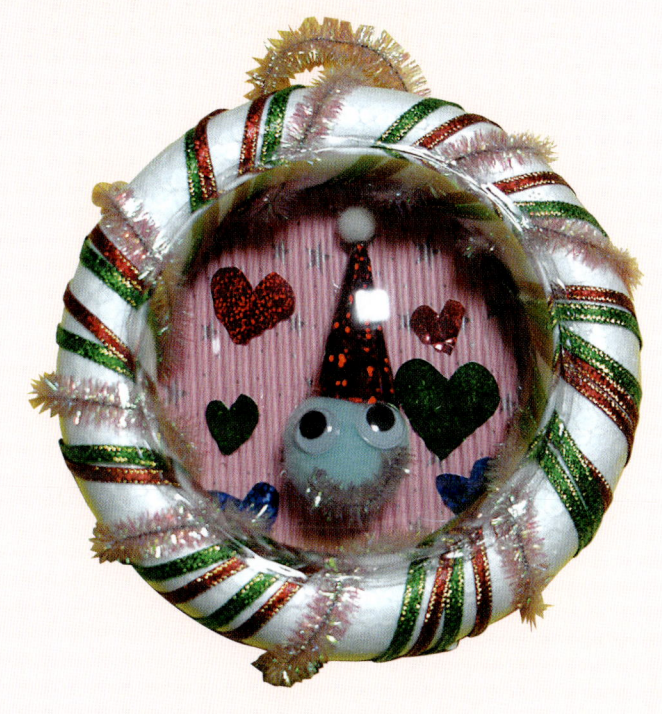

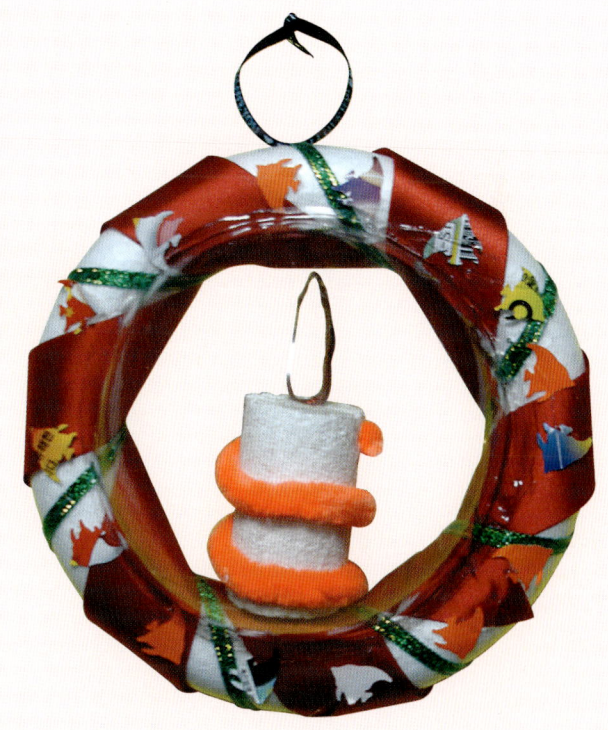

**물고기 장식 리스**

▶ 병주는 물고기 장식의 리스를 만들었네요.

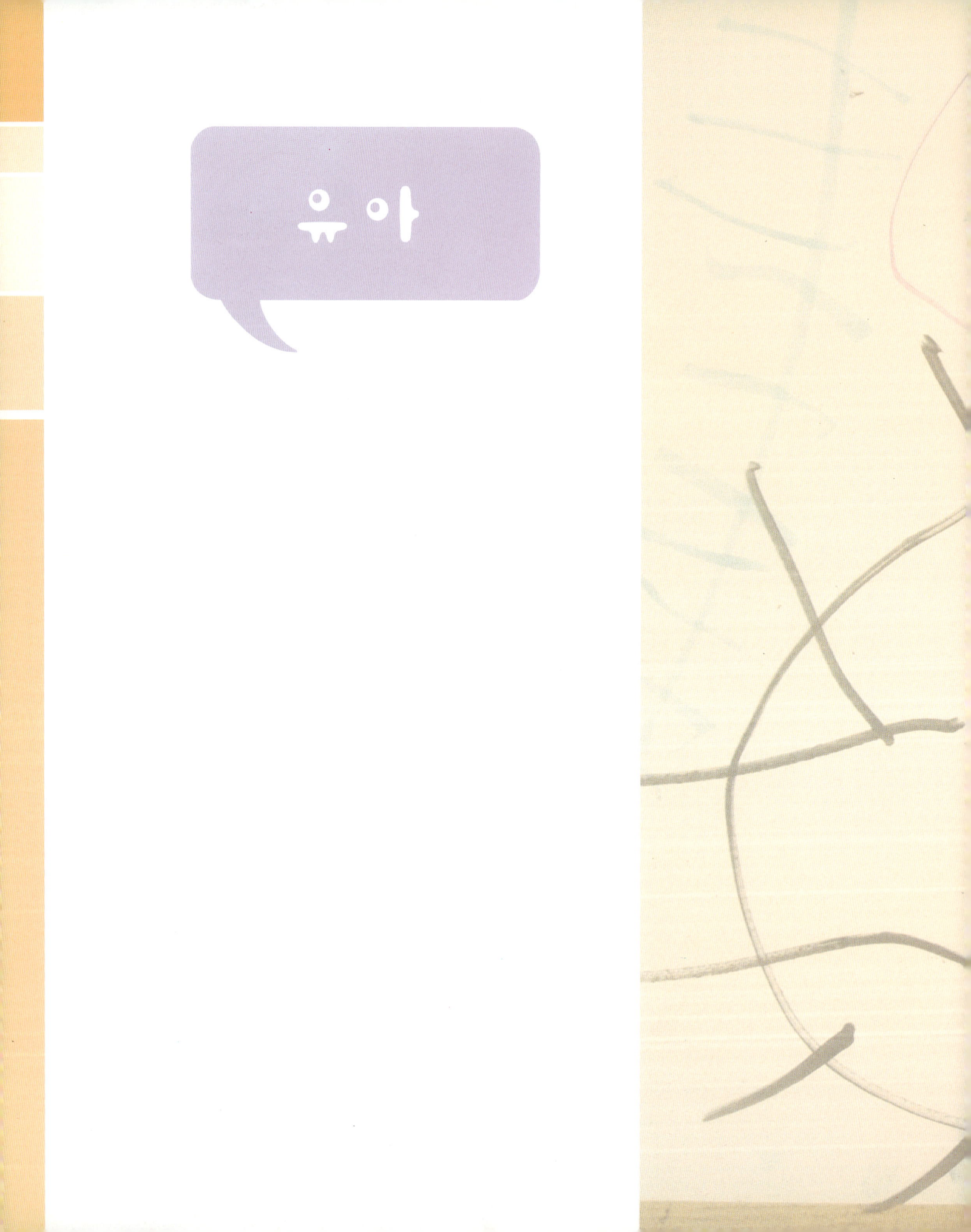

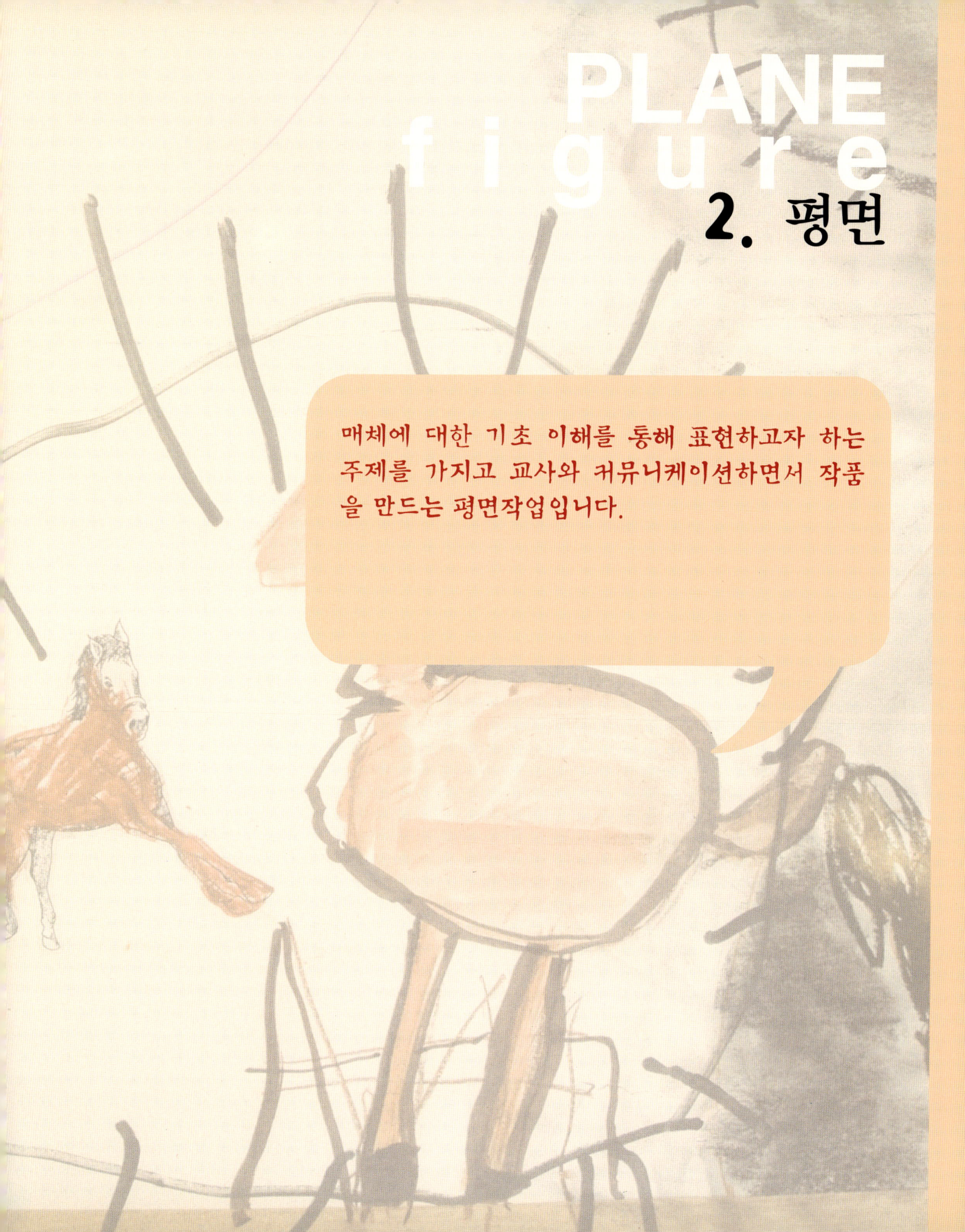

# PLANE figure

## 2. 평면

매체에 대한 기초 이해를 통해 표현하고자 하는 주제를 가지고 교사와 커뮤니케이션하면서 작품을 만드는 평면작업입니다.

# 1. 넓어지는 그림 – 짧았다 길어지는 요술그림

| | |
|---|---|
| • 주제 | 넓어지는 그림 |
| • 학습 목표 | 도화지 활용을 잘할 수 있다. 상상할 수 있다. |
| • 준비물 | 도화지, 콜라주 재료, 크레파스, 색연필, 글루건 |
| • 동기유발 _교사 | 도화지 접는 방법을 알려주고 잠자는 동물에 대해 알려준다. |
| _아동 | 어떤 그림을 그릴지 생각해본다. |
| _학습 시간 | 10분 |
| • 작업 과정 _교사 | 1. 다양한 동물을 나타내고 표현할 수 있도록 유도한다.<br>2. 넓어지는 그림의 특징을 살려 그리도록 유도한다. |
| _아동 | 1. 접힌 상태의 도화지에 연필로 스케치한다.<br>2. 펼쳐서 접힌 부분에 그림을 그린다.<br>3. 바탕은 물감을 사용한다. |
| _유의사항 | 교사는 겨울잠 자는 동물 사진이나 일러스트 자료를 준비한다. |
| _작업 시간 | 80분 |
| • 작품 보고 이야기하기 | 1. 넓어지는 그림의 특징을 잘 살렸는가<br>2. 동물의 특징을 잘 표현했는가 |
| • 발전 학습 | 1. 주제를 바꾸어 제시하고 수업한다.<br>2. 건물이나 집안 모습, 자연물 등을 나타내면 더욱 재미있다. |

PLANE figure

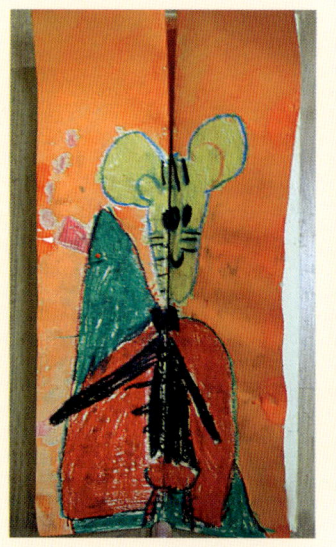

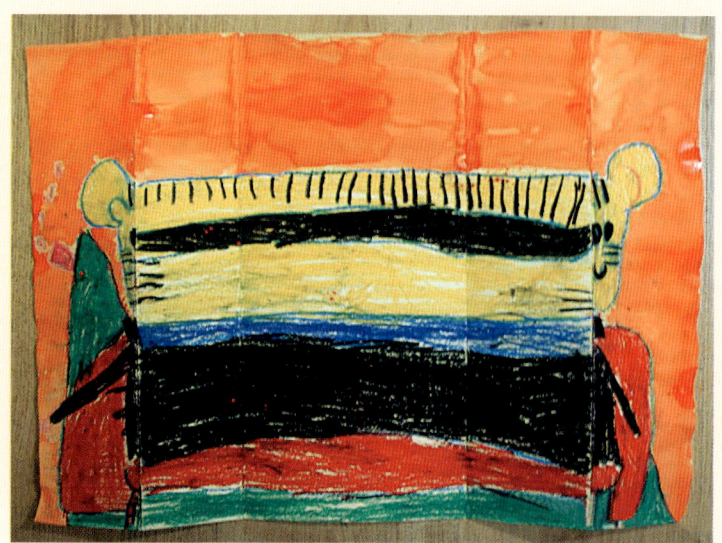

**날씬한 생쥐**
넓어지기 전

**뚱뚱해진 생쥐**
넓어진 후

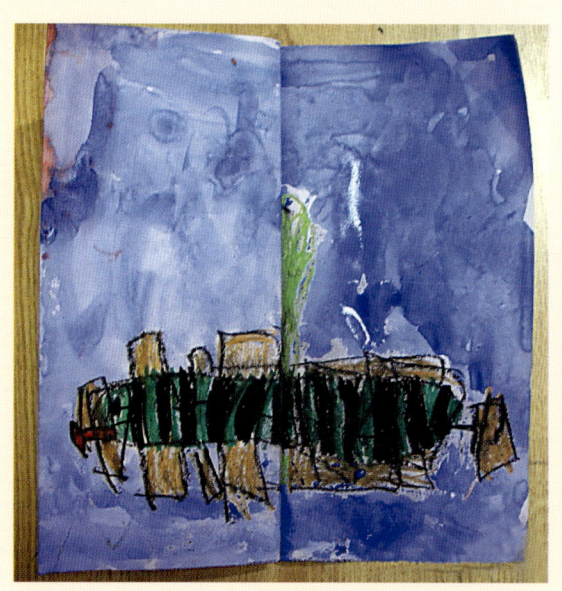

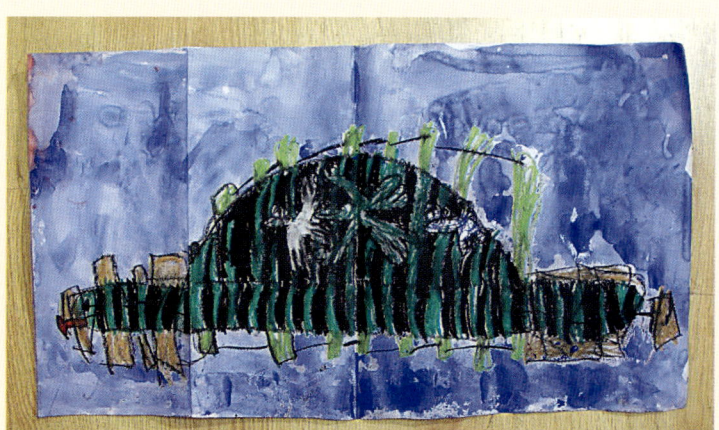

넓어지기 전
_6세 남

넓어진 후
_6세 남

## 2. 동물원 가는 날 – 내가 그린 동물원

| | |
|---|---|
| • 주제 | 동물원 가는 날 |
| • 학습 목표 | 동물의 특징을 인지하고 그릴 수 있다. |
| • 준비물 | 전지, 크레파스, 유성매직 |
| • 동기유발<br>_교사 | 동물들의 특징에 대하여 이야기 할 수 있게 한다. |
| _아동 | 좋아하는 동물에 대하여 이야기하고, 동물의 특징을 설명한다. |
| _학습 시간 | 10분 |
| _유의사항 | 어린 연령의 아동은 동물의 다양한 특징보다 1~3가지 정도의 특징을<br>정확히 인지할 수 있도록 도와준다. |
| • 작업 과정<br>_교사 | 1. 전지를 제시하고 구역을 나눈다.<br>　(예-하늘을 나는 동물, 땅 위에 있는 동물 등)<br>2. 좋아하는 동물을 그릴 수 있도록 유도한다.<br>3. 동물을 다 그린 아동은 사람을 그린 후 오려 뒤에 세울 수 있는 기둥을<br>　만든다.<br>4. 모든 활동이 마무리 되면 아동들과 같이 동물원 놀이를 한다. |
| _아동 | 1. 자기가 좋아하는 동물의 특징을 잘 표현하여 그린다.<br>2. 동물이 사는 곳의 특징을 표현한다.<br>3. 사람을 그려 오린 후, 종이로 받침을 만들어 사람의 뒤에 붙여 세울 수<br>　있게 만든다.<br>4. 친구들과 같이 동물원 놀이를 한다. |
| _작업 시간 | 80분 |
| _유의사항 | 사람을 오려 뒤에 세우는 받침은 종이로 만들도록 유도한다. |
| • 작품 보고 이야기하기 | 1. 동물의 특징을 잘 표현하고 입체화하였는가<br>2. 자신의 그림에 자신감을 가졌는가 |
| • 발전 학습 | 놀이동산 가는 날을 주제로 작업할 수 있다. |

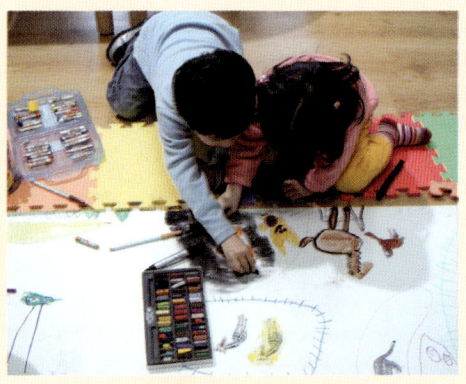
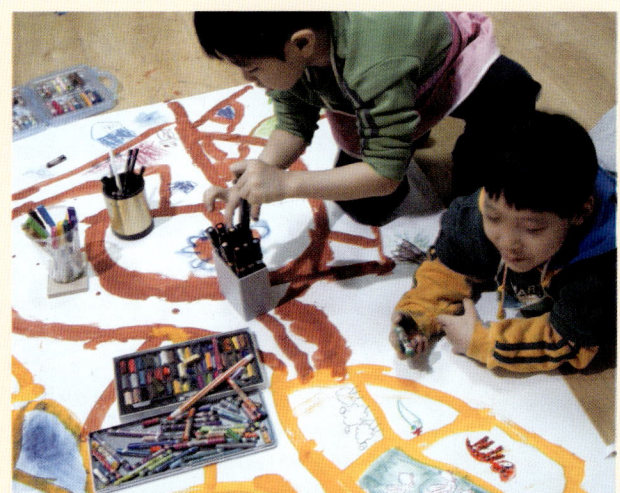

각자의 영역에서 작업 중인
친구들의 모습

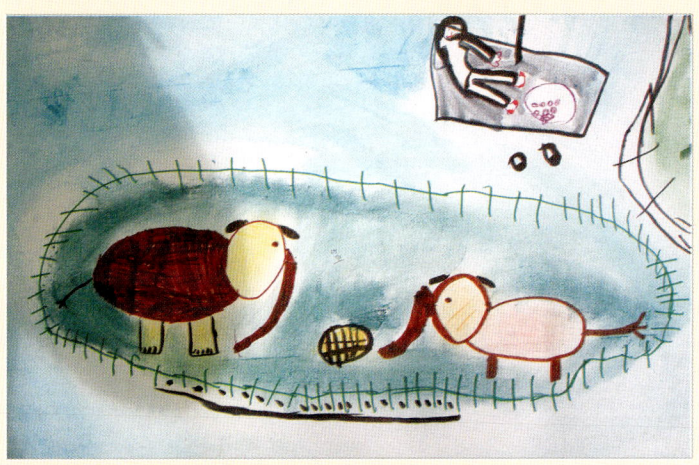
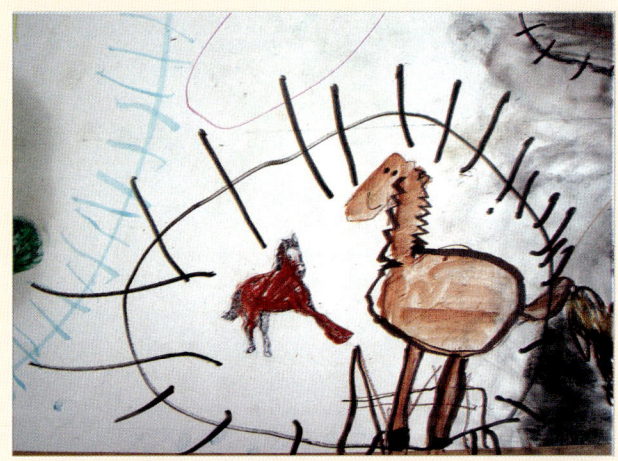

▲ 공놀이하는 코끼리들 7세 여
▶ 망아지 7세 여

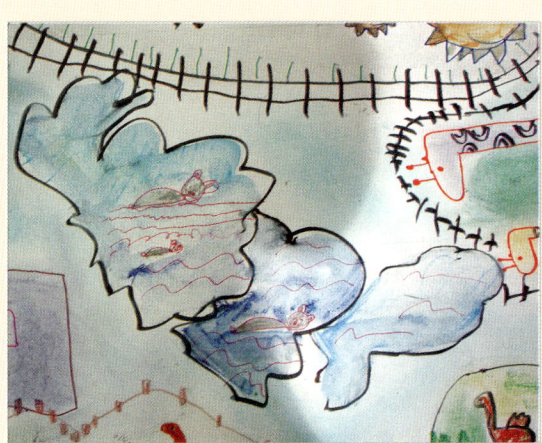
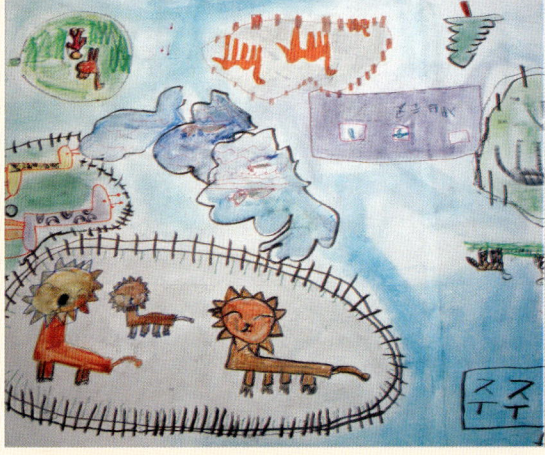

◀ 수영하는 하마들 7세 여
▲ 사자가족 7세 남

## 3. 실루엣을 이용한 인체 확대 표현 – 커졌다 작아졌다 하는 내 모습

| | |
|---|---|
| • 주제 | 실루엣을 이용한 인체 확대 표현 |
| • 학습 목표 | 그림자를 통한 확대 그림으로 호기심을 유발할 수 있다. |
| • 준비물 | 양초, 라이터, 전지, 검은 전지, 크레파스 등 그리는 도구 |
| • 동기 유발<br>_교사 | 1. 교실을 어둡게 만들기 위해 창문 등을 검은 종이로 모두 막는다.<br>2. 아동에게 촛불에 관하여 알려주며 그림자를 관찰한다. |
| _아동 | 1. 교실이 어둡다는 것에 관심을 보인다.<br>2. 촛불에 의한 그림자 크기에 관심을 갖고 친구들과 이야기한다. |
| _학습 시간 | 10분 |
| _유의사항 | 아동에게 촛불을 다룰 때의 유의점에 대하여 잘 알려 준다. |
| • 작업 과정<br>_교사 | 1. 벽에 전지를 붙여 놓는다.<br>2. 아이들을 순서대로 혹은 자율적으로 종이가 붙은 벽면 쪽에 포즈를 취하게<br>　하고 촛불로 크기를 조절한 후 그림자를 관찰한다.<br>3. 서로의 실루엣을 번갈아 가면서 그릴 수 있도록 한다. |
| _아동 | 1. 자유로운 포즈를 취하며 친구의 그림자를 보고 이야기한다.<br>2. 친구가 포즈를 취하면 친구의 실루엣을 그린다.<br>3. 실루엣이 완성되면 원하는 형태로 본인의 모습을 표현한다. |
| _작업 시간 | 80분 |
| _유의사항 | 실루엣을 그리는 동안 움직이지 않아야 한다는 것을 인식할 수 있도록 한다. |
| • 작품 보고 이야기하기 | 자기만의 재미있는 포즈를 취하였는가 |
| • 발전 학습 | 사물의 실루엣으로도 다양한 크기의 모습을 표현할 수 있다. |

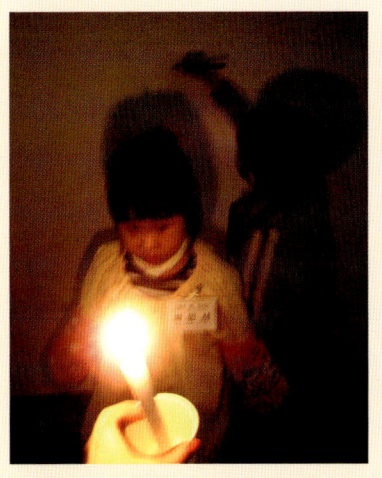

▲ 빛에 의해 생긴 그림자를 친구가 그려주고 있는 모습

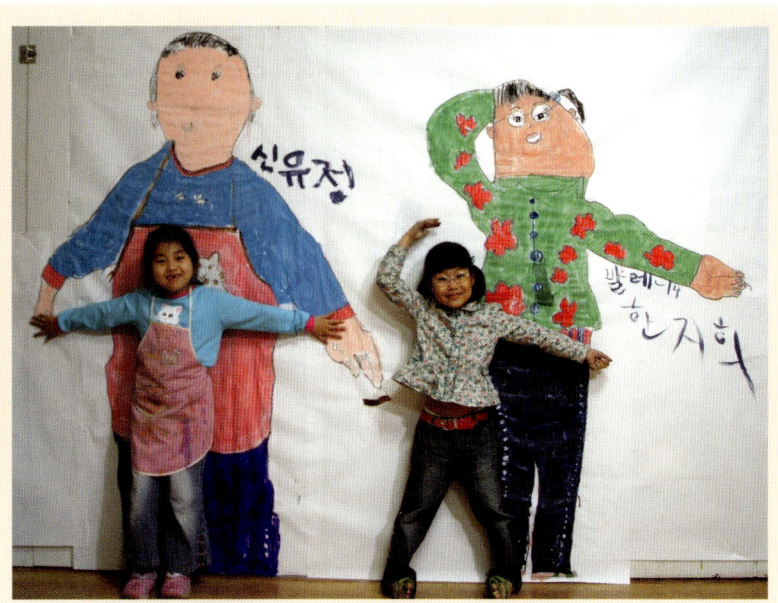

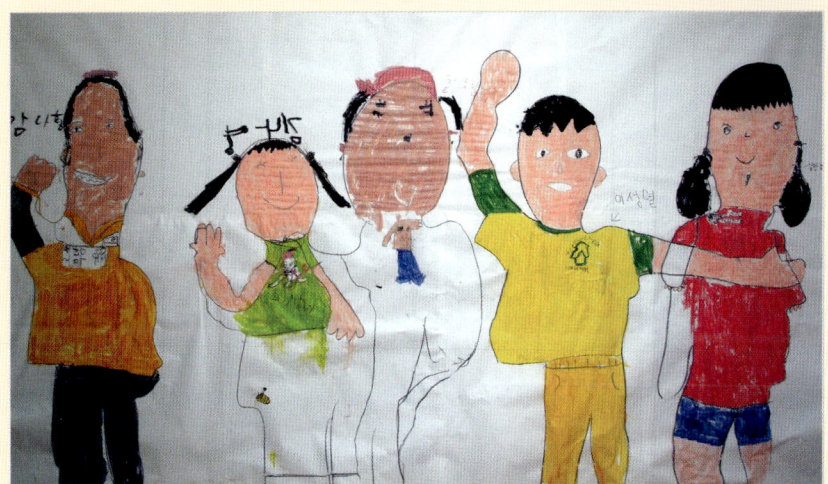

▲◀6세 친구들 모습

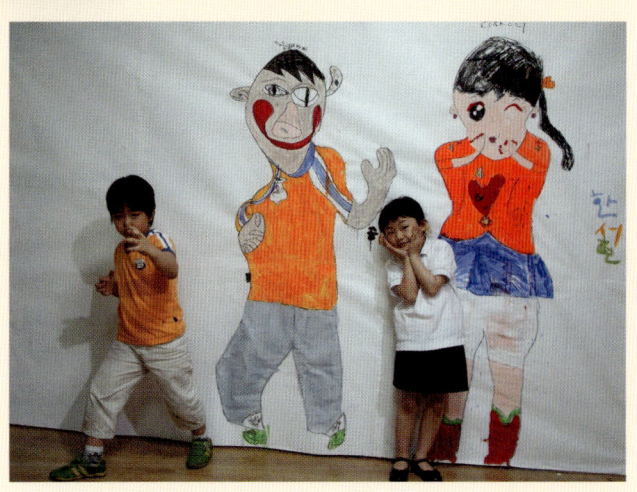

▶ 6세 친구들 모습

| | |
|---|---|
| • 주제 | 실물 사진 보고 관찰표현 |
| • 학습 목표 | 동물의 특징을 쉽게 인지하고 자유롭게 표현할 수 있다. |
| • 준비물 | 다양한 동물에 대한 사진 자료, 전지, 붓펜, 먹물, 붓, 스카치테이프, 먹물 통 등 |
| • 동기 유발<br> _교사 | 1. 시각 매체를 활용하여 다양한 동물 사진을 아동에게 제공한다.<br>2. 각 동물의 대표적 특징에 대하여 이야기하도록 유도한다. |
| _아동 | 1. 동물 사진을 보며 흥미를 갖는다.<br>2. 동물의 특징을 아는 대로 이야기한다. |
| _학습 시간 | 10분 |
| _유의사항 | 동물 사진 자료 준비 |
| • 작업 과정<br> _교사 | 1. 아동이 동물에 관심을 가질 수 있도록 분위기를 조성한다.<br>2. 교사는 동물의 이름이 적힌 카드를 10~15장 정도 준비한다.<br>  (수업 인원수에 비례)<br>3. 제시선을 가리키며 카드에 적힌 동물에 대하여 스무고개 형식으로 퀴즈를 낸다.<br>4. 퀴즈를 맞힌 아동은 그 동물을 표현할 수 있게 유도한다.<br>5. 친구들의 그림을 보고 서로 감상하고 칭찬할 수 있는 분위기를 조성한다. |
| _아동 | 1. 아동은 교사의 이야기를 듣고 동물의 이름을 맞히며, 동물 이름을 맞힌<br>  아동은 카드를 가지고 간다.<br>2. 본인이 맞힌 동물을 붓펜이나 먹물을 활용하여 표현해본다.<br>3. 그림이 완성되면 친구들과 동물의 특징에 대하여 이야기하며, 서로 칭찬해준다. |
| _작업 시간 | 80분 |
| _유의사항 | 1. 아동이 동물을 표현할 수 있도록 수업 전 벽면에 전지를 붙여 표현할<br>  공간을 준비한다.<br>2. 아동과 이야기하며 전지 위에 동물의 특징이 될 만한 제시선을 표현한다. |
| • 작품 보고 이야기하기 | 1. 동물의 특징을 자신감 있게 잘 표현하였는가<br>2. 활동 중 즐겁게 참여하였는가 |
| • 발전 학습 | 식물 종류나 곤충류도 관찰하여 표현할 수 있다. |

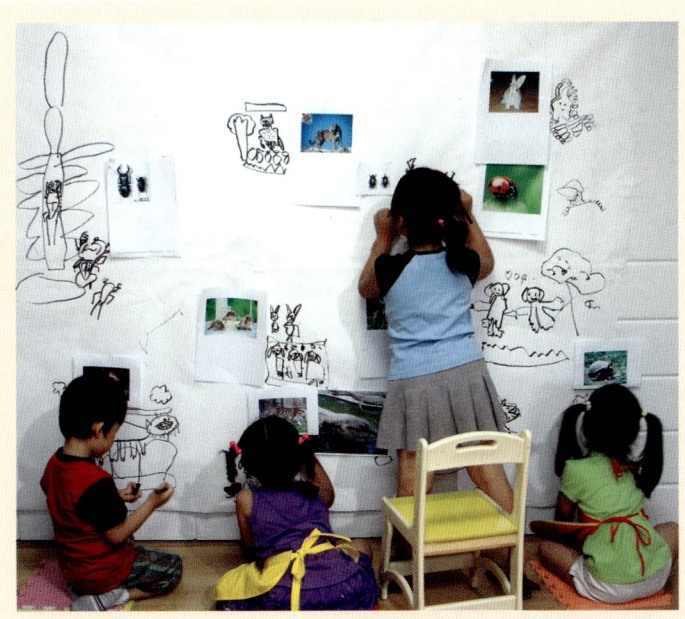

동물 사진을 열심히 관찰하
며 작업 중인 친구들

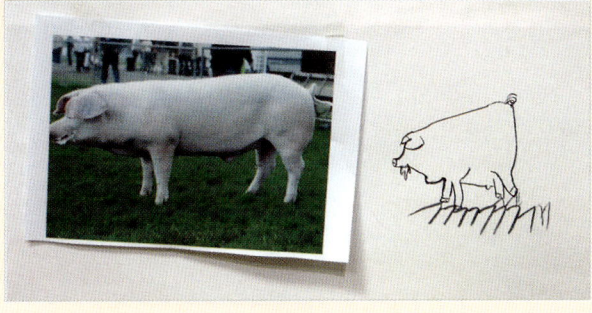

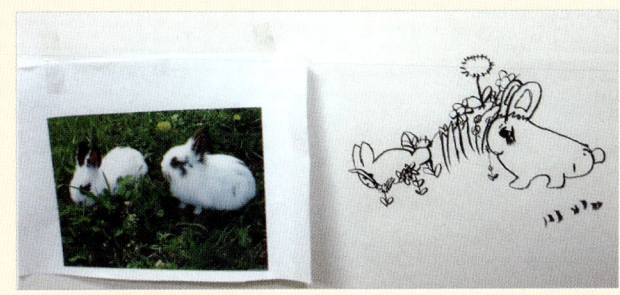

▲ **돼지** 6세 여
◀ **토끼** 6세 여
▼ **캥거루** 6세 여

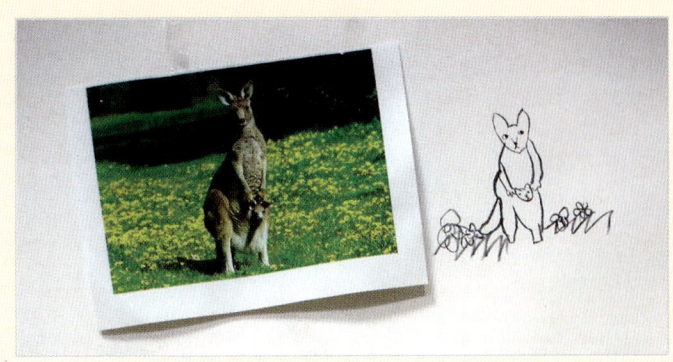

## 5. **어떤 상황일까?** – 옛날 그림 속 이야기를 연결해 보기

| | |
|---|---|
| • 주제 | 어떤 상황일까? |
| • 학습 목표 | 옛날 그림과 작가에 대해서 인지하고, 작품을 상상하여 표현할 수 있다. |
| • 준비물 | 김홍도의 풍속화, 다양한 그리기 도구 |
| • 동기 유발 _교사 | 1. 옛날 그림을 보여주고, 아이들이 그 내용을 생각해보고 이야기로 표현할 수 있도록 유도한다.<br>2. 작가에 대하여 이야기한다. |
| _아동 | 1. 옛날 그림을 보고 자기의 생각을 이야기로 표현한다.<br>2. 친구들의 이야기를 들어보고, 그에 따라 그림에 대한 다양한 이야기를 나눈다. |
| _학습 시간 | 10분 |
| _유의사항 | 김홍도의 풍속화 사진 준비 |
| • 작업 과정 _교사 | 1. 아이들이 표현을 자유롭게 할 수 있도록 유도한다.<br>2. 옛날 그림 속 주인공들에 대하여 알려주고 아동이 그리는 그림과 상관관계가 있을 수 있도록 유도한다.<br>3. 옛날 그림 속 주인공들의 변화에 대하여 아동의 그림에서 찾아보면서 친구들과 이야기한다. |
| _아동 | 1. 옛날 그림을 보고 어떻게 그릴 것인지에 대하여 생각해본다.<br>2. 주인공들이 어떻게 표현되었는지 관찰한다.<br>3. 그림을 완성한 후 친구들끼리 이야기해본다.<br>4. 부모님 앞에서 발표한다. |
| _작업 시간 | 80분 |
| _유의사항 | 1. 주인공들의 표현이 들어 갈 수 있도록 유도한다.<br>2. 그림을 어려워하는 아동에게 쉽게 표현할 수 있도록 유도한다. |
| • 작품 보고 이야기하기 | 1. 공동의 활동에 대하여 인지하는가<br>2. 그림을 자유롭게 표현하였는가 |
| • 발전 학습 | 스토리가 연결되는 방향에 따라 그림을 연결하여 표현할 수 있다. |

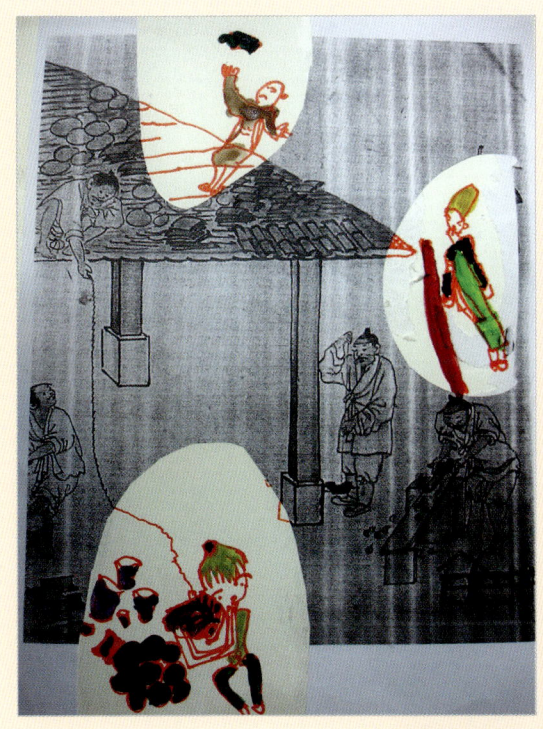

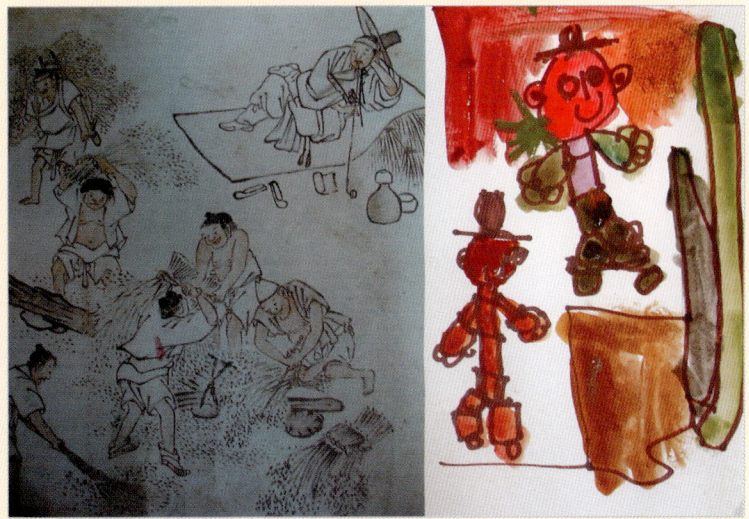

▲ **기와 이야기** 6세 여
▼ **보드 타는 옛날 사람들** 6세 남

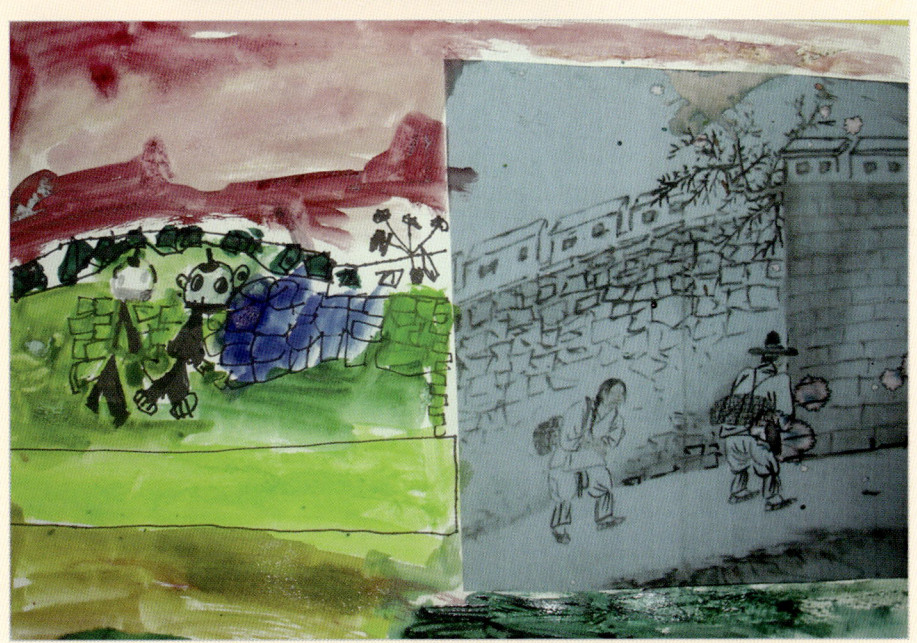

▲ **도둑들이 뒤쫓아오는 모습** 7세 남

35

# 6. 숨어 있는 그림 – 종이를 펼치면 안 보이던 부분이 보여요!

| | |
|---|---|
| • 주제 | 숨어 있는 그림 |
| • 학습 목표 | 넓은 도화지의 일부분을 접어 숨어 있는 그림을 만든다. |
| • 준비물 | 4절도화지, 잡지(가구, 문, 동물, 자동차, 사람 등등), 가위, 풀, 오일 파스텔, 연필, 지우개, 수채도구 |
| • 동기 유발<br>_교사 | 여러 잡지를 보여준다. |
| _아동 | 마음에 드는 잡지를 오린다. |
| _학습 시간 | 10분 |
| • 작업 과정<br>_교사 | 1. 원하는 도화지를 선택한 뒤 일부를 접어준다.<br>2. 원하는 잡지 사진을 잘라내어서 접은 부분에 붙여준다.<br>3. 숨어 있는 그림의 주제에 맞추어 그림을 그리도록 유도한다.<br>4. 도화지를 펴서 잡지의 선과 선을 연결시켜주고, 이어서 그리기를 하고, 이야기를 꾸밀 수 있도록 유도한다.<br>5. 다양한 표현이 나올 수 있도록 유도한다. |
| _아동 | 1. 도화지를 원하는 만큼 접어 원하는 잡지를 붙이고 이야기를 구성하며 그리기를 한다.<br>2. 여러 가지 잡지 사진 콜라주로 꾸며준다. |
| _학습 시간 | 80분 |
| _유의 사항 | 문을 열면 안 보이던 공간이 보이는 이미지를 준비하여 아동들이 숨어 있는 이미지를 자연스럽게 연상할 수 있도록 돕는다. |
| • 작품 보고 이야기하기 | 1. 기발한 아이디어를 접목하여 작업하였는가<br>2. 작품의 완성도가 좋은가 |
| • 발전 학습 | 1. 자신의 그림을 이용하여 작업한다.<br>2. 아동의 신체, 얼굴을 이용하여 작업한다. |

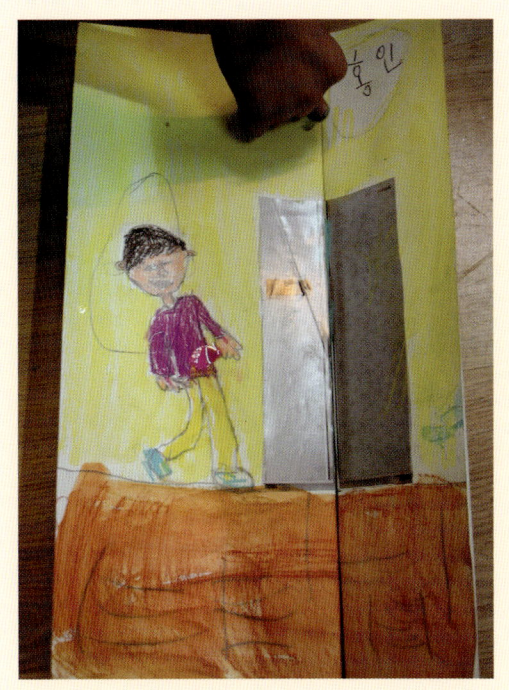

◀ ▼ **냉장고 속 모습** 7세 남

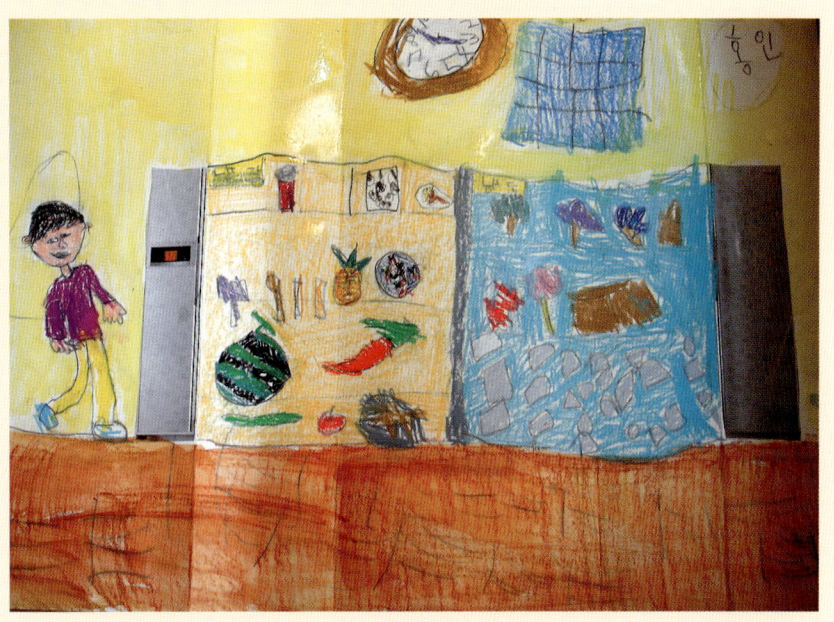

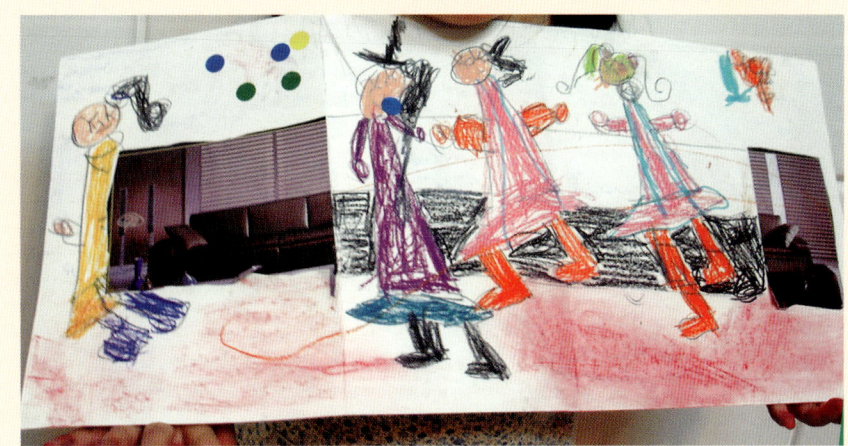

▲ **소파 위 숨어 있는 사람들** 5세 여

# 7. 몬드리안 이야기 – 그림 속 그림 명화 이야기

| | |
|---|---|
| • 주제 | 몬드리안 이야기 |
| • 학습 목표 | 몬드리안 작품을 통해 추상화의 이해를 도울 수 있고 표현력을 기른다. |
| • 준비물 | 5절 도화지, 마스킹테이프, 크레파스, 연필, 색종이, 골판지, 셀로판지, OHP필름 |
| • 동기 유발<br>_교사 | 작가 몬드리안과 추상화에 대해 간단하게 설명한다. |
| _아동 | 몬드리안, 추상에 대해 생각해보고 자신이 아는 것은 발표한다. |
| _학습 시간 | 10분 |
| _유의사항 | 몬드리안의 간단한 약력과 작품 준비하기 |
| • 작업 과정<br>_교사 | 1. 칸이 쳐져 있는 도화지에 어떤 그림을 그릴 것인지 유도한다. 칸 한 개 정도는 넉넉한 크기로 그려준다.<br>2. 작은 칸은 몬드리안이 사용하였던 색을 인지하도록 하고 채색을 하거나 색종이, 종이류로 콜라주한다. |
| _아동 | 1. 칸칸이 어떤 이야기가 있는 그림을 그릴지 생각해본다.<br>2. 몬드리안이 사용하였던 색을 알고 작은 칸을 칠한다.<br>3. 여러 가지 색종이나 도화지를 오려서 꾸미기를 한다.<br>4. 완성된 그림으로 이야기 발표를 한다. |
| _작업 시간 | 80분 |
| _유의사항 | 1. 평소 그리는 스케치북보다 사이즈가 크므로 아이들에게 부담이 될 수 있다.<br>2. 그리기만 하기 보다는 콜라주와 함께 접근하는 것도 좋다. |
| • 작품 보고 이야기하기 | 1. 이야기구성이 잘 되었는가<br>2. 몬드리안의 추상을 잘 이해하였는가<br>3. 작업에 얼마나 집중하였는가<br>4. 콜라주 기법을 잘 응용하였는가 |
| • 발전 학습 | 1. 몬드리안 그림 위에 네모를 연상시켜 그림을 그린다.<br>2. 여러 종이를 접목하여 콜라주 위주의 수업을 한다.<br>3. 몬드리안이 사용하였던 색만을 이용하여 그림을 그린다. |

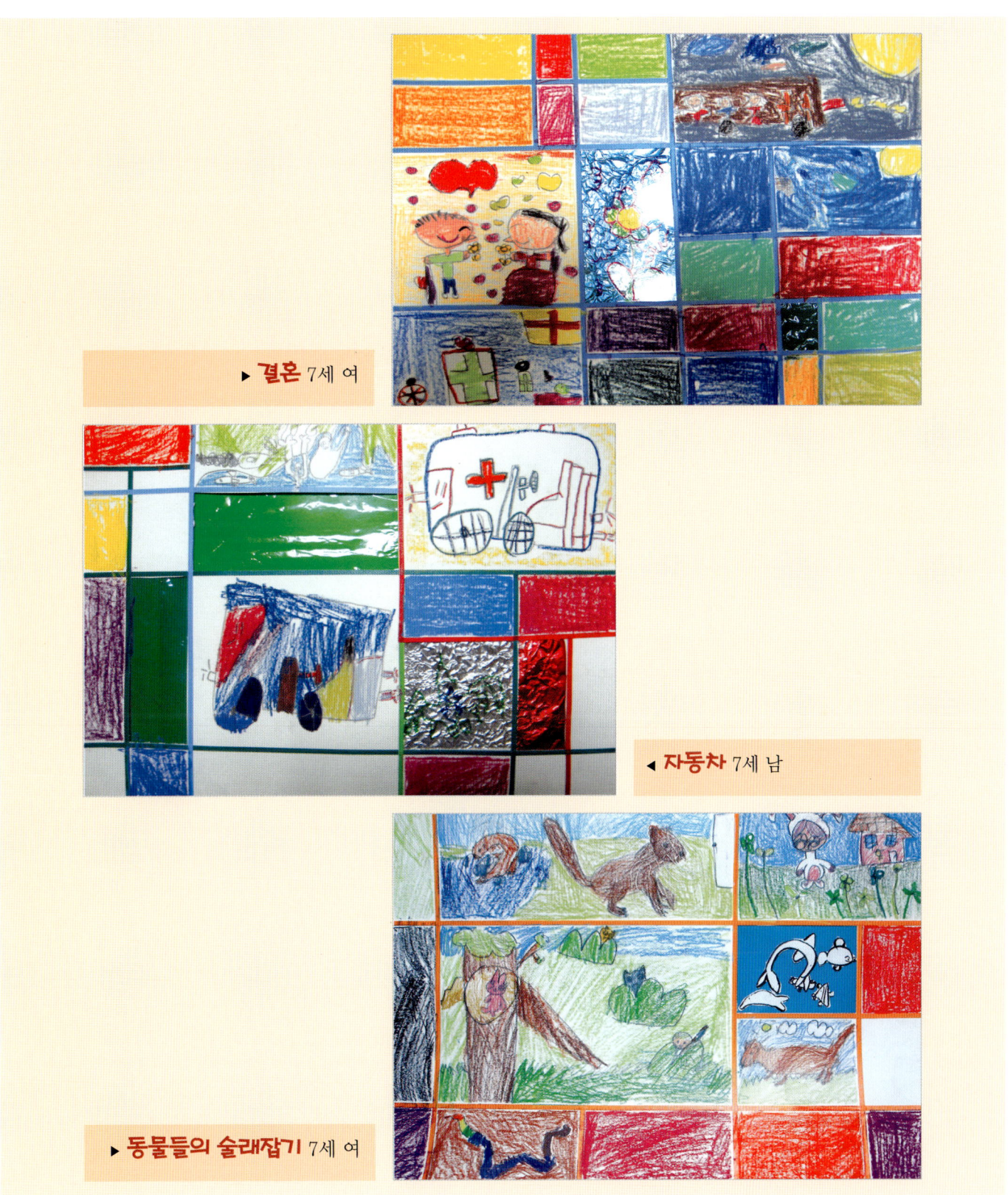

▶ **결혼** 7세 여

◀ **자동차** 7세 남

▶ **동물들의 술래잡기** 7세 여

# 8. 야외관찰(세밀화) – 풀잎의 모양은 어떻게 생겼을까

| | |
|---|---|
| • 주제 | 야외관찰(세밀화) |
| • 학습 목표 | 주변 환경을 보고 느끼며 표현해본다. |
| • 준비물 | 밖에서 가져온 풀잎들, 도화지, 연필, 지우개, 색연필, 파스텔, 돋보기 |
| • 동기 유발 _교사 | 수업 내용에 대해 간략하게 설명한 후 밖에 나가서 주의해야 할 점들을 알려준다. |
| _아동 | 수업 내용을 파악하고 행동 시 주의 사항을 알고 교사의 지시에 따른다. |
| _학습 시간 | 10분 |
| • 작업 과정 _교사 | 1. 공원에 가서 식물의 잎과 잎맥을 관찰하고 마음에 드는 풀을 선택해 뿌리째 뽑아 교실로 들어온다.<br>2. 돋보기를 나누어 주고 잎이나 잎맥의 생김새를 관찰하도록 한다.<br>3. 뿌리부터 그리도록 유도한다.<br>4. 전체를 보고 그리게 한다.<br>5. 다른 친구들의 풀을 바꾸어준다. |
| _아동 | 1. 공원에 있는 풀들을 관찰한다.<br>2. 원하는 풀을 뿌리가 상하지 않도록 뽑는다.<br>3. 교실로 들어와서 돋보기로 관찰하며 그리기 한다. (연필 드로잉)<br>4. 잎 하나 보고 그리고 전체를 그려보고 채색한다.<br>5. 친구의 것과 바꾸어 그려본다. |
| _작업 시간 | 80분 |
| _유의 사항 | 아동들이 세밀하게 관찰 할 수 있도록 돋보기 등을 활용한다. |
| • 작품 보고 이야기하기 | 1. 관찰을 세세하게 잘 하였는가<br>2. 필압의 조절과 세부 묘사가 잘 되었는가<br>3. 파스텔과 색연필의 사용이 적절하였는가 |
| • 발전 학습 | 1. 여러 가지 꽃을 보고 그린다.<br>2. 자신의 신체 일부를 돋보기를 이용하여 그린다.<br>3. 연필 대신으로 붓펜을 이용하여 그린다. |

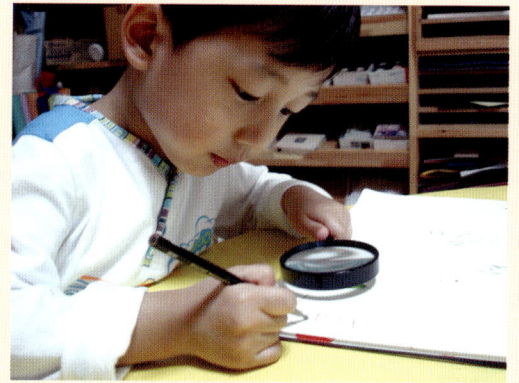

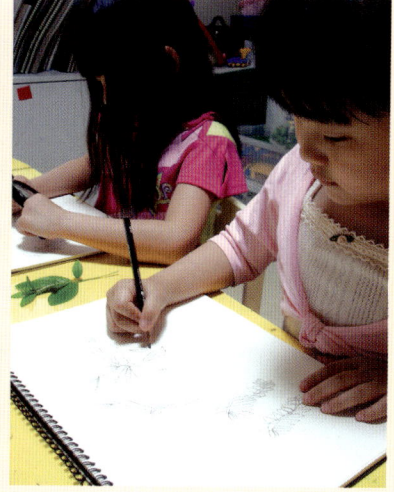

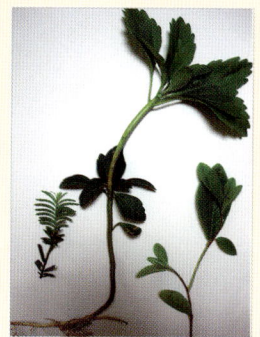

▲ 풀잎을 관찰 중인 모습
◀ 직접 뽑아온 풀잎

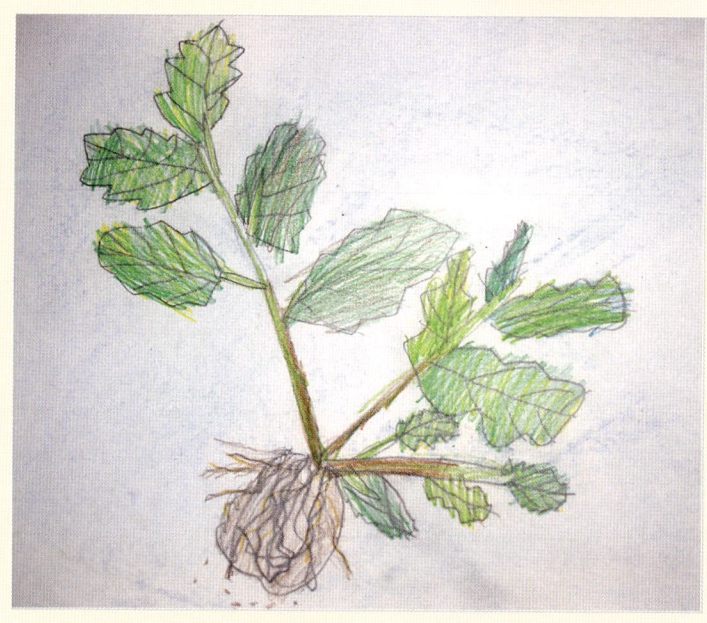

▲▶ 풀잎과 뿌리 세밀화 7세

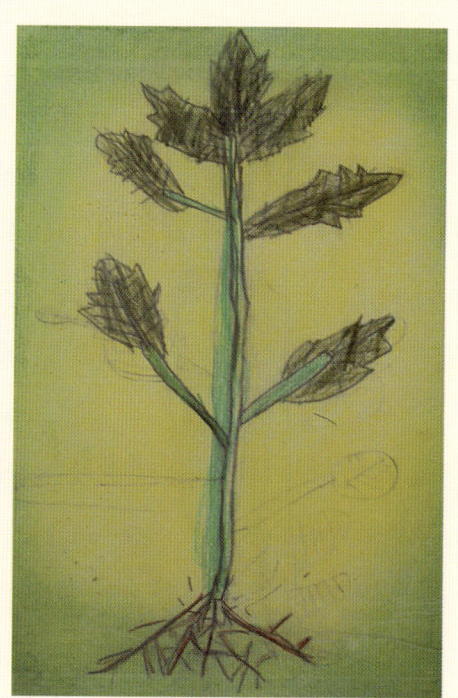

# 9. 돌고 도는 마술그림 – 한 장에서 나오는 여러 그림

| | |
|---|---|
| • 주제 | 돌고 도는 마술그림 |
| • 학습 목표 | 뫼비우스의 띠 원리로 만든 종이를 아이들이 직접 체험하면서 이해할 수 있다. |
| • 준비물 | 도화지, 가위, 풀, 색연필 |
| • 동기 유발<br>_교사 | 1. 미리 기본형을 만들어 놓는다.<br>2. 3가지의 단계에 맞추어 스토리를 짤 수 있도록 도와준다. |
| _아동 | 3가지의 이야기를 구상한다. |
| _학습 시간 | 10분 |
| _유의사항 | 기본형을 접어서 준비한다. |
| • 작업 과정<br>_교사 | 1. 그림의 이야기가 전개될 수 있도록 유도한다.<br>2. 그림의 표현이 잘 나타나도록 유도한다.<br>3. 다음 장으로 넘기는 것을 익힐 수 있도록 도와준다. |
| _아동 | 1. 한 가지씩 각각의 면에 그린다.<br>2. 색연필로 채색한다.<br>3. 다음 장으로 넘기는 것을 익힌다.<br>4. 자신의 이야기를 발표하고, 친구들의 이야기를 듣는다. |
| _작업 시간 | 80분 |
| _유의사항 | 1. 종이가 찢어지지 않도록 주의한다.<br>2. 사인펜을 사용하면 뒷면에 그림이 비칠 수 있으니 연필과 색연필을 이용하도록 한다. |
| • 작품 보고 이야기하기 | 1. 이야기가 짜임새 있는가<br>2. 표현이 재미있고 독창적인가<br>3. 수업에 충실하였는가 |
| • 발전 학습 | 1. 시간이나 계절을 이용하여 이야기를 구성한다.<br>2. 전혀 다른 동물을 구성하여 변신하는 것과 같은 마술을 해본다. |

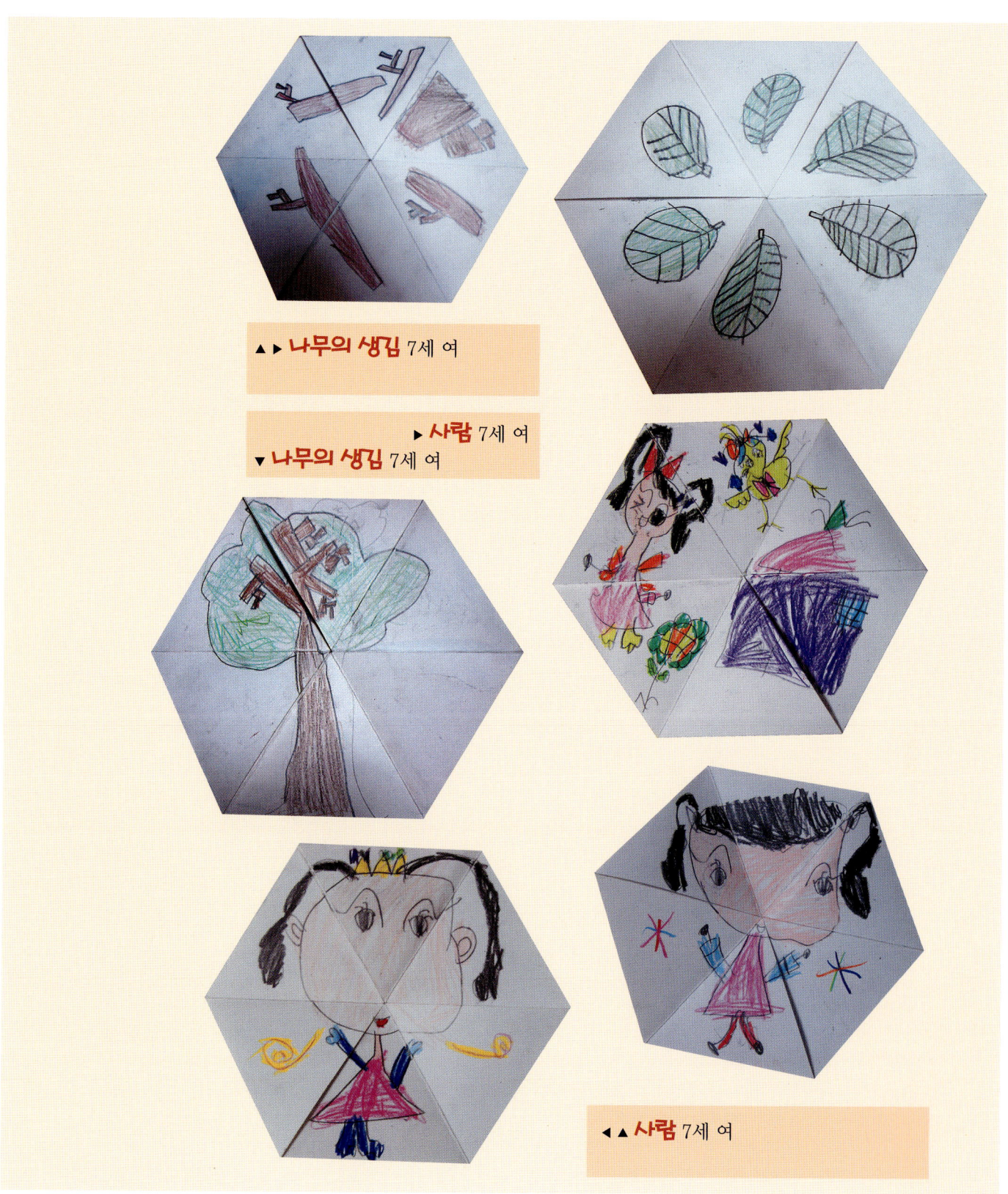

▲ ▶ **나무의 생김** 7세 여

▶ **사람** 7세 여
▼ **나무의 생김** 7세 여

◀ ▲ **사람** 7세 여

# 10. 상상 속의 동물 – 내가 만든 상상 속 동물나라

| | |
|---|---|
| • 주제 | 상상 속의 동물 |
| • 학습 목표 | 상상한 동물들을 언어적으로 표현함으로써 자유로운 의사소통 방법을 익히고 표현력을 높인다. |
| • 준비물 | 동물도감, 연필, 지우개, 크레파스, 색연필, 마카, A4용지 3장, 도화지 |
| • 동기 유발<br>_교사 | 1. 까치호랑이와 해태의 의미를 설명해주고 그 당시 사람들이 생각하는 동물이 주었던 믿음이나 생각들을 이야기해준다.<br>2. 아동이 원하는 동물을 선택하여 A4용지에 그린다. |
| _아동 | 1. 동물의 생김새와 특징에 관해 이야기 나누어본다.<br>2. 도감이나 책을 보고 A4용지에 자신이 선택한 동물을 스케치한다. |
| _학습 시간 | 10분 |
| _유의사항 | 동물도감 책 준비 |
| • 작업 과정<br>_교사 | 1. '말이 날개가 달린다면? 물개에게 다리가 생긴다면?' 과 같은 질문들을 적절히 주어 아동들이 새로운 상상을 할 수 있도록 유도한다.<br>2. 까치호랑이의 전설이나 우화의 소개 후 아동이 스스로 생각해 낼 수 있도록 기다려 준다.<br>3. 배경에서도 완성도가 나올 수 있도록 유도한다. |
| _아동 | 1. 스스로 상상하여 동물에게 바꾸어줄 것을 A4용지에 그린다.<br>2. 다음 종이에 좀 더 변한 모습의 동물을 그리고 배경을 유도하여 그린 뒤 스케치북에 그리도록 한다.<br>3. 채색을 마카로 하되 힘들어 하는 어린 친구들은 크레파스나 색연필 등으로 채색하도록 한다.<br>4. 친구들의 그림을 감상한다.<br>5. 각자 자신이 그린 동물의 특성에 대해서 발표해보도록 한다. |
| _작업 시간 | 80분 |
| _유의사항 | 동물의 특징이 잘 나타날 수 있도록 유도한다. |
| • 작품 보고 이야기하기 | 1. 아동의 창의성을 언어로 표현함에 있어 단순하게 '좋다', '싫다' 는 감정이 아닌 풍부한 단어를 사용하였는가<br>2. 동물의 특징을 잘 살려내서 상상하였는가<br>3. 매체를 사용하는 것이 편리했는가 |
| • 발전 학습 | 각 상상의 동물들이 등장하는 스토리를 만들어 만화를 만들어 본다. |

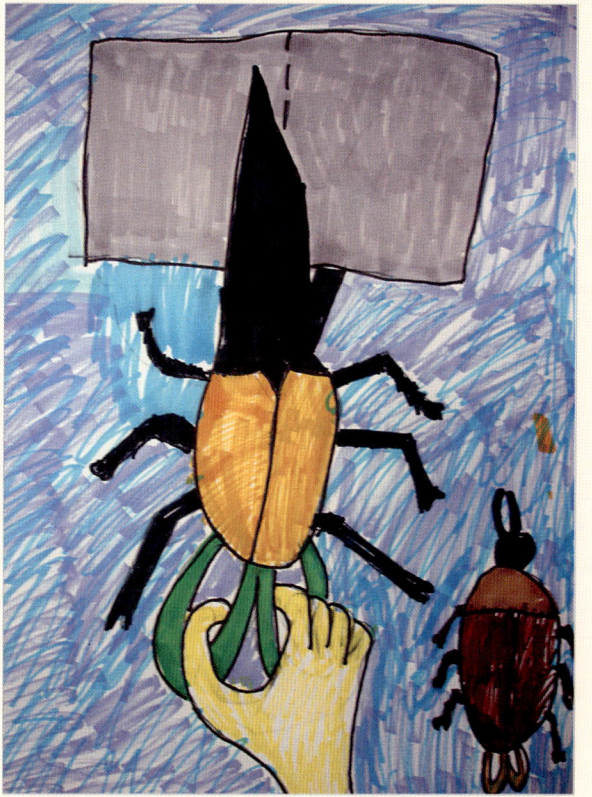

▲ 나비에 털이 나서 겨울에도 따뜻해요 5세 남
◀ 강아지가 사람처럼 두발로 서요 6세 여

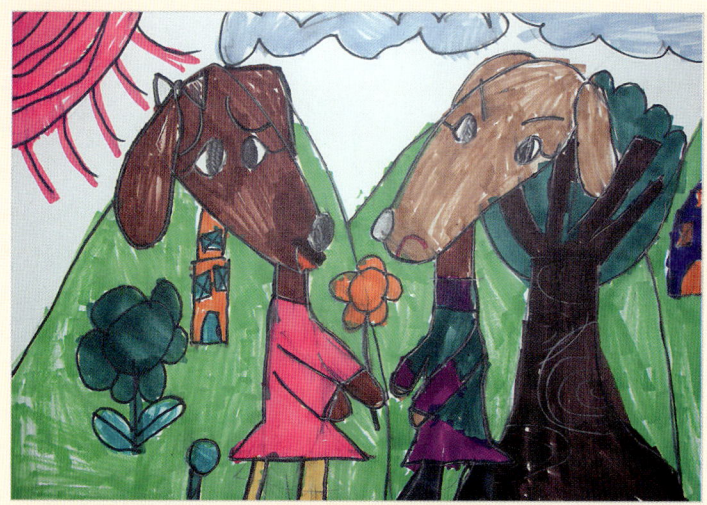

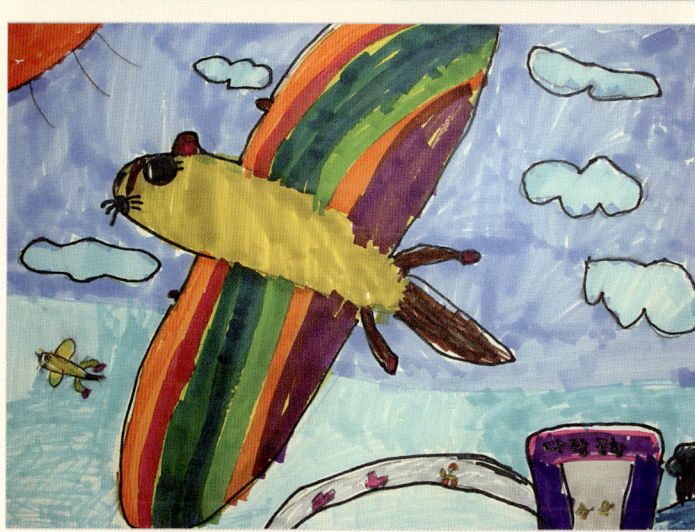

▲ 날다람쥐가 비행기로 7세 여
▶ 헤라클레스 왕장수풍뎅이가 가위가 되다 7세 남

# 11. 페이퍼 애니메이션 – 동작이 변하는 그림 만들기

| | |
|---|---|
| • 주제 | 페이퍼 애니메이션 |
| • 학습 목표 | 애니메이션에 대해서 간단히 이해하고 스토리를 만들어 보자. |
| • 준비물 | 도화지로 만든 4장 정도의 책, 연필, 지우개, 색연필 등 여러 가지 채색도구 |
| • 동기 유발<br>_교사 | 1. 페이퍼 애니메이션에 대해서 설명한다.<br>2. 이야기 전개를 잘 할 수 있도록 이해시킨다. |
| _아동 | 어떤 스토리를 전개할 것인지 정한다. |
| _학습 시간 | 10분 |
| • 작업 과정<br>_교사 | 1. 이야기가 잘 전개되도록 유도한다.<br>2. 앞에 있던 캐릭터가 뒤에 있는 위치와 잘 맞아 떨어지도록 유도한다. |
| _아동 | 1. 미리 아이디어스케치 해본 뒤에 준비된 도화지에 그려나간다.<br>2. 앞의 모양에서 점차 움직일 수 있도록 그린다.<br>3. 채색을 앞 장과 맞추어 한다. |
| _작업 시간 | 80분 |
| _유의사항 | 동작의 변화에 대하여 아동들이 확실하게 인지하도록 참고자료를 준비한다. |
| • 작품 보고 이야기하기 | 1. 애니메이션에 대해서 잘 이해하였는가<br>2. 스토리 구성이 잘 되었는가 |
| • 발전 학습 | 1. 컷마다 카메라로 찍어 애니메이션을 만들 수 있다.<br>2. 그룹으로 만들어 애니메이션의 완성도를 높일 수 있다. |

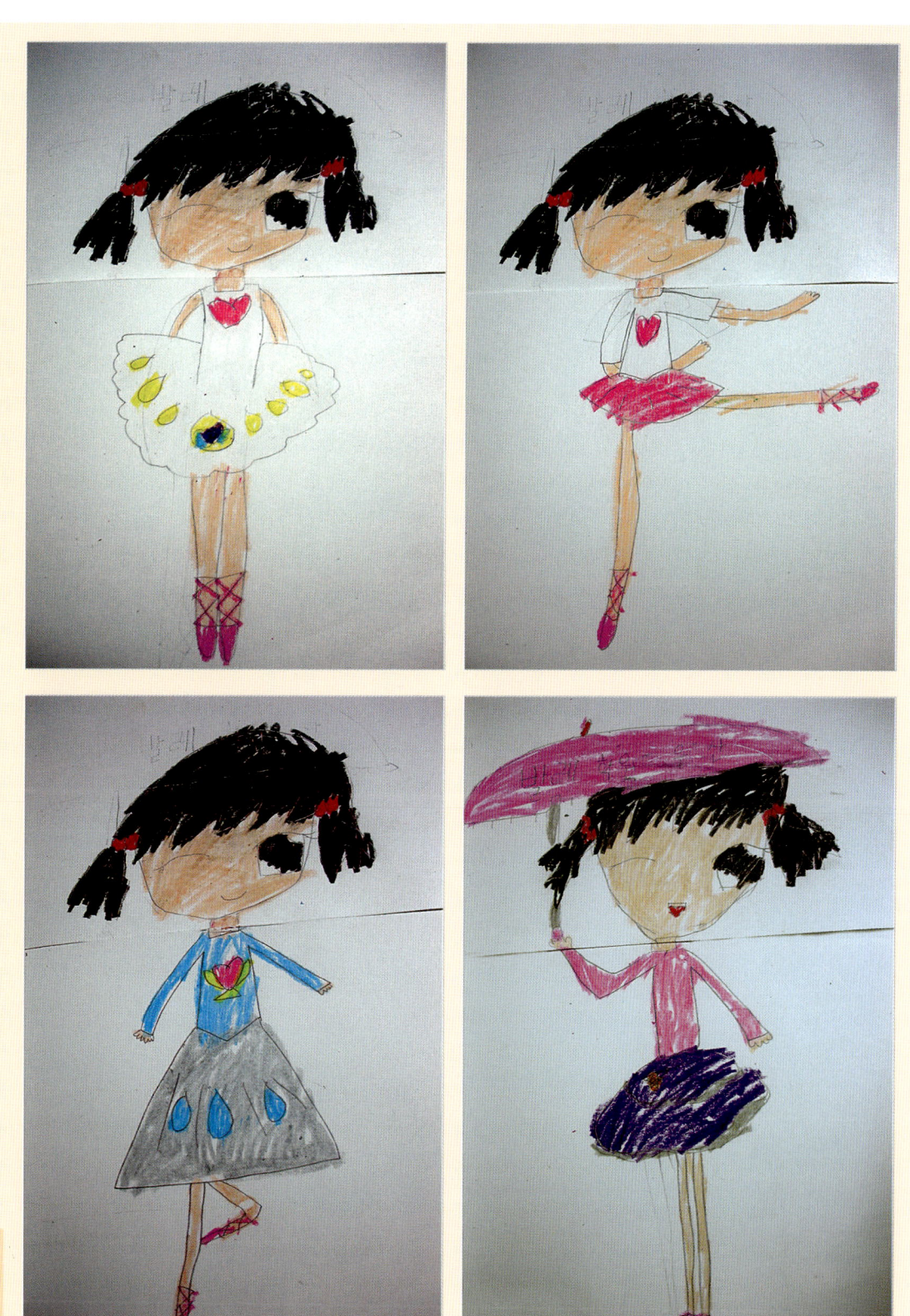

| | |
|---|---|
| • 주제 | 겨울 풍경 |
| • 학습 목표 | 겨울 풍경을 그리고 반짝이가루를 이용하여 눈을 표현한다. |
| • 준비물 | 도화지, 색도화지, OHP필름지, 연필, 지우개, 오일 파스텔, 반짝이가루, 목공풀, 면봉 |
| • 동기 유발<br>_교사 | 겨울하면 생각나는 것을 이야기하도록 한다. |
| _아동 | 겨울에 생각나는 것을 이야기한다. |
| _학습 시간 | 10분 |
| • 작업 과정<br>_교사 | 1. 겨울하면 생각나는 주제를 떠올릴 수 있도록 유도한다.<br>2. 반짝이풀과 목공풀이 잘 섞이도록 유도하며 작업한다.<br>3. 눈을 표현할 수 있는 재료를 찾아보도록 한다. |
| _아동 | 1. 생각나는 것을 하나 정하여 주제로 표현하고 주위에 맞추어 그림을 그린다.<br>2. 채색한다.<br>3. 채색을 한 후, 위에 OHP필름지를 얹고 목공풀과 반짝이가루를 섞어서 면봉으로 눈을 표현한다.<br>4. 그림의 스토리를 말해본다. |
| _작업 시간 | 80분 |
| _유의사항 | 겨울 관련 사진을 준비한다. |
| • 작품 보고 이야기하기 | 겨울에 잘 맞추어 주제를 선택하였는가 |
| • 발전 학습 | 1. 계절별로 표현할 수 있다.<br>2. 눈 결정체를 그려볼 수 있다. |

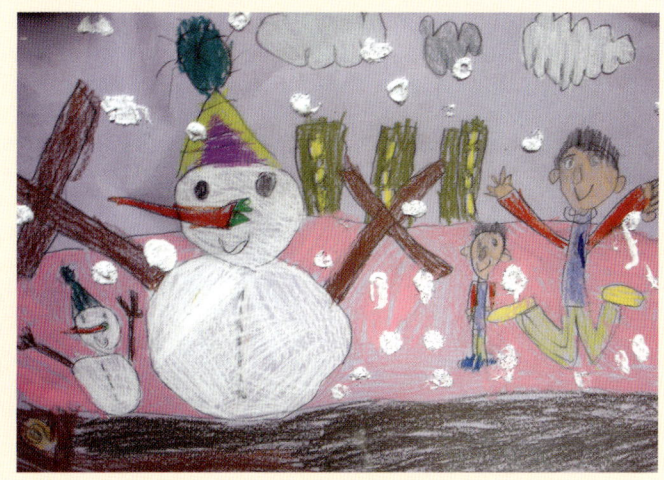

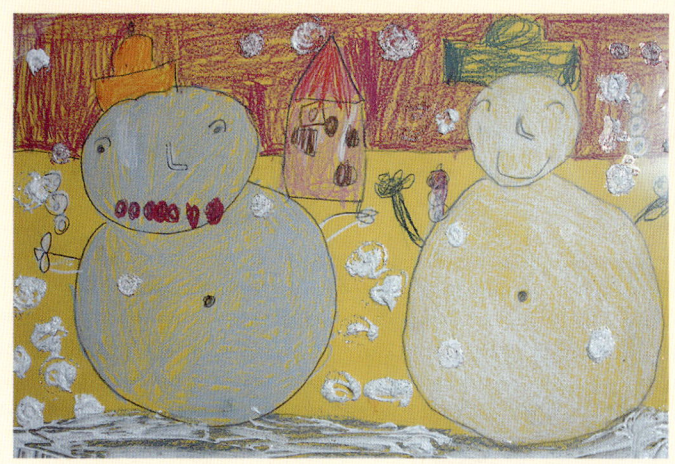

▲ 눈사람을 만드는 형과 나 6세 남
◀ 엄마 눈사람, 애기 눈사람 5세 여

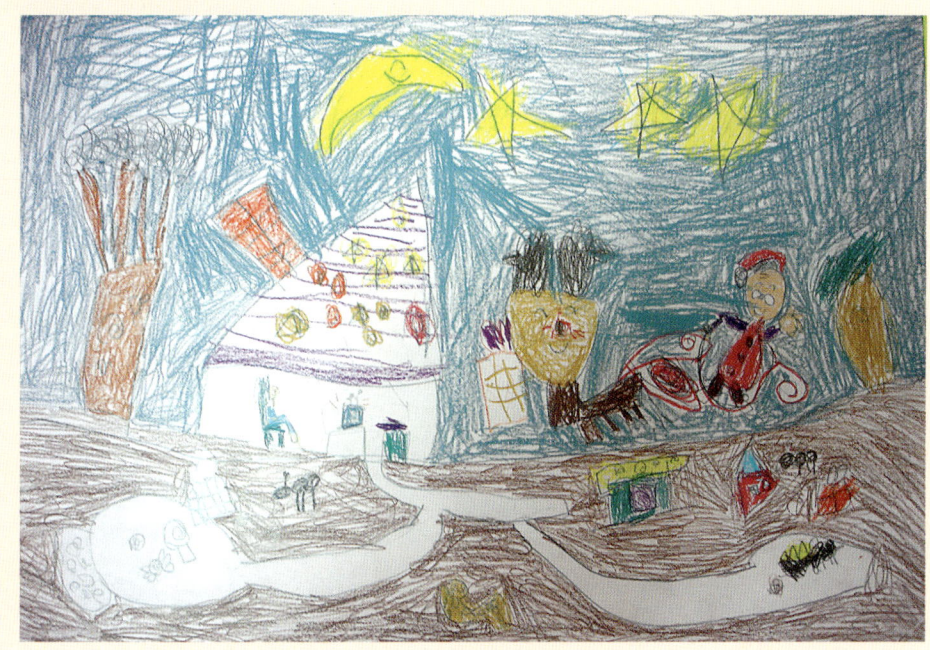

▶ 산타할아버지와 루돌프
6세 여

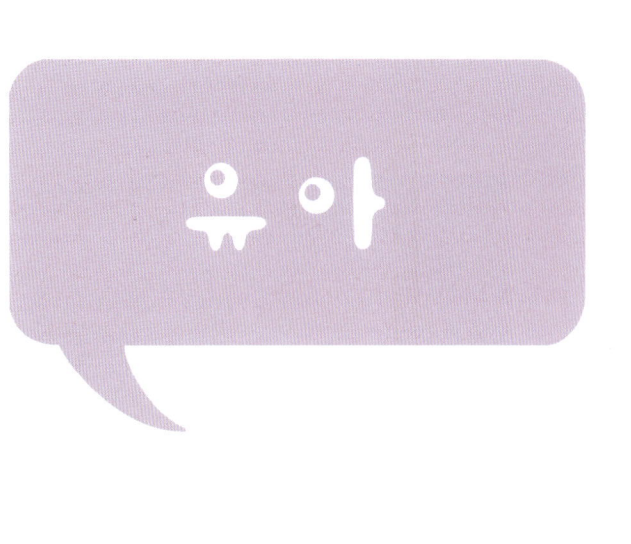

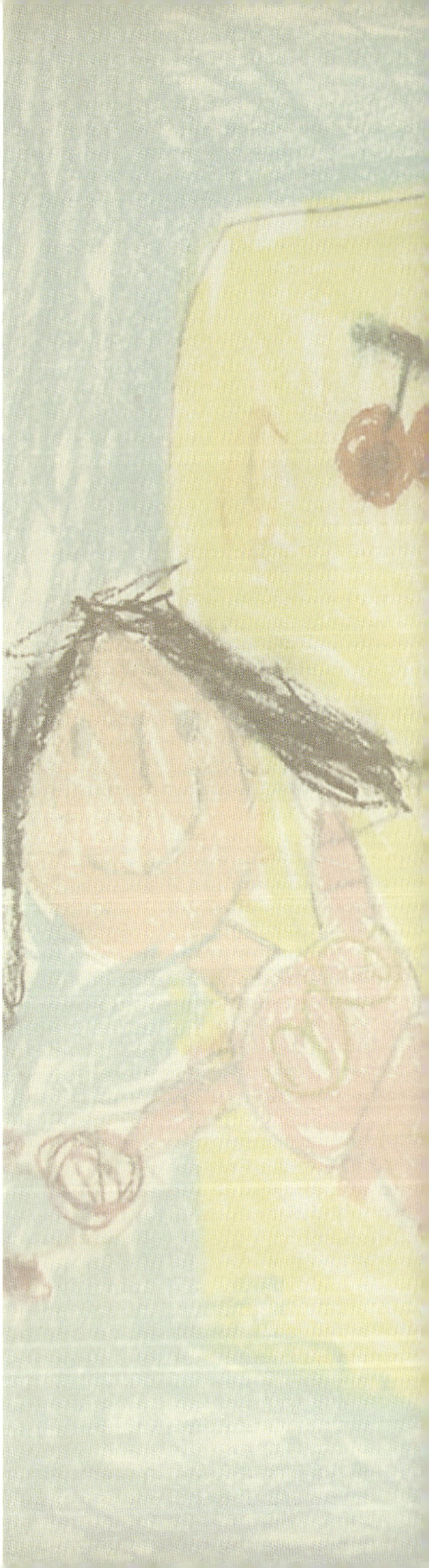

# 3. 자유창작

**내맘대로 만들어요.**

재활용 물품들과 여러 가지 매체의 미술재료를 자유롭게 경험하게 하여 입체와 평면을 넘나드는 융통성을 기를 수 있으며 아동의 미술적 재능을 파악할 수 있는 프로그램입니다.

아이들 스스로 주제를 정하고, 구상하고, 모든 작업을 스스로 하도록 하는 과정에서 결과물에 대한 만족감과 성취감을 기를 수 있도록 합니다.

# 1. 빙글빙글 돌아가는 그네

▶ **탐색매체** 캔, 모루, 스티로폼 볼, 색도화지

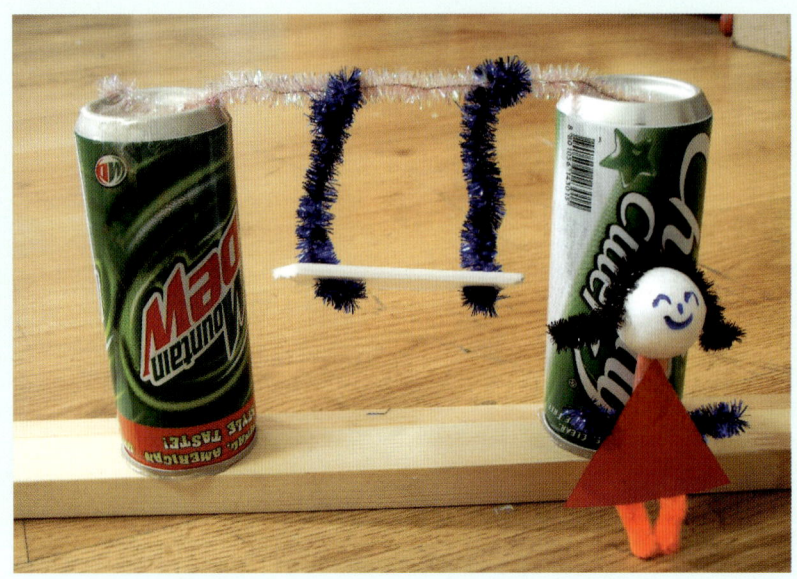

◀ 소희는 캔과 모루로 그네를 만들었어요.

# 2. 움직이는 기차

▶ **탐색매체** 플라스틱류, 모루볼, 플라스틱 공, 솜, 마카

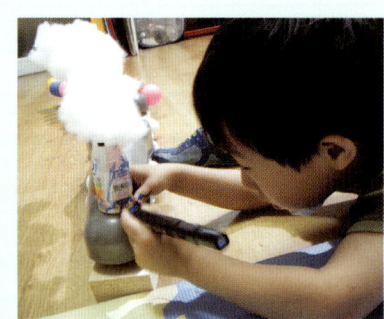

▶ 윤영이가 마카로 기차에 무늬를 그려주고 있어요.
윤영이의 기차는 어떤 모습일까요?

▼ 완성된 윤영이의 기차가 뿡뿡 연기를 내면서 달려갑니다.

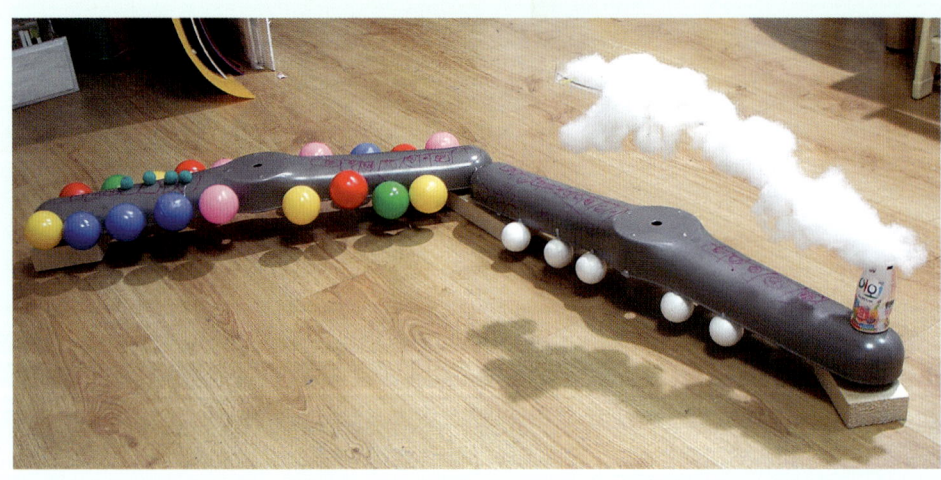

## 3. 비치는 토끼들의 무대

▶ **탐색매체** 선물상자, 포장이, 나무토막, 철사, 종이, 마카

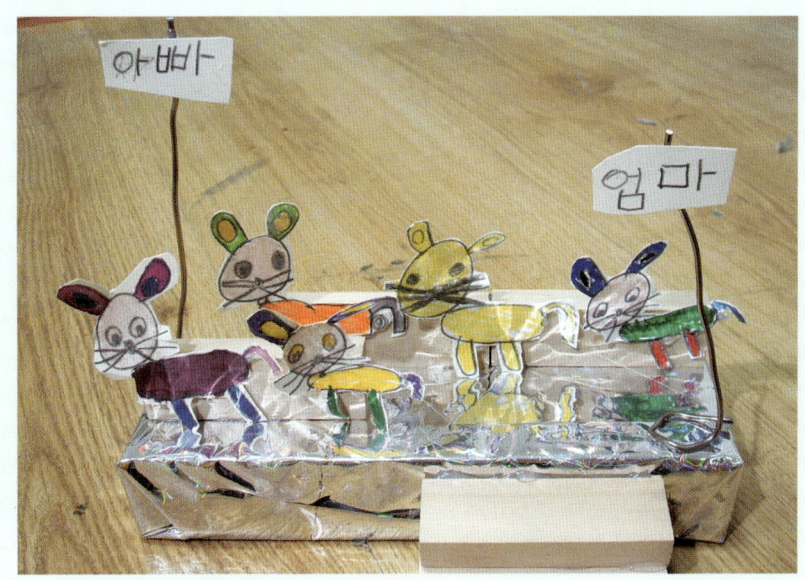

▶ 정원이는 선물상자에 비치는 포장지를
  감싸서 무대를 만들었어요.
  무대로 올라가는 계단도 보이네요.

## 4. 소화기를 든 내 모습

▶ **탐색매체** 스티로폼볼, 플라스틱류, 유성매직, 하드바, 색연필

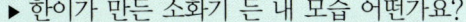

▶ 한이가 만든 소화기 든 내 모습 어떤가요?

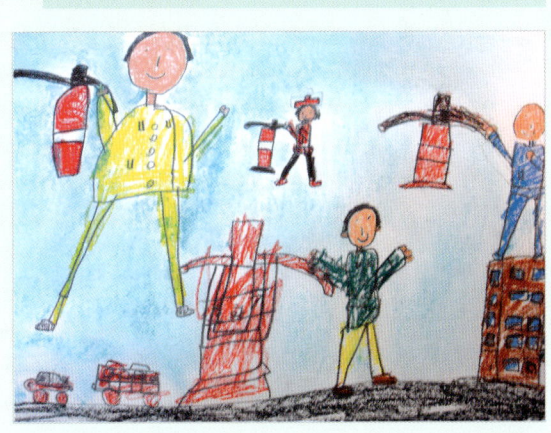

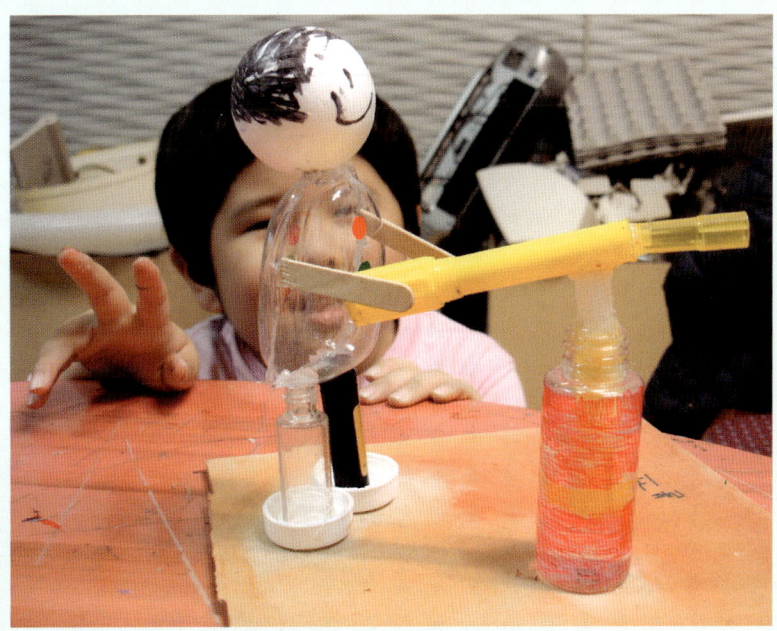

# 5. 고기 잡는 사람들

▶ **탐색매체** 색도화지, 유성매직, 빵끈, 다양한 조약돌, 소라류

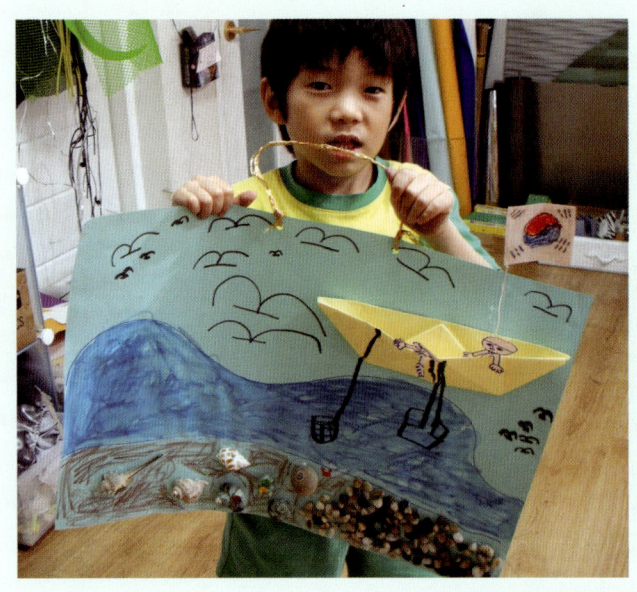

◀ 성열이는 고기 잡는 사람들을 만들었어요.
배 위에서 열심히 낚시하는 사람도 보이네요.
태극기가 꽂힌 배가 멋있어요.

# 6. 날아다니는 나비들

▶ **탐색매체** 철사, 종이, 색연필, 종이상자

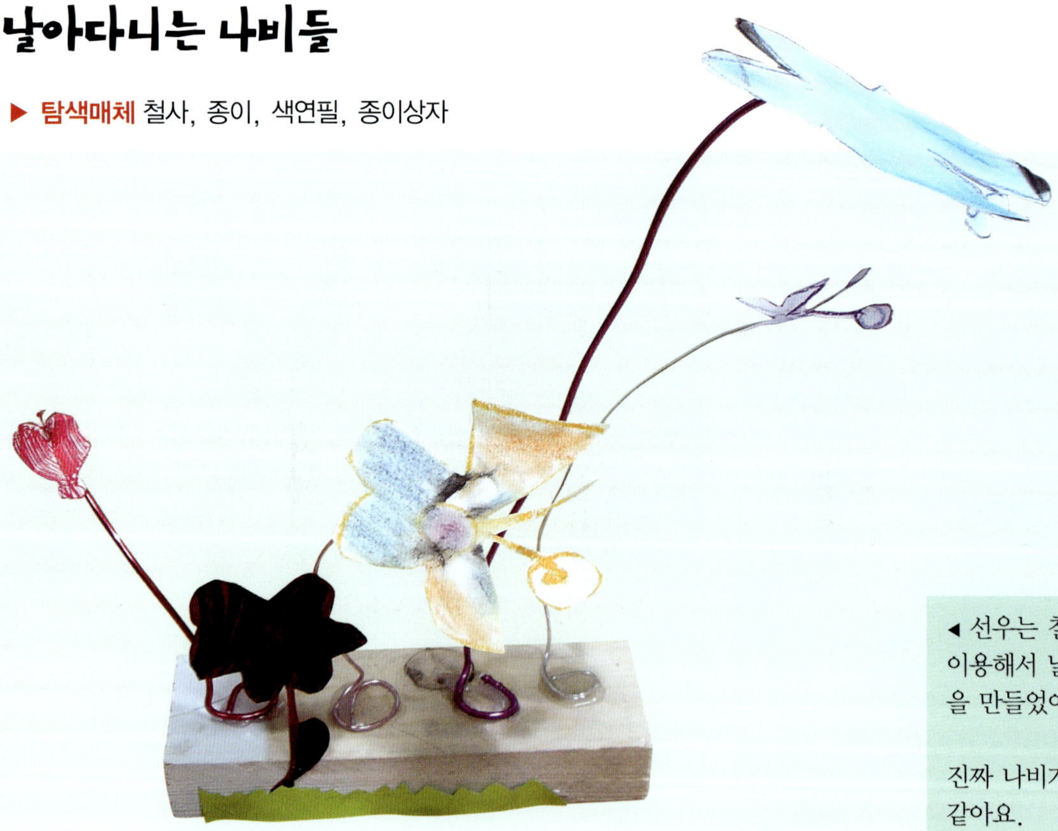

◀ 선우는 철사와 종이를
이용해서 날아다니는 나비들
을 만들었어요.

진짜 나비가 날아다니는 것
같아요.

## 7. 시골마을

▶ **탐색매체** 지푸라기, 종이, 투명 통

▶ 유나는 지푸라기를 이용해서 시골마을을 만들었어요.
하트가 열린 나무도 보이네요.

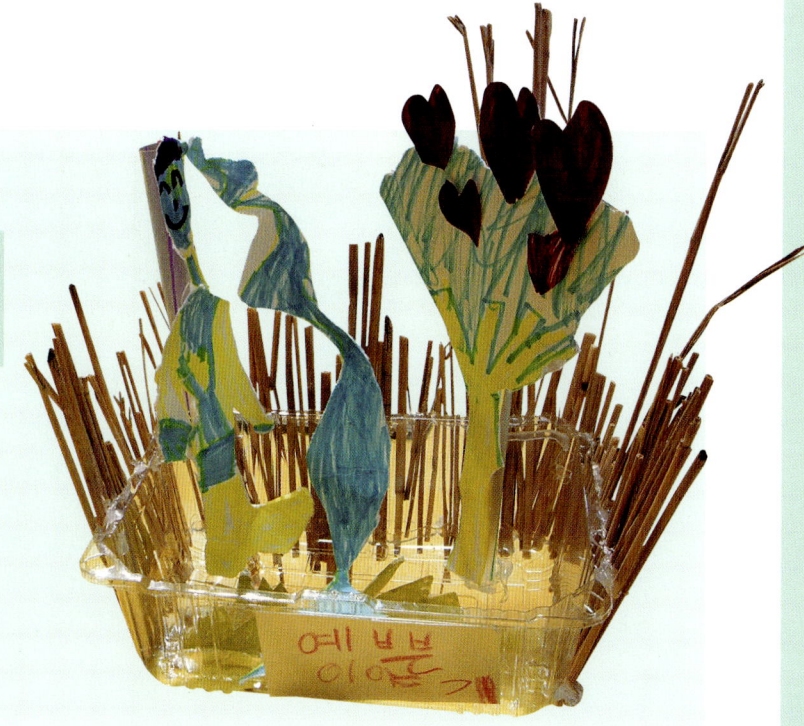

## 8. 칼과 방패

▶ **탐색매체** 종이, 펜류, 고무줄, 색연필, 채색도구

▶ 규원이는 종이와 펜으로
튼튼한 칼과 방패를 만들었어요.

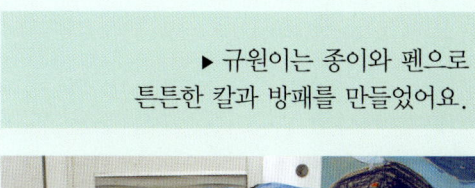

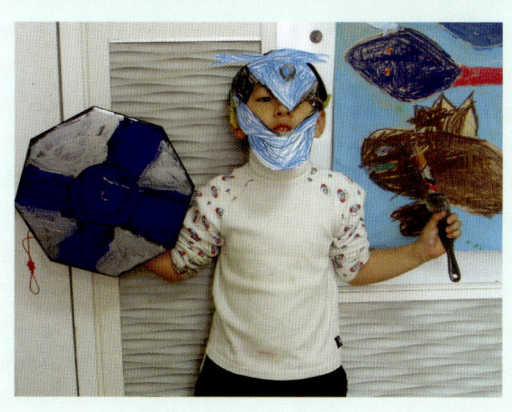

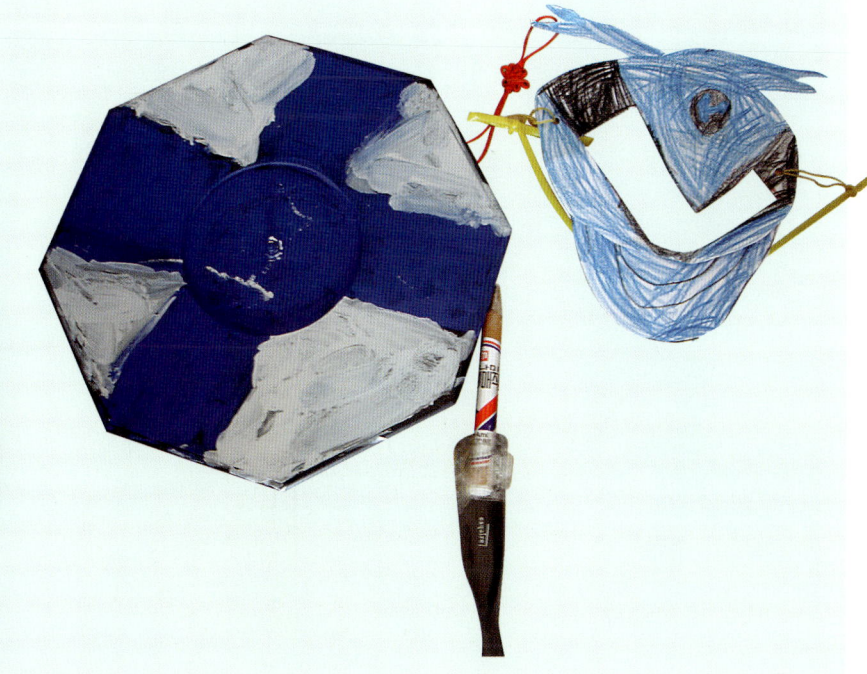

## 9. 대포

▶ **탐색매체** 지관, 나사류, 은색펄 물감, 열쇠, 건전지, 나무토막

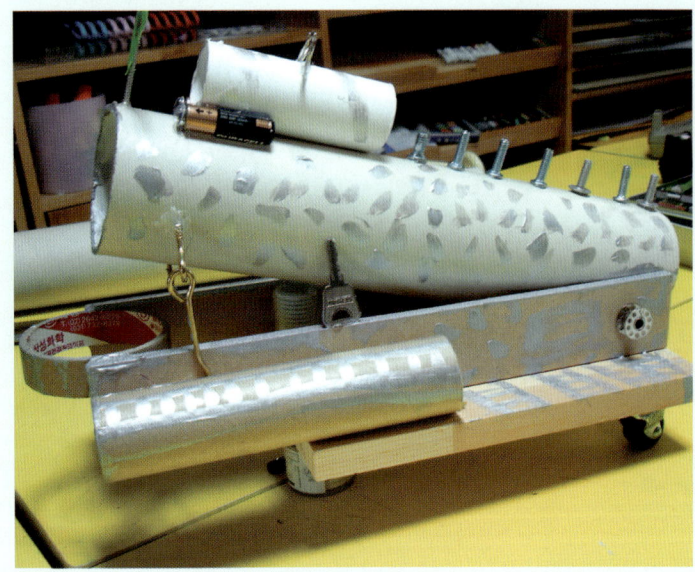

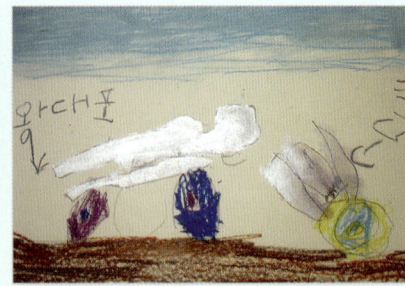

◀ 태경이는 은색으로 빛나는 대포를 만들었어요.

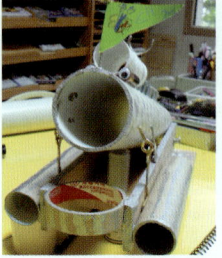

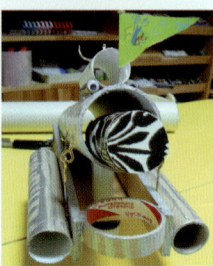

## 10. 토끼 전화기

▶ **탐색매체** 고무장갑, 플라스틱통, 빨대, 호스, 빨래집게, 원스티커, 스팽글

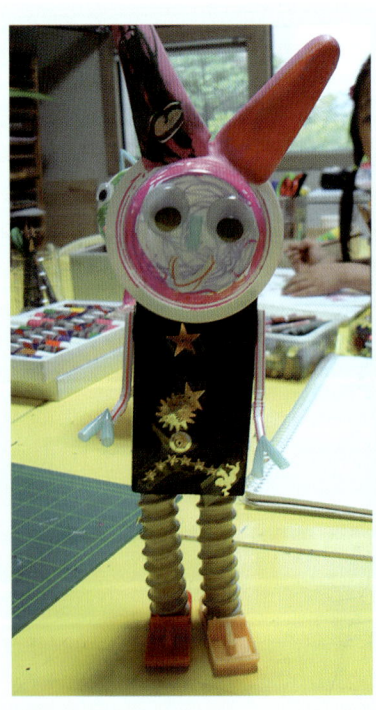

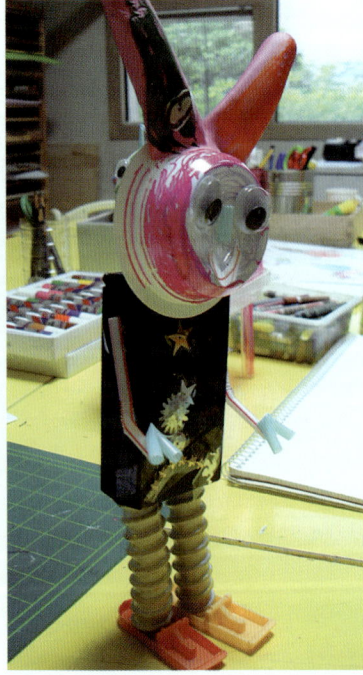

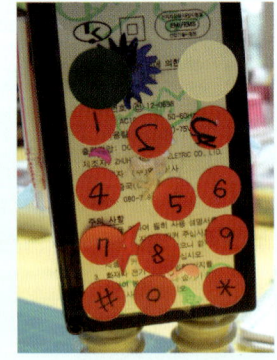

◀ 서연이는 토끼 전화기를 만들었어요.
▲ 토끼 등에 번호판이 있네요.

전화벨이 울리면 서 있는 토끼 전화기가 걸어 올 것 같아요!

# 11. 움직이는 문어와 악어

▶ **탐색매체** 색도화지, 빨대, 스티로폼볼, 과자 박스, 테이프

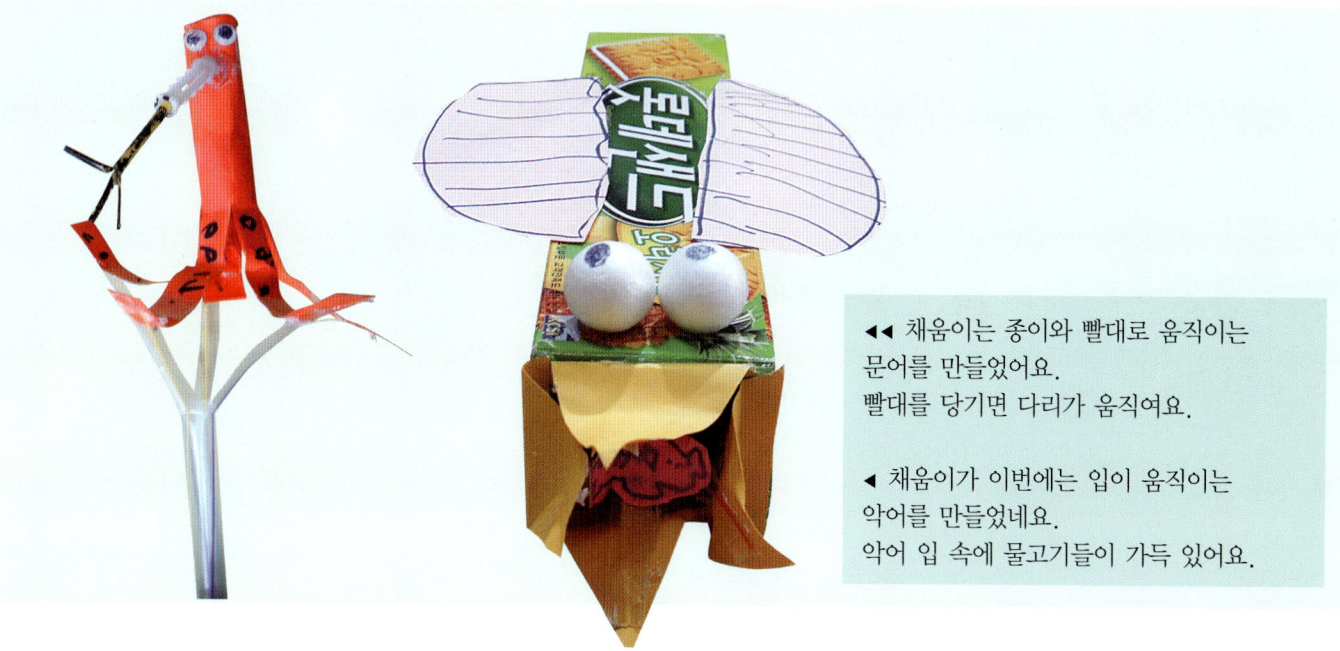

◀◀ 채움이는 종이와 빨대로 움직이는 문어를 만들었어요.
빨대를 당기면 다리가 움직여요.

◀ 채움이가 이번에는 입이 움직이는 악어를 만들었네요.
악어 입 속에 물고기들이 가득 있어요.

# 12. 과일이 담긴 접시

▶ **탐색매체** 재활용품류, 백업, 병뚜껑, 우드락, 유성매직, 색연필, 빨대

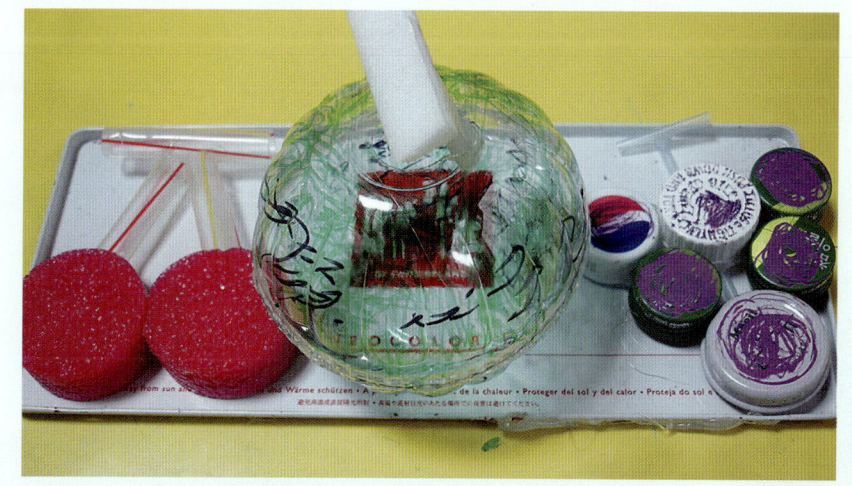

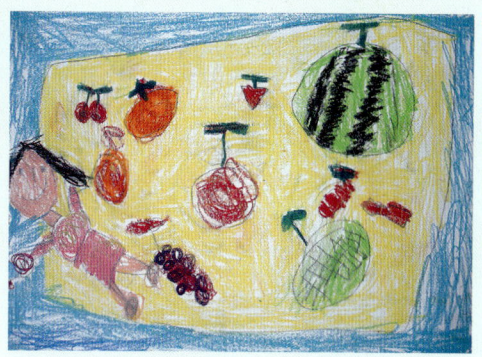

▶ 만들기 전 그려준 아이디어스케치

▲ 신영이는 수박, 포도, 앵두가 있는 접시를 만들었어요.
포도와 앵두가 진짜 같아요!

## 13. 제트기

▶ **탐색매체** 캔, 투명매체, 유성매직, 스펀지, 오일 파스텔

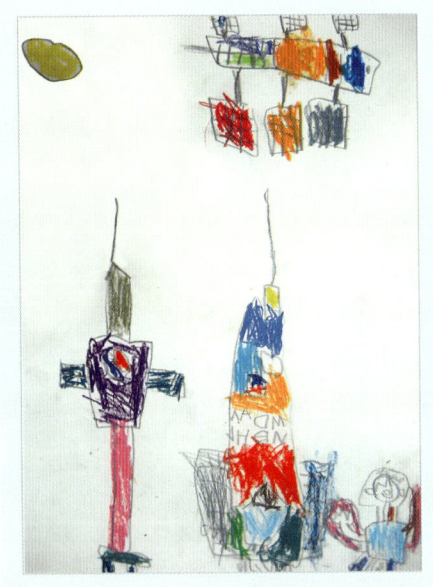

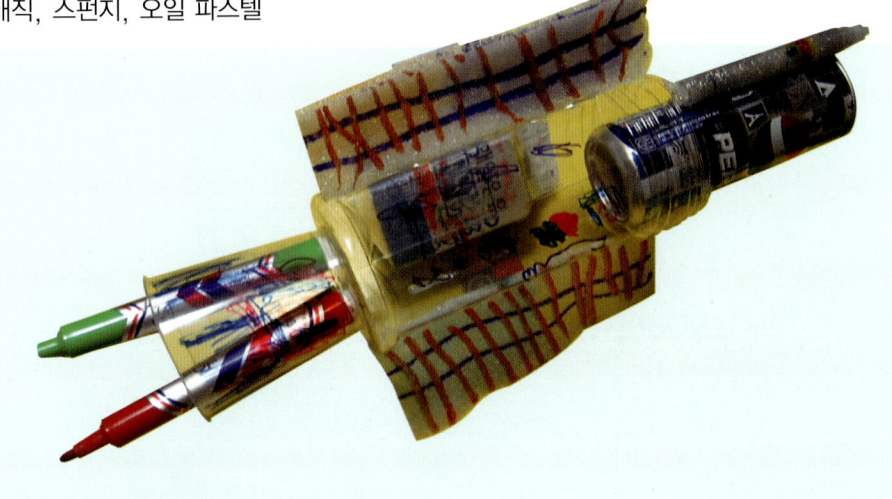

◀ 태경이가 그린 제트기 아이디어스케치

▲ 태경이가 하늘로 날아오르는 제트기를 만들었어요.

## 14. 윙크하는 고양이

▶ **탐색매체** 플라스틱통, 빨대, 종이, 모루볼, 빨래집게

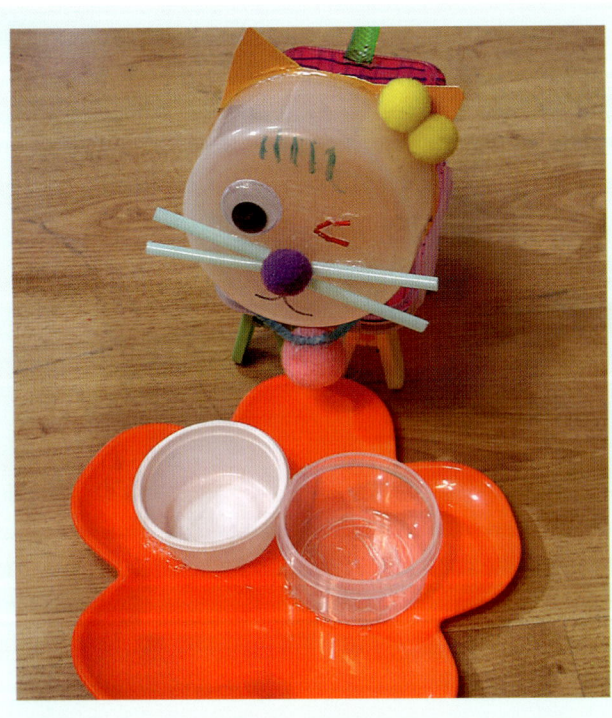

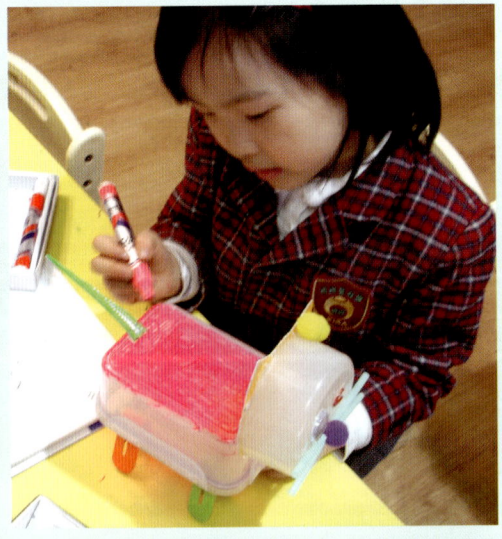

▲ 서현이가 윙크하는 고양이를 만들었어요.

◀ 고양이 밥그릇과 물통 그릇도 보이네요.

# 15. 알록달록 무늬지붕 집

▶ **탐색매체** 플라스틱 상자, 다양한 무늬 천, 가위

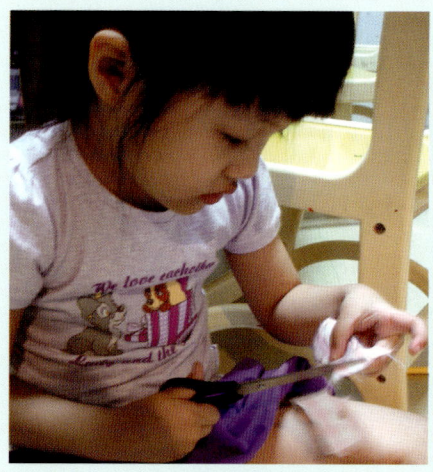

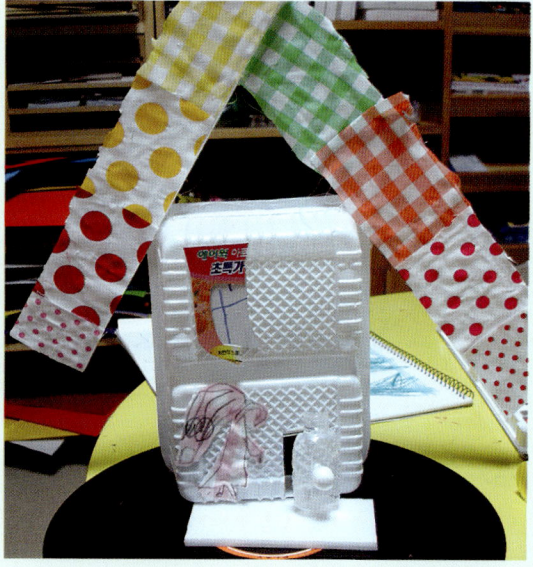

▲ 현서가 지붕에 붙일 천을 가위로
오리고 있어요.

◀ 지붕의 무늬가 마치
풍차를 연상시키네요.

# 16. 새를 좋아하는 곰

▶ **탐색매체** 종이, 캔, 오일 파스텔

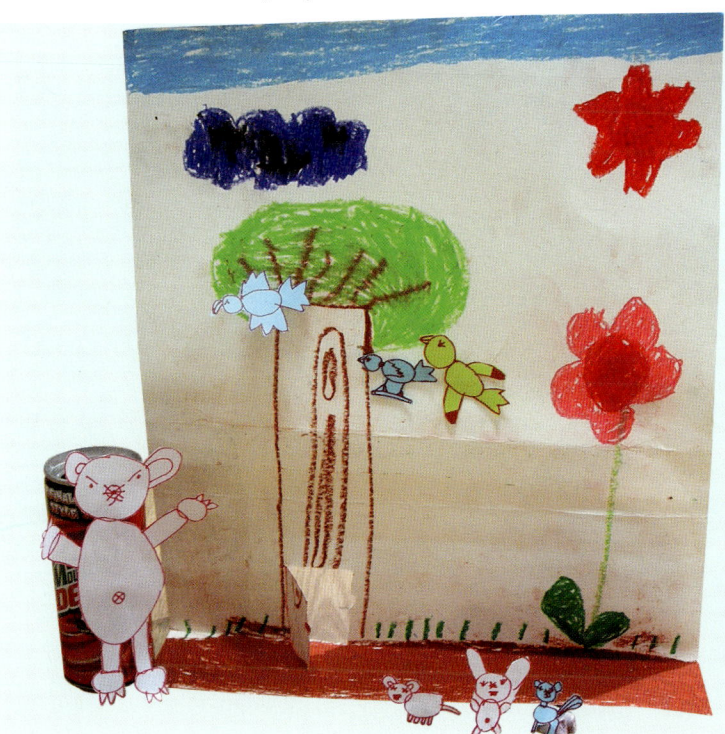

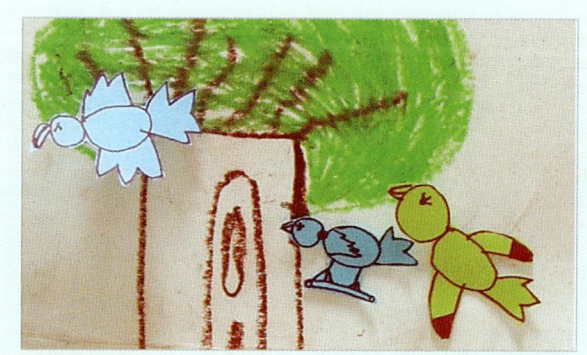

◀ 미주는 하늘의 새를 좋아하는 곰을 만들었어요.
나무 위에 날아가는 새의 모습이 진짜 같아요.
나무에는 들어갈 수 있는 문도 있네요.

## 17. 푸르고 큰 잎을 가진 나무

▶ **탐색매체** 지관, 색도화지, 유성매직, 테이프

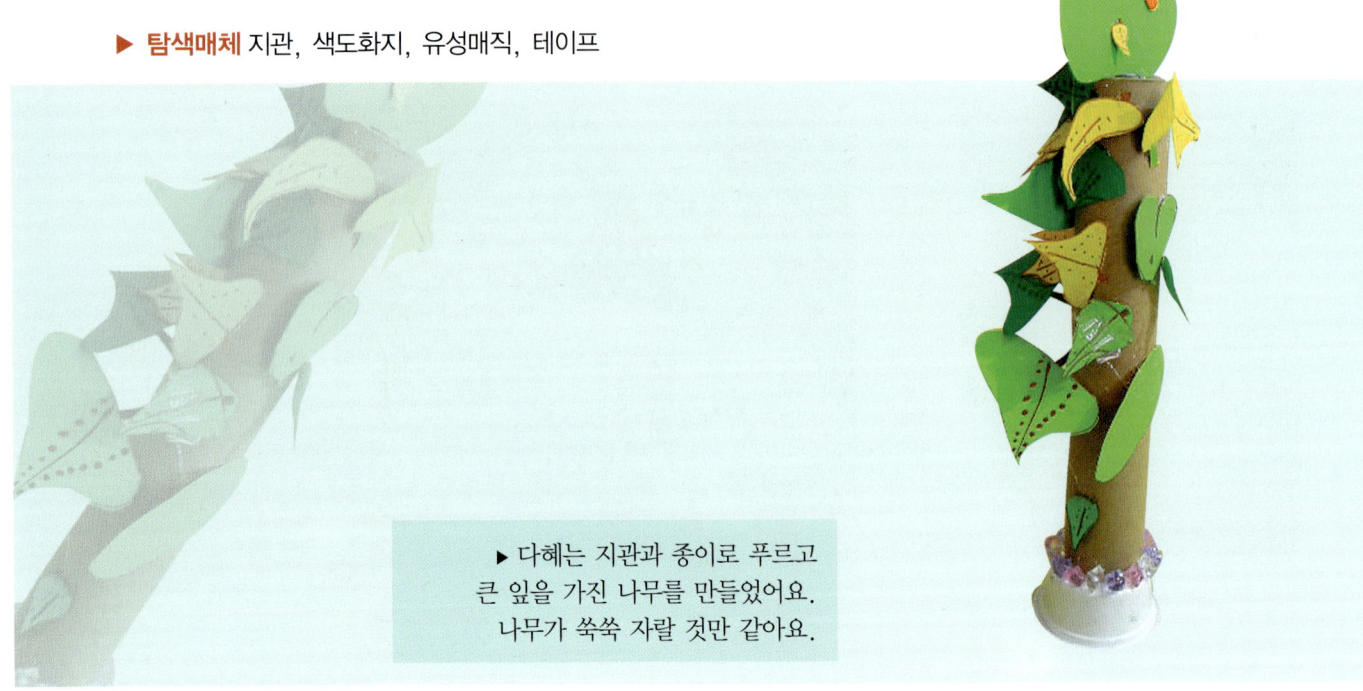

▶ 다혜는 지관과 종이로 푸르고
큰 잎을 가진 나무를 만들었어요.
나무가 쑥쑥 자랄 것만 같아요.

## 18. 공원

▶ **탐색매체** 플라스틱통, 종이, 물결무늬 종이, 오일 파스텔, 마카, 모루, 폼보드

▼▶ 분수도 있고, 손을 흔드는 사람도 보이네요.
나무하고 꽃도 있어요.
진짜 공원에 온 것 같아요.

▼ 지윤이는 큰 공원을 만들었어요.

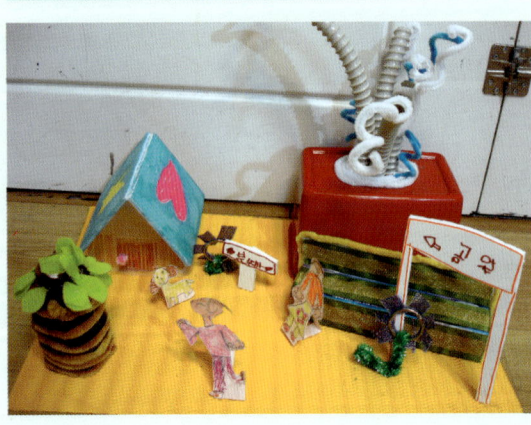

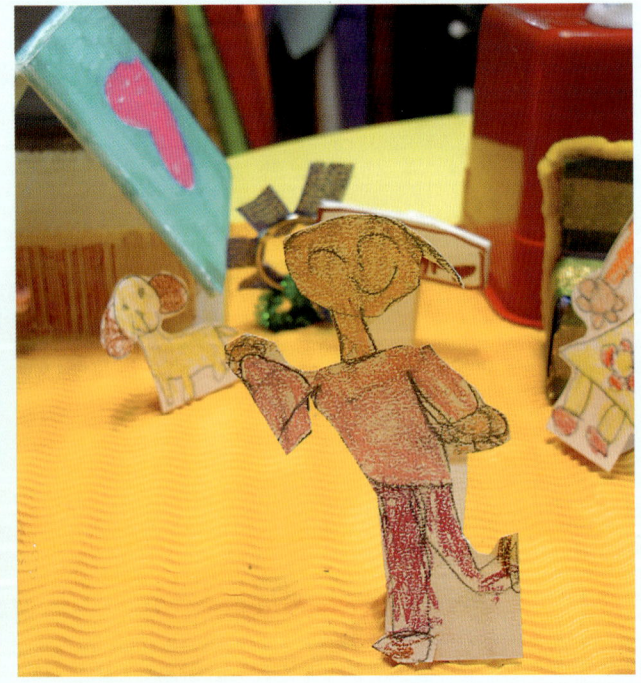

# 19. 거울

▶ **탐색매체** 둥근 거울, 무늬종이, 글루건

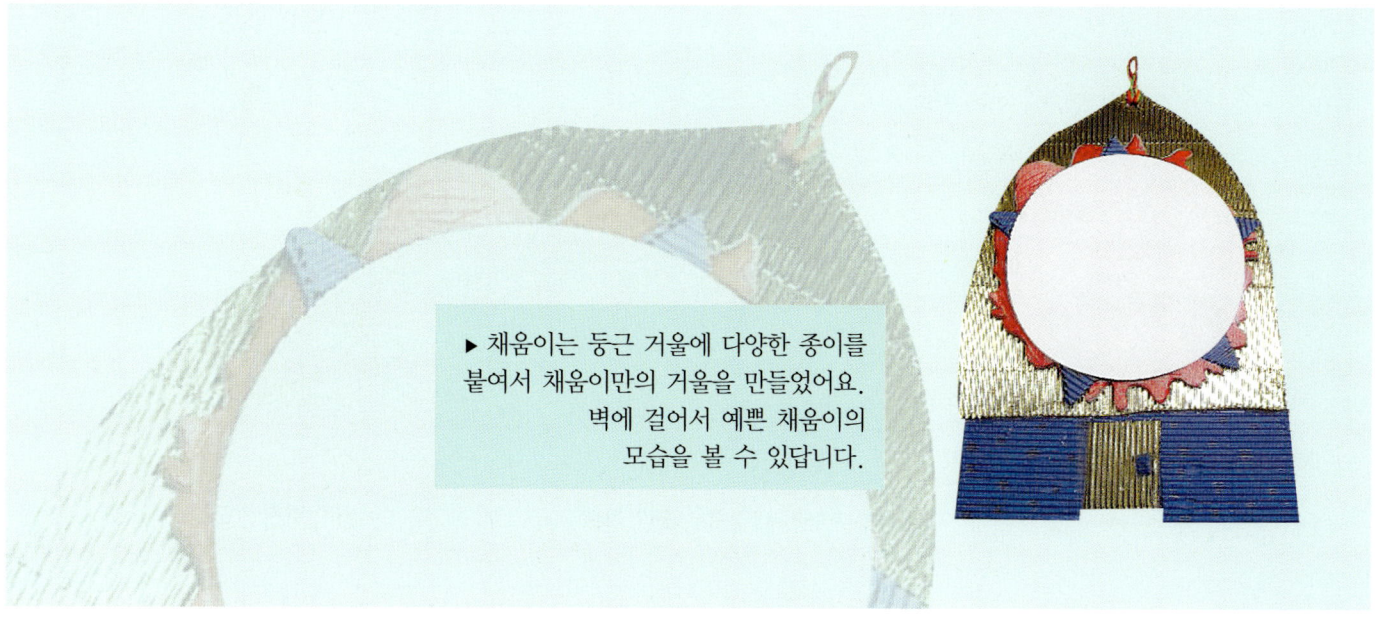

▶ 채움이는 둥근 거울에 다양한 종이를 붙여서 채움이만의 거울을 만들었어요. 벽에 걸어서 예쁜 채움이의 모습을 볼 수 있답니다.

# 20. 토끼

▶ **탐색매체** 스티로폼 상자, 색도화지 자른 것, 모루, 단추, 유성매직

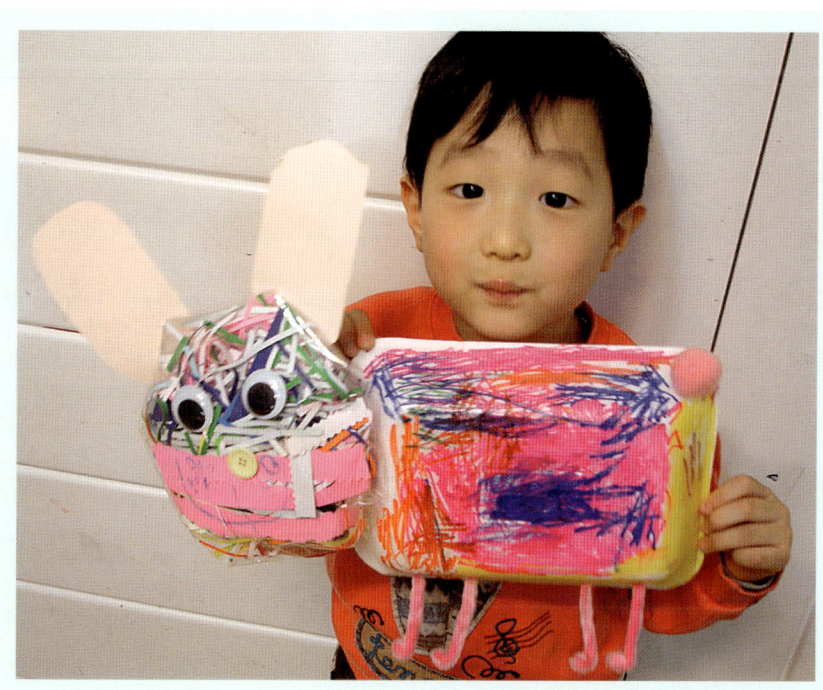

▶ 준겸이가 예쁜 얼굴의 토끼를 만들었어요. 토끼 얼굴에 다양한 종이가 들어가서 얼굴이 알록달록하게 보여요.

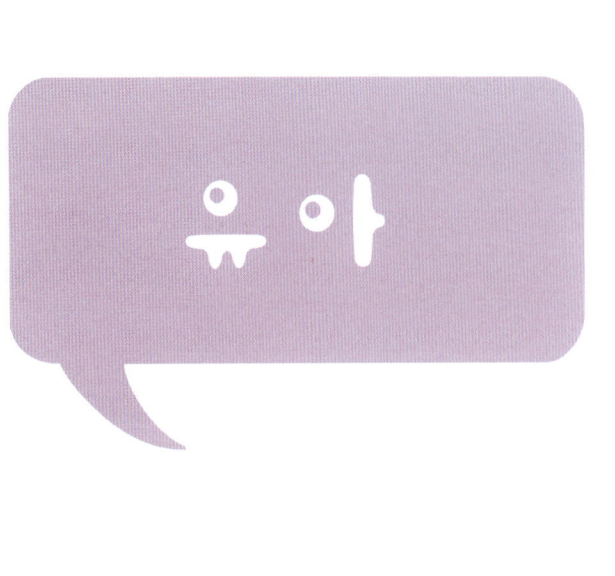
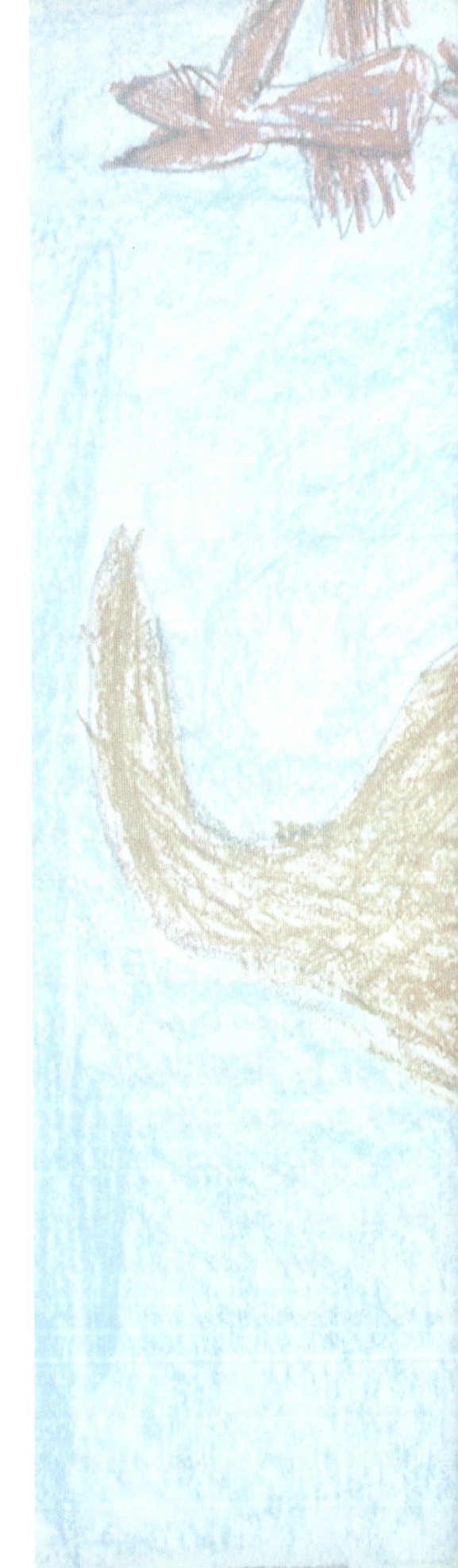

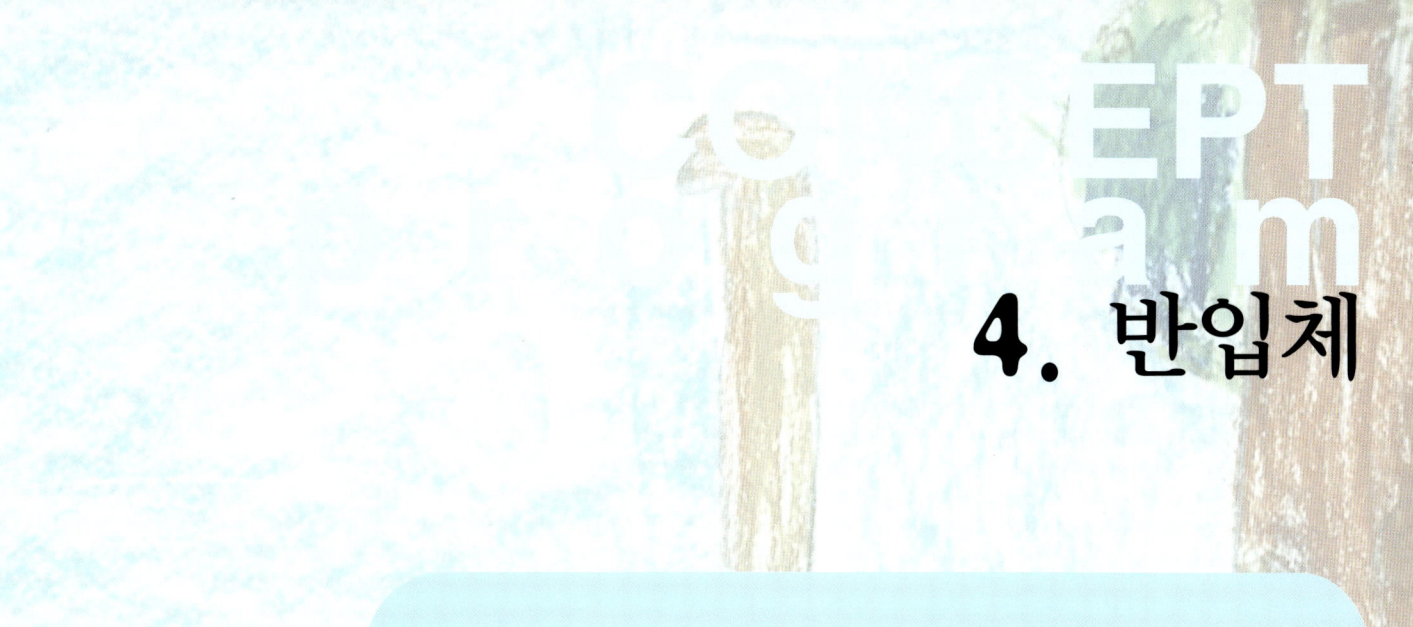

# 4. 반입체

조형에 대한 기초 이해를 바탕으로 표현하고자 하는 주제를 교사와의 커뮤니케이션을 통해 반입체 형식으로 작업하는 프로그램입니다.

# 1. 이야기 무대 만들기 – 내가 만드는 이야기 무대, 발표하기

| | |
|---|---|
| • 주제 | 이야기 무대 만들기 |
| • 학습 목표 | 이야기 무대를 만들어 공간 인식을 도우며 발표회를 통해 언어표현의 자신감을 갖도록 한다. |
| • 준비물 | 우드락판, 도화지, 오일 파스텔, 물감, 붓, 물통, 모루, 스팽글, 색골판지, 이쑤시개 |
| • 동기유발<br>_교사 | 이야기를 준비시킨다. |
| _아동 | 이야기를 만들거나 좋아하는 동화를 그린다. |
| _학습 시간 | 10분 |
| • 작업 과정<br>_교사 | 1. 자신 있게 발표할 수 있도록 자신감을 준다.<br>2. 배경을 간단히 만들어 놓도록 도와 시간낭비를 막는다.<br>3. 등장인물이 3인 이상 나오도록 지도한다.<br>4. 난화인 아이들은 동물가족화를 가지고 한다. |
| _아동 | 1. 좋아하는 동화나 이야기를 만들어 스케치한다.<br>2. 우드락으로 무대를 만든다.<br>3. 배경을 그려 우드락에 붙인다.<br>4. 인물을 만들어 오린다.<br>5. 정리하고 발표회 준비를 한다.<br>6. 어머니를 모시고 발표회를 한다. |
| _작업 시간 | 80분 |
| _유의 사항 | 무대 사진을 준비한다. |
| • 작품 보고 이야기하기 | 다른 사람 앞에서 자신감을 갖고 발표할 수 있는가 |
| • 발전 학습 | 나만의 이야기를 가지고 발표한다. |

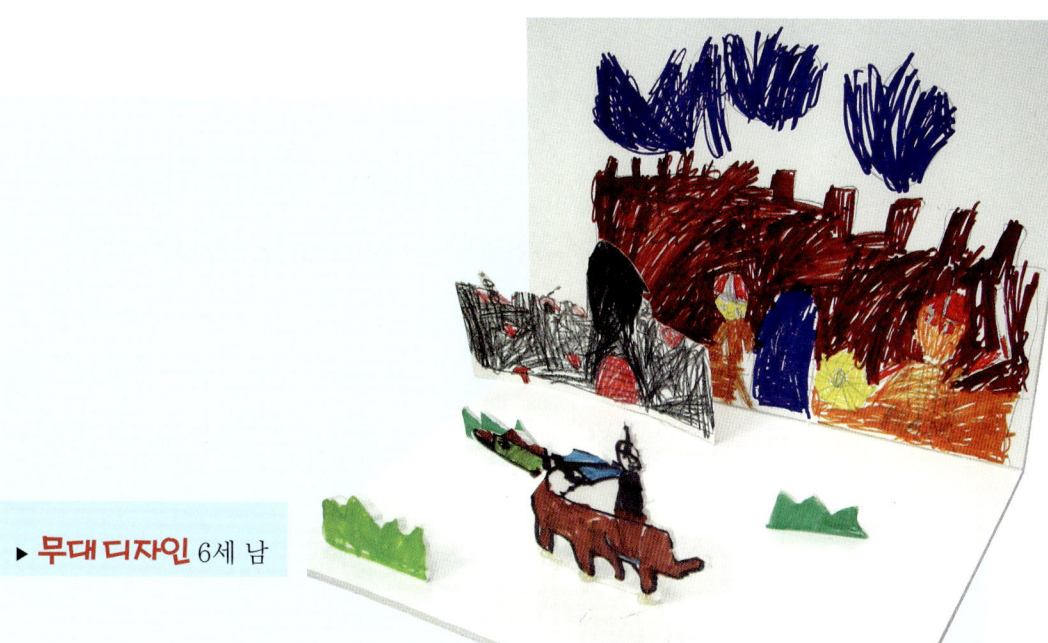

▶ **무대 디자인** 6세 남

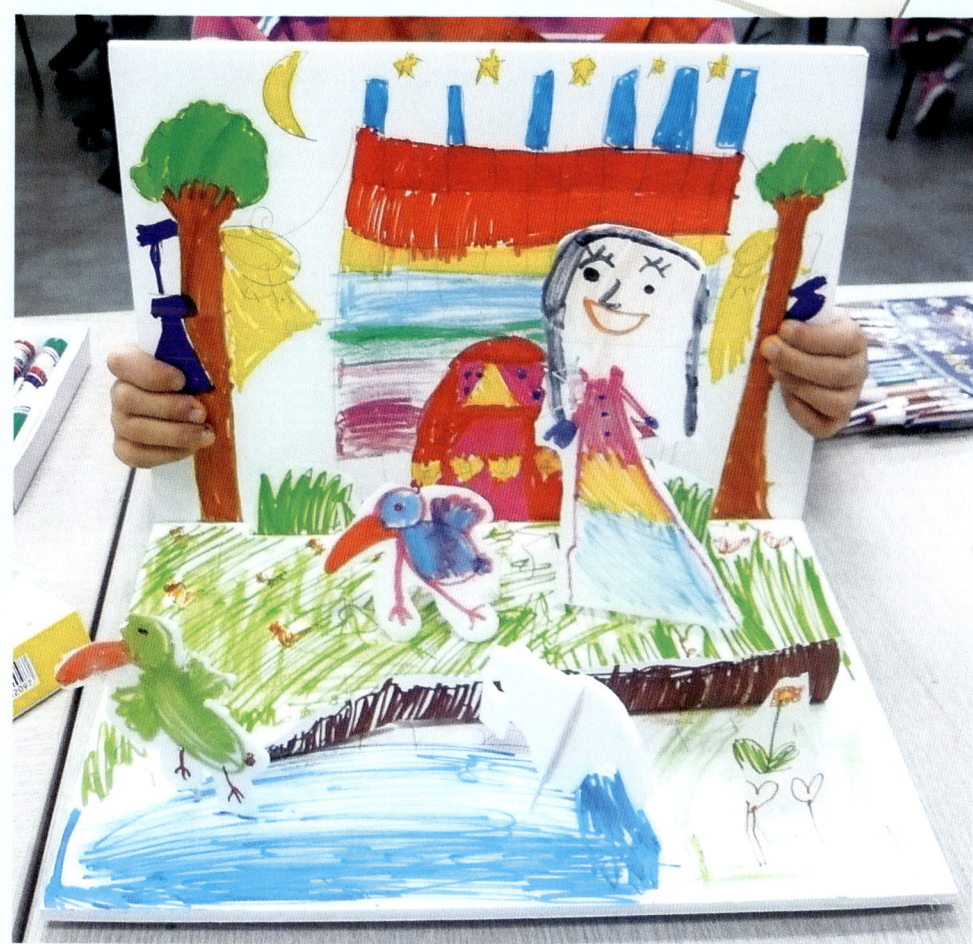

▶ **무대 디자인** 7세 여

## 2. 로봇 만들기 – 내가 만드는 로봇

| | |
|---|---|
| • 주제 | 로봇 만들기 |
| • 학습 목표 | 재활용품과 쿠킹호일을 활용하여 로봇을 만들 수 있다. |
| • 준비물 | 재활용품, 쿠킹호일, 양면테이프, 유성매직 |
| • 동기 유발<br>_교사 | 재활용품과 쿠킹호일을 보여주며 아동의 흥미를 유도한다. |
| _아동 | 자신이 만들고 싶은 것을 아이디어스케치한다. |
| _학습 시간 | 10분 |
| • 작업 과정<br>_교사 | 1. 재활용품을 제시하고 아동이 고를 수 있게 한다.<br>2. 양면테이프를 활용하여 아동 스스로 재활용품을 연결할 수 있도록 한다.<br>3. 완성된 작품에 쿠킹호일을 싸고 그 위를 다른 재료로 감싸며 형태를 표현하도록 유도한다. |
| _아동 | 1. 재활용품을 탐색한다.<br>2. 원하는 재활용품을 조합한다.<br>3. 쿠킹호일을 감싸 마무리한다. |
| _작업 시간 | 80분 |
| _유의 사항 | 양면테이프의 사용방법을 사전에 알려준다. |
| • 작품 보고 이야기하기 | 1. 사물의 사용방법에 대하여 정확히 인지한다.<br>2. 스케치한 아이디어와 최대한 부합할 수 있게 입체작품을 만들도록 한다. |

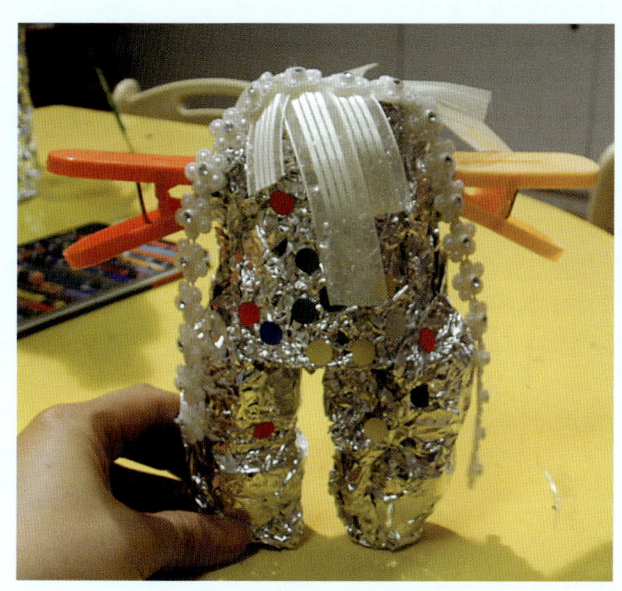

▲ **엄마 도와주는 로봇** 6세 여

▶ **청소 로봇** 7세 여

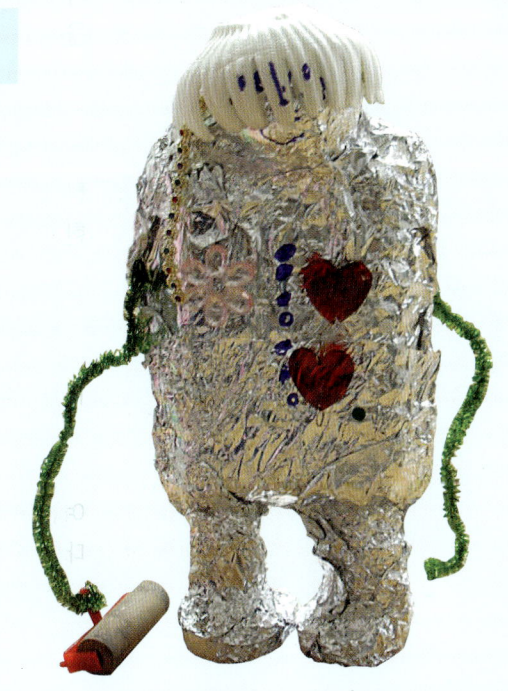

## 3. 한 장의 동화책 – 내가 만드는 한 장의 동화책

| | |
|---|---|
| • 주제 | 한 장의 동화책 |
| • 학습 목표 | 자기만의 이야기에 그림을 그려 동화책으로 표현할 수 있다. |
| • 준비물 | 5절 이상의 종이, 다양한 그리기 도구 등 |
| • 동기 유발<br>_교사 | 1. 재미있게 읽었던 동화에 대하여 이야기를 유도한다.<br>2. 아동이 제일 좋아하는 소재와 주제에 대하여 이야기한다. |
| _아동 | 재미있게 읽었던 동화에 대하여 친구들과 이야기하고 재미있던 상황들을<br>신체로 표현해 본다. |
| _학습 시간 | 10분 |
| • 작업 과정<br>_교사 | 1. 종이를 제시해주며 접는 방법을 알려준다.<br>2. 스토리에 대하여 이야기한다.<br>3. 그림을 재미있고 열심히 표현할 수 있도록 유도한다. |
| _아동 | 1. 종이 접는 방법에 대하여 각자의 생각을 다시 표현해보기도 한다.<br>2. 친구들과 이야기를 하면서 동화 이야기에 대하여 생각한다. |
| _작업 시간 | 80분 |
| _유의 사항 | 여러 종류의 동화 이야기를 준비한다. |
| • 작품 보고 이야기하기 | 이야기와 그림이 자유롭게 표현되었는가 |
| • 발전 학습 | 스토리가 연결되는 여러 장의 동화책을 만들 수 있다. |

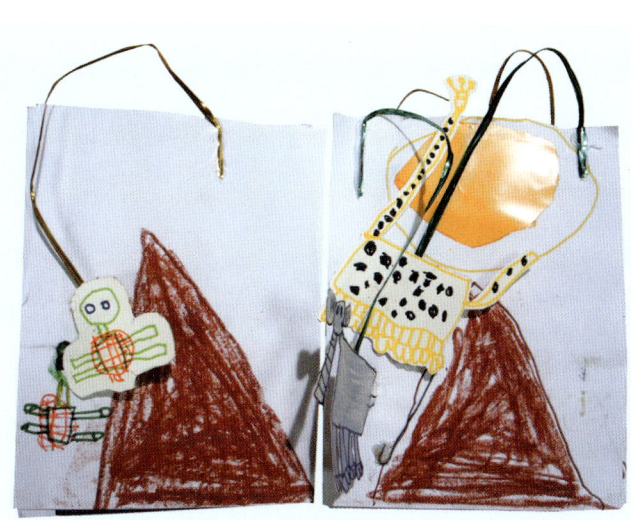
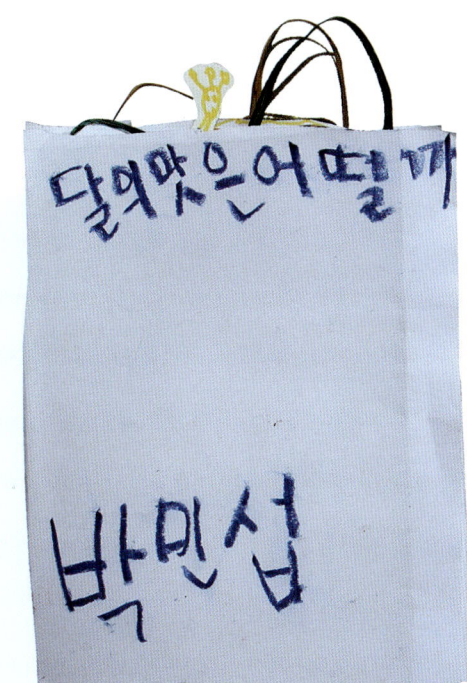
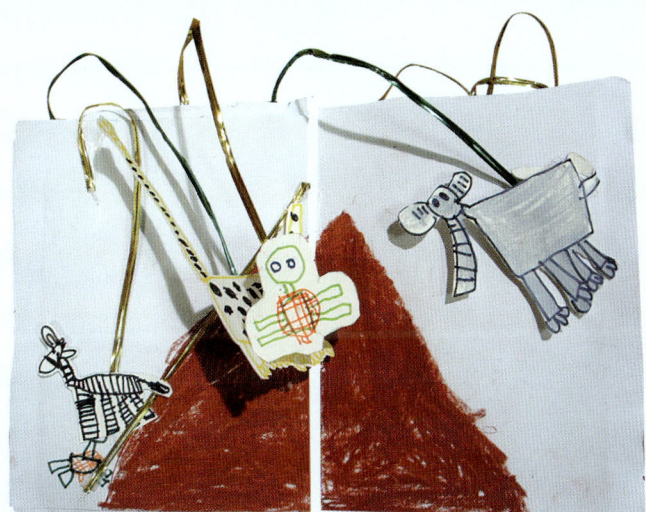
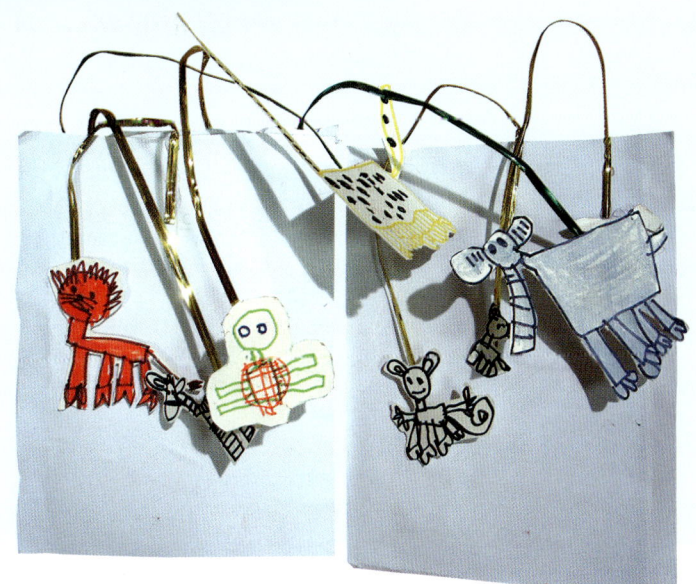

▲ ▶ **달의 맛은 어떨까** 7세 남

69

# 4. Project 활용하기 – 슬라이드 세상 속

- **주제** Project 활용하기

- **학습 목표** 작은 물건에 관심을 갖고 자기만의 의미를 표현할 수 있다.

- **준비물** 다양한 매체, 슬라이드 필름 프레임, 슬라이드 영사기, 하얀색 전지 등

- **동기 유발**

  **_교사**
  1. 교실 안을 어둡게 한다.
  2. 슬라이드 영사기의 특징에 대하여 설명한다.
  3. 다양한 사물의 형태에 대하여 이야기한다.

  **_아동**
  1. 원하는 물건을 오리며 친구들과 이야기한다.
  2. 슬라이드 필름에 자기기 원하는 물건을 끼워 본다.

  **_학습 시간** 10분

- **작업 과정**

  **_교사**
  1. 하나의 형태를 슬라이드 필름에 끼워, 슬라이드 영사기로 비춰 본다.
  2. 아동이 원하는 슬라이드 필름을 영사기에 넣어 비춰 보고, 어떻게 보이며, 생각한 것과 어떤 차이가 있는지 이야기 나눈다.
  3. 보여지는 형태를 그림으로 표현해 본다.
  4. 그림을 보며, 아동의 생각을 표현할 수 있게 한다.

  **_아동**
  1. 누가 먼저 영사기에 넣을 것인가 순서를 정한다.
  2. 영사기에 비춰진 모습에 대하여 이야기를 나눈다.
  3. 영사기에 비춰진 모습을 선택하여, 다양한 그리기 매체로 표현해 본다.
  4. 친구들의 그림을 보며, 서로의 생각을 들어 본다.

  **_작업 시간** 80분

  **_유의사항** 사전에 교실을 어둡게 조성한다.

- **작품 보고 이야기하기**
  아동이 자율적으로 활동하였는가
  * OHP필름지에 물체를 올려놓고 실물 화상기에서 보아도 좋다.

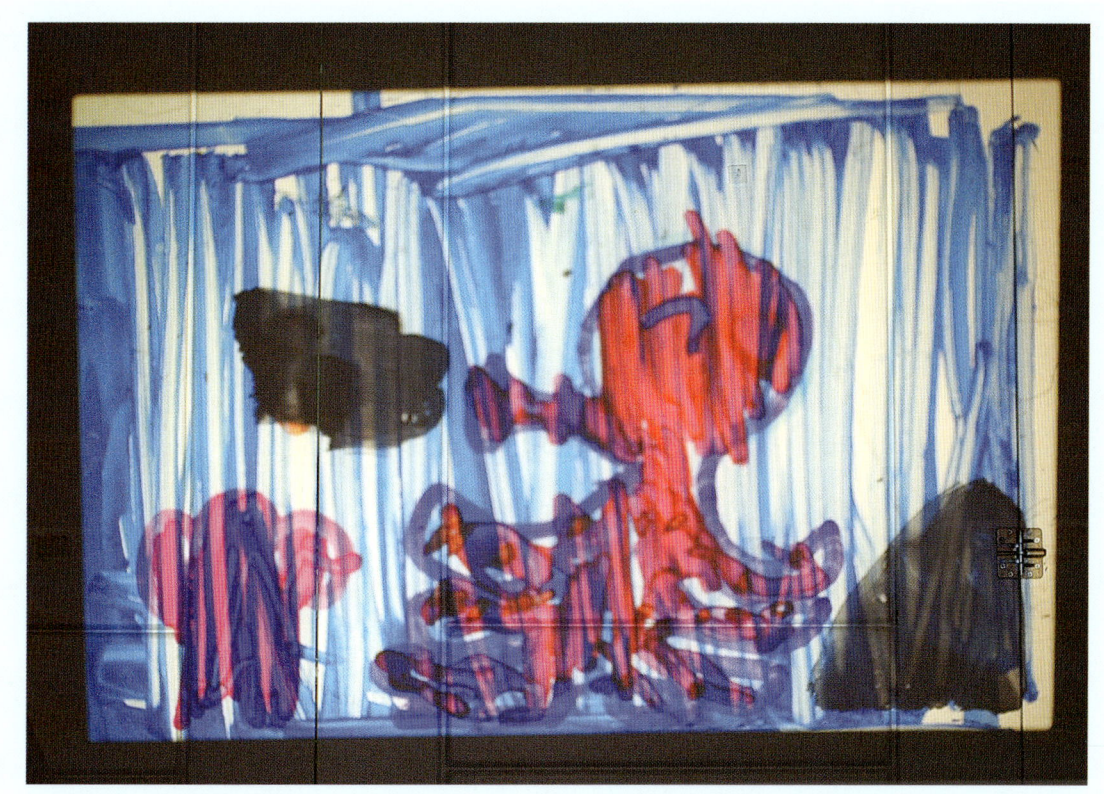

▲ **바닷속의 문어** 7세 여

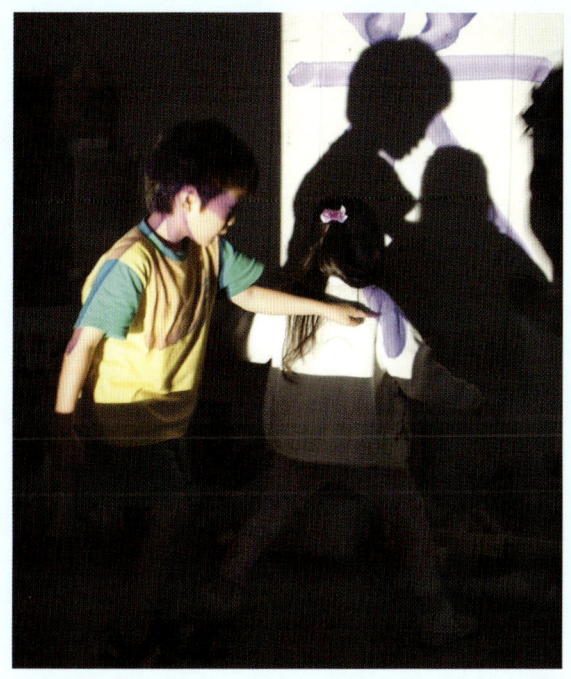

◀ 프로젝트 앞에서 설명하고 있는 모습

# 5. **스토리텔링** – 우리들의 이야기

| | |
|---|---|
| • 주제 | 스토리텔링 |
| • 학습 목표 | 각자의 그림을 모아 병풍 형태로 표현할 수 있다. |
| • 준비물 | 우드락, 색상 한지, 풀, 다양한 그리기 매체, 가위 등 |
| • 동기 유발<br>_교사 | 1. 병풍에 대하여 다양한 이야기를 한다.<br>2. 사진 자료 등을 통해 병풍의 특징을 살펴본다. |
| _아동 | 1. 병풍이 무엇일까? 어디에 사용했을까 생각해본다.<br>2. 병풍에 어떤 그림을 표현할까 친구들과 이야기해본다. |
| _학습 시간 | 10분 |
| _유의사항 | 병풍 사진 자료 준비 |
| • 작업 과정<br>_교사 | 1. 그리기를 위한 다양한 매체를 제시한다.<br>2. 한지를 준비하여 아동이 원하는 색을 선택할 수 있게 제시한다.<br>3. 그림 완성 후 아동의 이름을 쓸 수 있도록 유도한다.<br>4. 완성한 그림을 미리 준비한 우드락 판에 붙인다.<br>5. 친구들의 그림을 서로 연결하여 병풍을 완성한다. |
| _아동 | 1. 선택한 한지에 그림을 표현한다.<br>2. 완성 후 본인의 이름을 쓴다.<br>3. 완성된 그림을 풀이나 테이프 등의 매체를 활용하여 우드락에 붙인다.<br>4. 우드락에 붙인 그림을 지그재그로 병풍처럼 접었다 펼 수 있게끔 붙인다.<br>5. 병풍 완성 후 친구들과 간단한 놀이를 한다. |
| _작업 시간 | 80분 |
| _유의사항 | 1. 우드락과 한지를 적당한 크기로 미리 준비한다.<br>2. 병풍을 붙이는 방법에 대하여 이야기한다. |
| • 작품 보고 이야기하기 | 1. 공동의 활동에 대하여 인지하는가<br>2. 그림을 자유롭게 표현하였는가 |
| • 발전 학습 | 스토리가 연결되는 방향에 따라 그림을 연결하여 표현할 수 있다. |

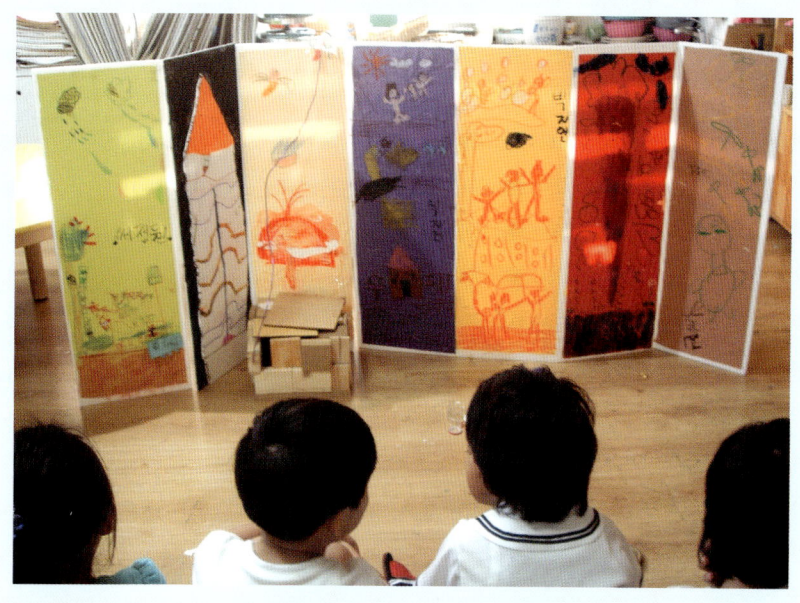

▲ 공동으로 만든 스토리텔링, 6-7세

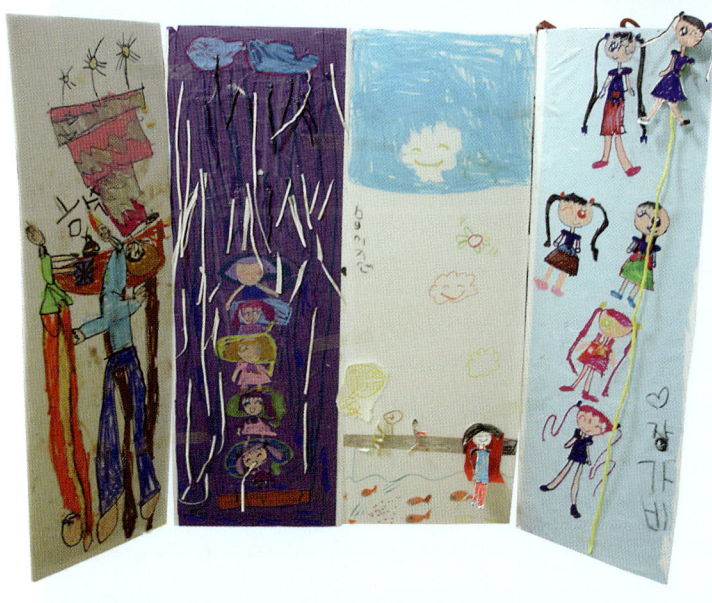

▲ 공동으로 만든 스토리텔링, 6-7세

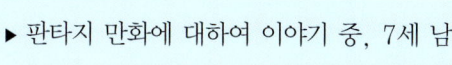
▶ 판타지 만화에 대하여 이야기 중, 7세 남

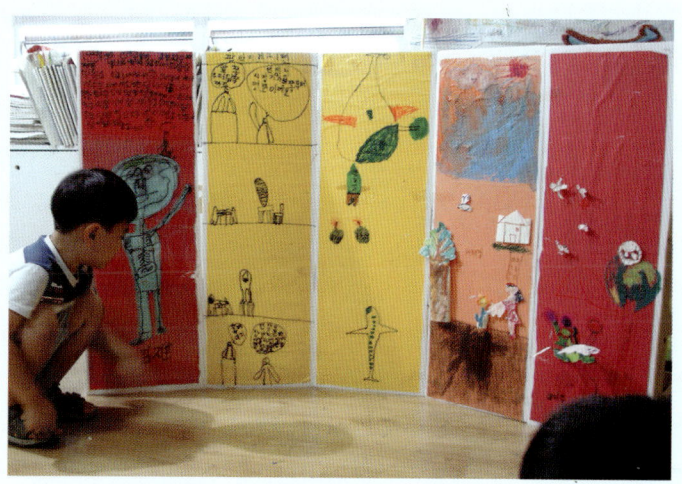

## 6. 애니메이션 만들기 – 친구들과 함께 만들기

| | |
|---|---|
| • 주제 | 애니메이션 만들기 |
| • 학습 목표 | 애니메이션의 원리를 알 수 있다. |
| • 준비물 | 하드보드지, 색종이, 다양한 그리기 도구, 가위, 풀, 실, 애니메이션 기기 |
| • 동기 유발<br>_교사 | 1. 여행 이야기가 나오는 책을 보여주면서 동기유발을 시킨다.<br>2. 다른 친구들이 만든 동영상을 보여준다. |
| _아동 | 예시 작품을 보며 친구들과 이야기하고 어떻게 만들었을까 생각한다. |
| _학습 시간 | 10분 |
| • 작업 과정<br>_교사 | 1. 작업할 내용을 설명한다.<br>2. 재료를 나누어 준다.<br>3. 배경과 캐릭터 제작을 도와준다.<br>4. 촬영을 설명하고 도와준다.<br>5. 선생님은 촬영한 사진을 애니메이션 프로그램을 통해 완성한다.<br>6. 아동들과 감상하고 느낌에 대해 이야기해본다. |
| _아동 | 1. 조를 나누고 역할 담당도 나눈다. (사진촬영, 작품제작 활동)<br>2. 배경, 캐릭터를 만든다.<br>3. 캐릭터를 어떻게 움직일 것인지 상의한다.<br>4. 배경을 움직이지 않게 고정시킨다.<br>5. 사진을 담당한 아동은 아무것도 없는 배경만 찍는다.<br>6. 촬영 담당은 움직이는 것을 촬영한다.<br>7. 감상한 후 느낀 점을 이야기한다. |
| _작업 시간 | 80분 |
| _유의사항 | 촬영 중에 캐릭터의 팔, 다리가 움직이도록 지도한다. |
| • 작품 보고 이야기하기 | 1. 캐릭터, 배경을 잘 표현하였는가<br>2. 서로 도와가며 작업을 했는가 |

# 산에서 일어난 일!

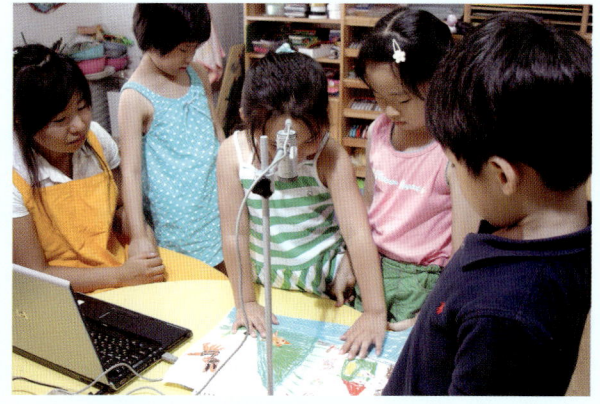

▲ **산에서 일어난 일** 7세 공동작업

▲ 애니메이션이 되도록 촬영 중

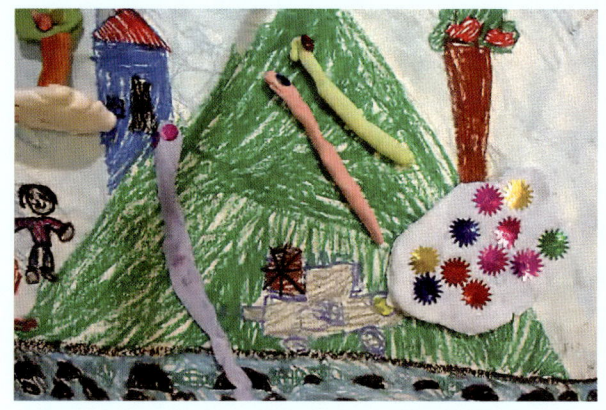

▲ 장면1 산을 올라가고 있는 뱀들이 보여요.

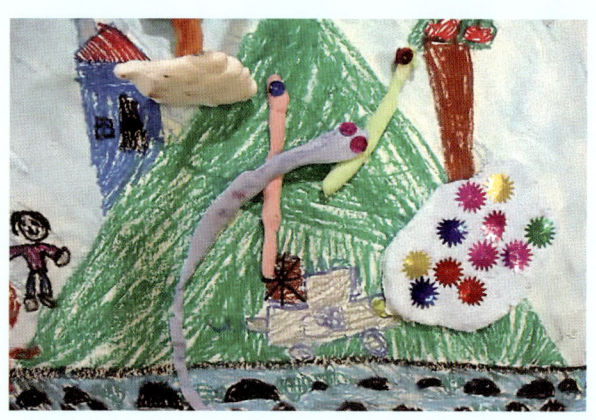

▲ 장면2 사과나무가 지나가고 있어요.

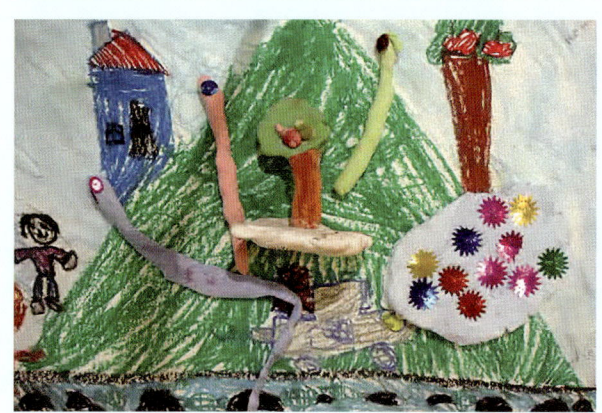

▲ 장면3 사과나무가 산 아래로 내려오네요.

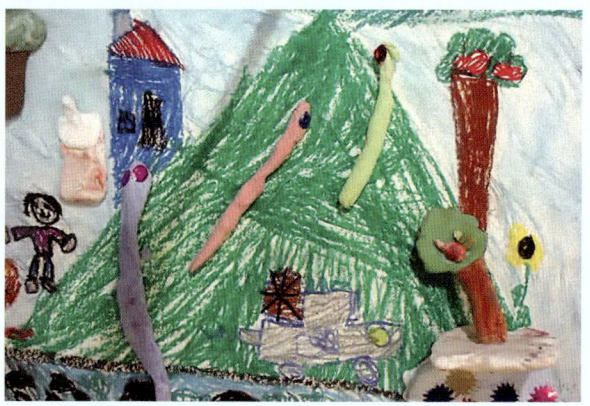

▲ 장면4 나무가 지나가고 뱀들이 다시 산을 올라가요

# 7. 내가 다니는 길 – 투명한 지도 위에 놀이 해보기

| | |
|---|---|
| • 주제 | 내가 다니는 길 |
| • 학습 목표 | 주변에 관심을 갖고, 관찰하는 능력을 향상시킬 수 있다. |
| • 준비물 | PVC연질, 가위, 유성매직, 마카, 종이류 |
| • 동기 유발<br>_교사 | 길에 대하여 이야기를 하며 동네나 자주 다니는 길 위에서 무엇을 보았는지<br>아동 스스로 이야기할 수 있도록 유도한다. |
| _아동 | 길 위에서 무엇을 보았는지에 대하여 친구들과 같이 이야기한다. |
| _학습 시간 | 10분 |
| • 작업 과정<br>_교사 | 1. PVC연질 위에 유성매직으로 자주 다니는 길만을 먼저 표현하게 한 다음,<br>　건물, 놀이터 등을 표현하도록 유도한다.<br>2. 다 그린 후 사람을 그리고 오려 길 위에서 친구들과 놀이를 한다.<br>3. 완성 후 부모님들 앞에서 길 위에서 벌어지는 일들(아동이 활동하는 모습)을<br>　볼 수 있게 한다. |
| _아동 | 1. 친구들과 토론하여 본인이 그릴 자리를 정한다.<br>2. 정하여진 자리 위에 길을 먼저 그리고 길에서 본 것들을 그린다.<br>3. 그리고자 하는 형태를 다 그린 후 사람을 그리고 오려서 세울 수 있게 한다.<br>4. 각각 동네에 대하여 친구들에게 이야기한 후, 그린 사람을 갖고 놀이를<br>　한다. |
| _작업 시간 | 80분 |
| _유의사항 | 유성매직의 특징을 이해하고 잘못 그렸을 경우 어떻게 해야 하는지에 대하여<br>알려준다. (잘못 그려진 유성매직 위에 다시 그리면 밑그림이 없어진다.) |
| • 작품 보고 이야기하기 | 1. 주변의 사물에 대하여 관심을 갖고 있는가<br>2. 주변 사물을 세심히 표현하였는가 |
| • 발전 학습 | 1. 나만의 상상지도를 만들 수도 있다.<br>2. 우리 동네를 사진으로 찍어서 지도로 만들 수 있다. |

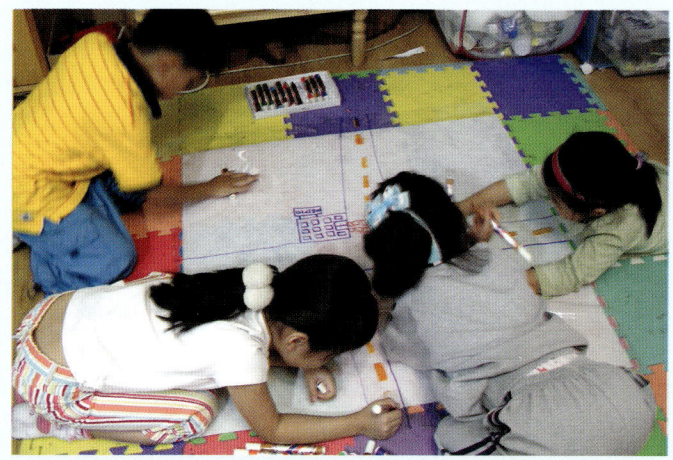

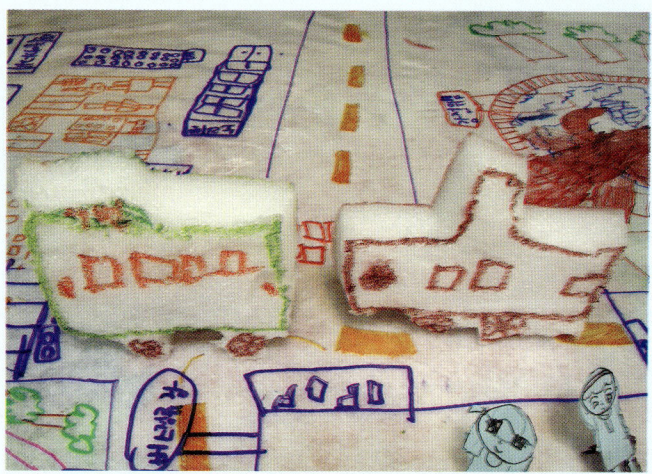

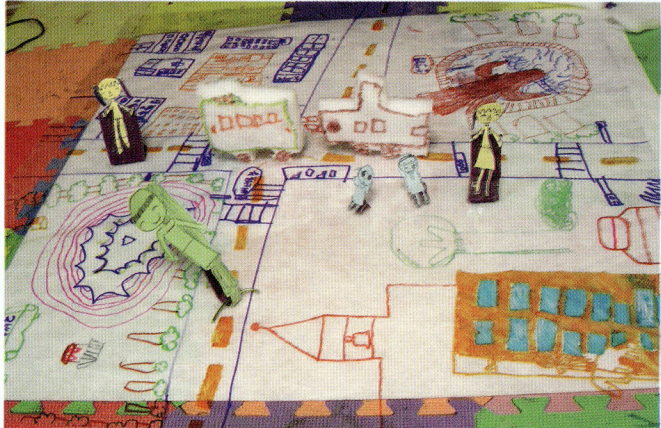

**내가 다니는 길** 7세 공동 작업

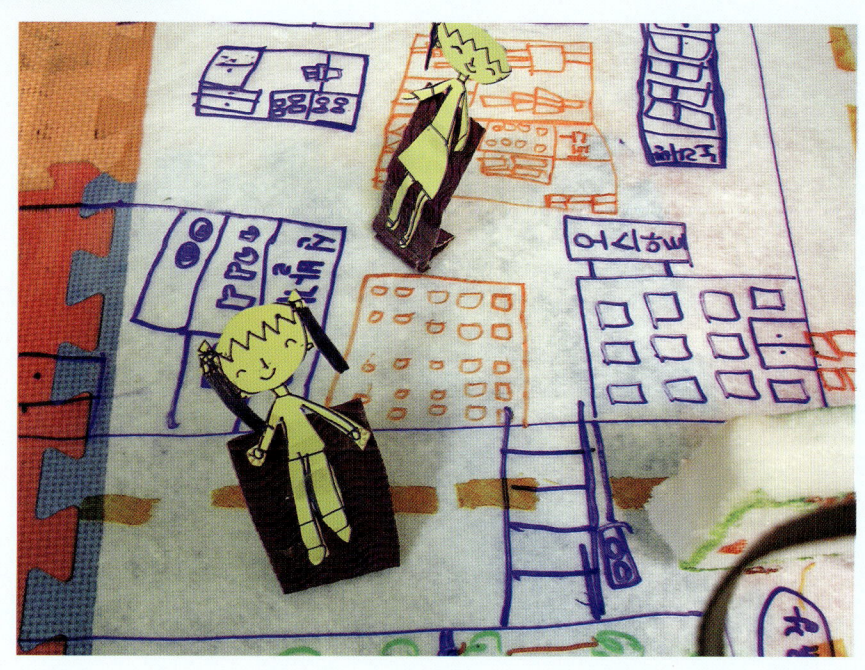

## 8. 돌멩이 그림 - 새롭게 변신하는 돌멩이

| | |
|---|---|
| • 주제 | 돌멩이 그림 |
| • 학습 목표 | 주위에서 흔히 보던 돌멩이를 이용하여 창의력, 융통성 등을 기를 수 있다. |
| • 준비물 | 다양한 모양과 크기의 돌, 아크릴 물감, 연필, 니스 |
| • 동기 유발<br>_교사 | 다양한 돌멩이 모양을 보고 이야기하며 유추해 낼 수 있는 것들을 이야기하도록 유도한다. |
| _아동 | 돌멩이를 보고 떠오르는 것을 이야기한다. |
| _학습 시간 | 10분 |
| • 작업 과정<br>_교사 | 1. 돌멩이를 고른 후, 적절한 연상이 되도록 유도한다.<br>2. 아크릴 물감 사용법을 설명한 후 채색하도록 도와준다. |
| _아동 | 1. 마음에 드는 돌멩이들을 고른다.<br>2. 떠오르는 모양을 연상하여 스케치한다.<br>3. 돌멩이 위에 연상되는 것을 그린다.<br>4. 아크릴 물감을 이용하여 채색한다.<br>5. 완성된 작품을 서로 같이 감상하며 이야기해본다. |
| _작업 시간 | 80분 |
| _유의 사항 | 1. 아크릴 물감 사용법을 정확히 인지시켜준다.<br>2. 다양한 크기와 모양의 돌을 충분히 준비한다. |
| • 작품 보고 이야기하기 | 1. 돌멩이 형태에 맞추어서 잘 연상되었는가<br>2. 아크릴 물감 사용을 잘 하였는가 |

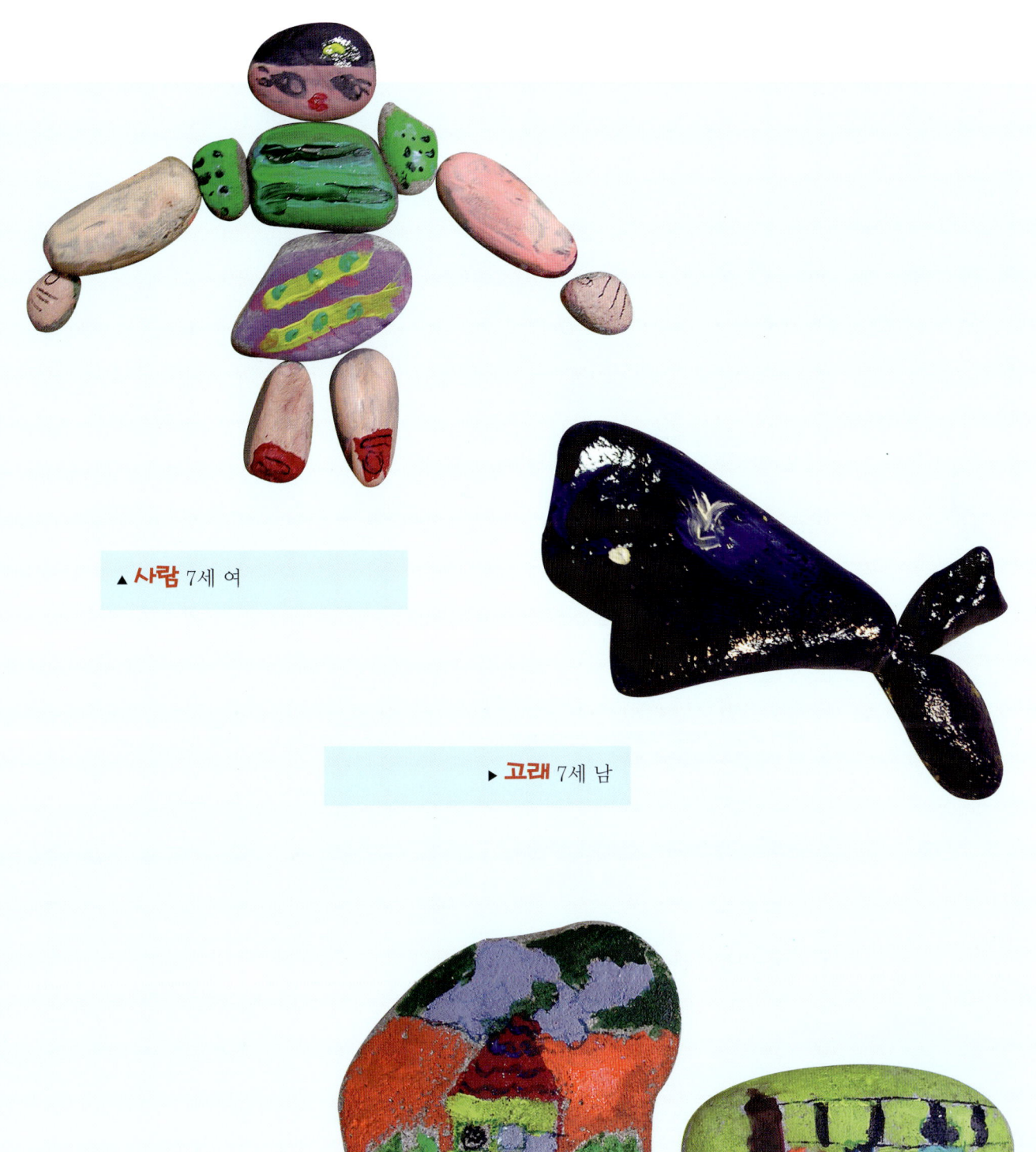

▲ **사람** 7세 여

▶ **고래** 7세 남

▶ **풍경, 기찻길** 7세 여

# 9. 청상화 - 내가 표현하는 동화 속 장면

| | |
|---|---|
| • 주제 | 청상화 |
| • 학습 목표 | 동화를 듣고 이야기 구성을 하여 화면에 표현해본다. |
| • 준비물 | 도화지, 유성매직, 마카, 색연필, 오일 파스텔, 사인펜, 폼보드, 연필 |
| • 동기 유발<br>_교사 | 듣고 그리는 작업이 원활하게 이루어질 수 있도록 간단한 동화 속 이야기를 들려준 후 아동들이 서로 이야기 나눌 수 있도록 한다. |
| _아동 | 1. 원하는 물건을 오리며 친구들과 이야기한다.<br>2. 슬라이드 필름에 자기기 원하는 물건을 끼워 본다. |
| _학습 시간 | 10분 |
| _유의 사항 | 동화 준비(창작동화) |
| • 작업 과정<br>_교사 | 1. '청상화' 수업이 어떤 방향으로 진행되는지 설명해준다.<br>2. 동화를 들려준다(고전 동화보다는 새로운 창작동화)<br>3. 동화 속 주인공들과 상황을 다시 설명해주며 아동들이 인지할 수 있도록 한다.<br>4. 폼보드를 이용하여 화면 구성을 하도록 안에 세워준다.<br>5. 완성된 작품을 친구들과 서로 감상하며 이야기한다. |
| _아동 | 1. 선생님이 들려주는 동화를 경청한다.<br>2. 동화 속 내용을 들으면서 화면에 주인공이나 상황을 표현하거나 다 듣고 난 후 표현한다.<br>3. 주인공의 특성이 잘 나타나도록 표현한다.<br>4. 배경요소도 같이 표현한다. |
| _작업 시간 | 80분 |
| _유의 사항 | 1. 화면에 그려서 오릴 것임을 인지시킨다.<br>2. 자세한 드로잉이 나올 수 있도록 스케치 과정은 연필로 표현하도록 한다. |
| • 작품 보고 이야기하기 | 1. '청상화' 수업을 인지하였는가<br>2. 동화 속 내용의 인물이나 특징이 잘 표현되었는지 살펴본다. |
| • 발전 학습 | 친구들과 서로 이야기를 구성하고 이야기 속 주인공 등 다른 요소들을 표현할 수 있다. |

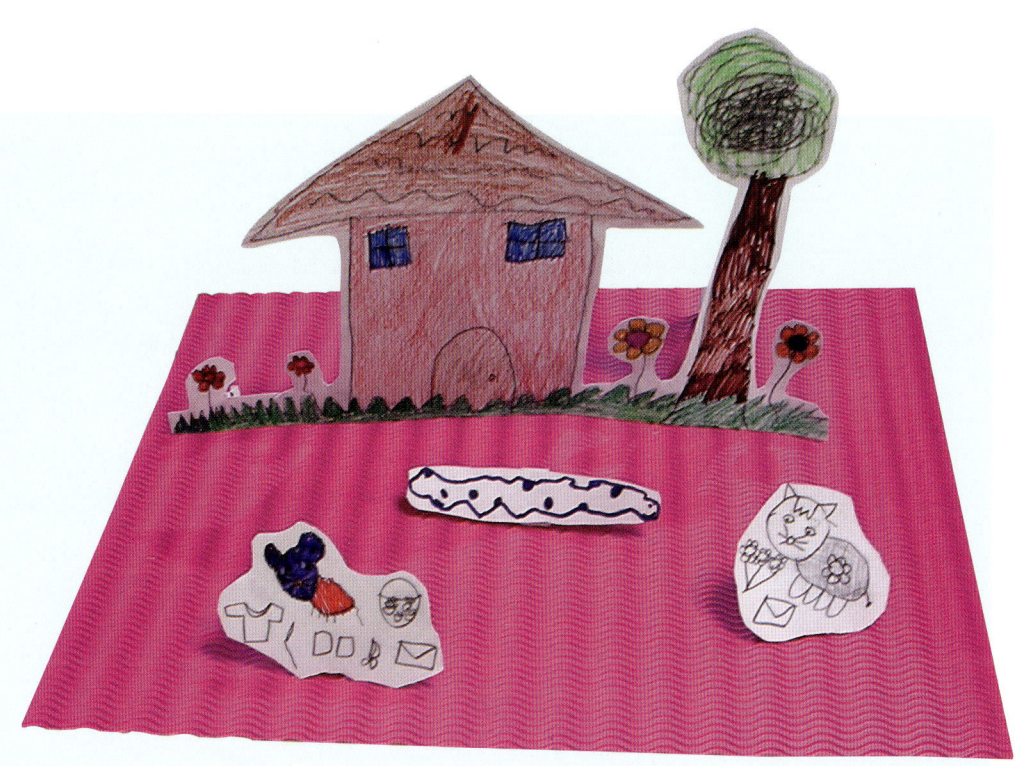

▶ **동화 속 주인공과 집**
　　7세 여

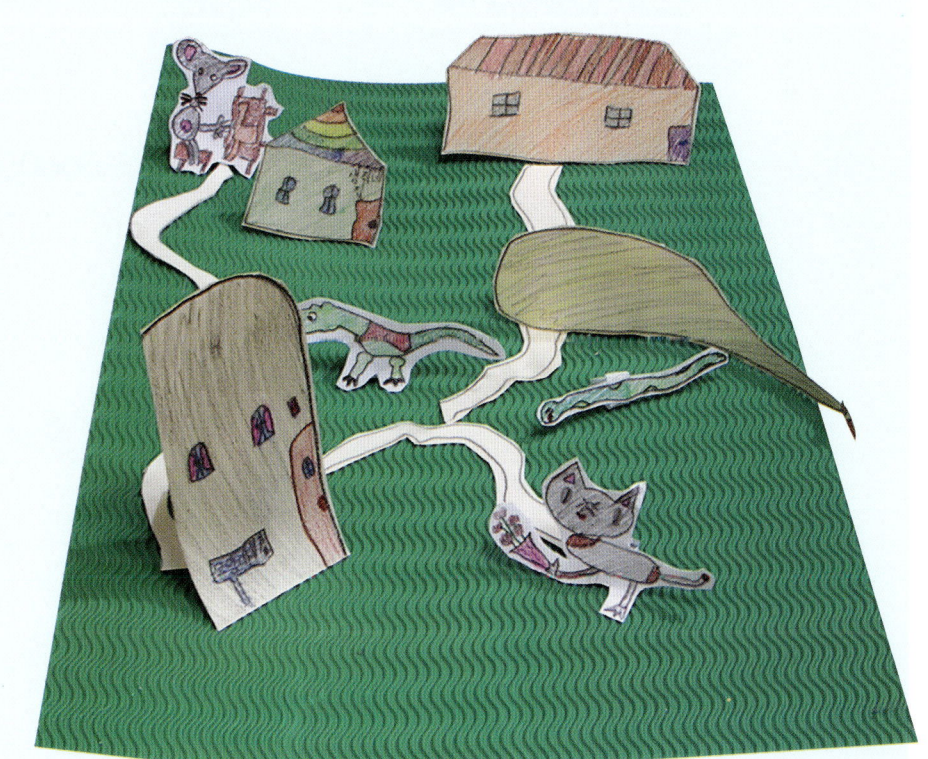

▶ **동화 속 주인공과 마을**
　　7세 여

## 10. 자기 신체 본뜨기 – 폼보드로 만드는 내 모습

| | |
|---|---|
| • 주제 | 자기 신체 본뜨기 |
| • 학습 목표 | 자신의 신체를 그려보면서 형태감을 익힐 수 있고, 자아형성에 도움이 된다. |
| • 준비물 | 폼보드, 연필, 지우개, 크레파스, 오일 파스텔, 다양한 종류의 매체, 아크릴 물감 |
| • 동기 유발 _교사 | 자신의 신체와 얼굴을 관찰할 수 있도록 해준다. |
| _아동 | 거울을 보면서 얼굴을 관찰하고 친구의 신체를 서로 관찰하도록 한다. |
| _학습 시간 | 10분 |
| _유의사항 | 거울 준비(얼굴 거울, 전신 거울) |
| • 작업 과정 _교사 | 1. 전신 사이즈의 폼보드 위에 누워서 원하는 포즈를 취하도록 한다. 2. 전신의 본을 떠주고 아동들이 스스로 자신의 모습을 그리도록 유도한다. (거울 제시, 옷의 무늬 등을 관찰하도록 유도) 3. 채색이 끝나고 콜라주 할 수 있도록 다양한 매체선택에 도움을 준다. |
| _아동 | 1. 본 뜬 신체에 얼굴 모습(눈, 코, 입 등) 옷의 무늬 등을 그려준다. 2. 채색도구를 사용하여 채색한다. 3. 옷의 무늬, 특징을 다양한 매체를 찾아 붙여준다. 4. 현재 자신의 모습과 완성된 작품을 비교해본다. |
| _작업 시간 | 80분 |
| _유의사항 | 폼보드 위에 스케치 할 때 손의 힘을 조절하며 그릴 수 있도록 유도한다. |
| • 작품 보고 이야기하기 | 1. 다양하고 개성적인 표현이 나왔는가 2. 현재 자신의 모습이 표현되었는가 |
| • 발전 학습 | 1. 소포지에 자신의 신체를 그리고 신문지를 넣어 부피감도 표현해 볼 수 있다. 2. 자신의 모습을 인형으로 만들어서 놀이를 할 수 있다. |

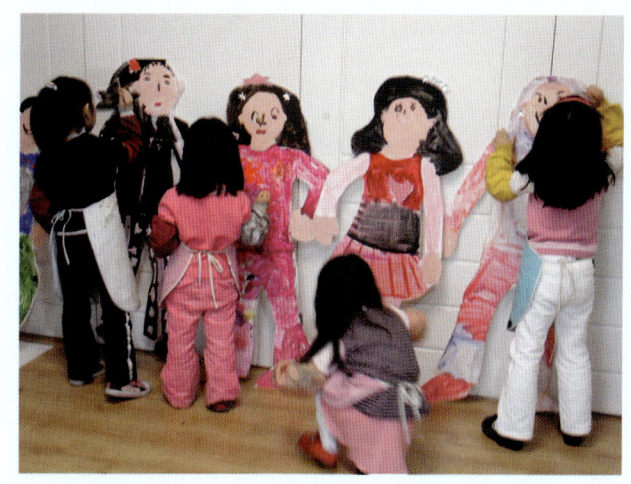

▲ 내 모습을 꾸미고 있는 친구들, 6-7세

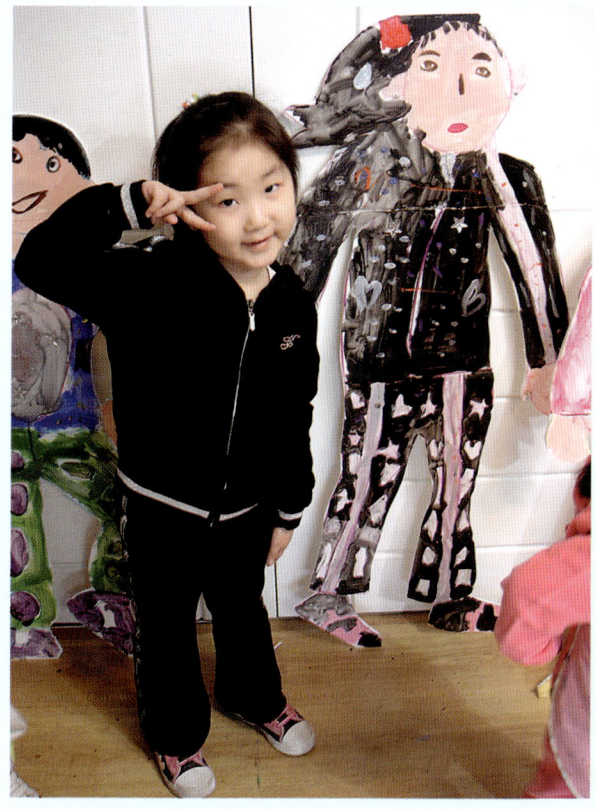

▲ 폼보드로 만든 내 모습과 찰칵 7세 여

▶ 폼보드로 만든 내 모습과 함께 6세

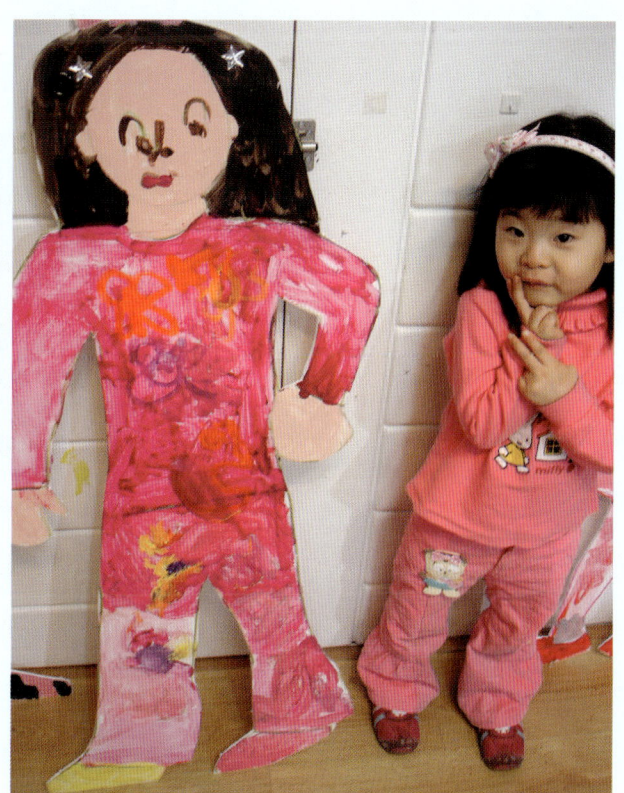

| | |
|---|---|
| • 주제 | 공룡시대 |
| • 학습 목표 | 시대별 공룡의 생김새, 종류 등을 익히고 공룡의 뼈대와 살을 붙이는 조소 작업을 경험한다. |
| • 준비물 | 철사, 노끈, 석고붕대, 가위, 물통, 아크릴물감, 공룡사진자료, 찰흙, MDF판, 나무헤라 |
| • 동기유발 _교사 | 다양한 종류의 공룡사진을 보여주면서 공룡시대에 대하여 서로 이야기해본다. |
| _아동 | 공룡들의 사진을 보면서 공룡시대를 살펴보고 원하는 공룡을 선택한다. |
| _학습 시간 | 10분 |
| • 작업 과정 _교사 | 1. 선택한 공룡을 크로키북에 그린다.<br>2. 공룡의 뼈대 작업을 위해 빵끈으로 말아서 뼈를 만들어 준다.<br>3. 노끈으로 부피감을 붙여준다.(석고붕대를 쉽게 붙일 수 있다)<br>4. 석고붕대의 장단점과 사용방법을 설명한다.<br>5. 공룡의 특징이 잘 살아나도록 유도한다.<br>6. 원하는 색으로 공룡을 칠하도록 한다.<br>7. 공룡시대의 배경이 나오도록 자료사진이나 책을 보여준다.<br>8. 아동들이 놀이를 할 수 있도록 유도한다. |
| _아동 | 1. 선택한 공룡을 크로키북에 그려준다.(배경도 같이 그린다)<br>2. 선택한 공룡의 뼈대 작업을 위해 빵끈으로 말아서 뼈를 만들어준다.<br>3. 노끈으로 부피감을 붙여준다. (석고붕대를 쉽게 붙일 수 있다)<br>4. 석고붕대를 적당한 크기로 자른 뒤, 따뜻한 물에 묻혀서 노끈 작업한 공룡에 붙여준다.<br>5. 공룡의 뿔이나 꼬리 등 특징을 살려서 석고작업을 한다.<br>6. 석고가 마른 뒤, 원하는 색을 선택 채색한다.<br>7. 찰흙을 이용하여 공룡시대 배경을 만들어준다.<br>8. 뒷정리를 한 뒤에 친구들과 놀이한다. |
| _작업 시간 | 80분 |
| _유의 사항 | 빵끈으로 뼈대 작업이 쉽게 이루어질 수 있도록 충분한 설명을 한다. |
| • 작품 보고 이야기하기 | 1. 정확한 형태의 공룡모습이 나왔는가<br>2. 뼈대 작업이 튼튼하게 나왔는가 |
| • 발전 학습 | 1. 빵끈과 노끈을 이용하여 동세가 있는 인물을 표현할 수 있다.<br>2. 다른 매체, 점토나 종이 등을 이용하여 공룡을 표현할 수 있다. |

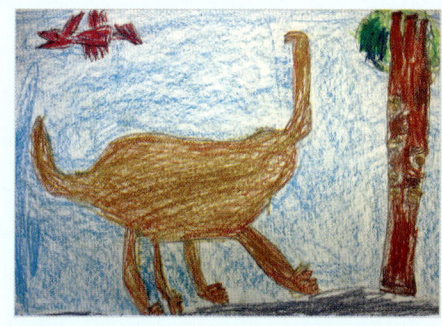

▲ 공룡 아이디어스케치, 7세 남

▶ 석고붕대로 공룡에 살 붙이기
7세 여

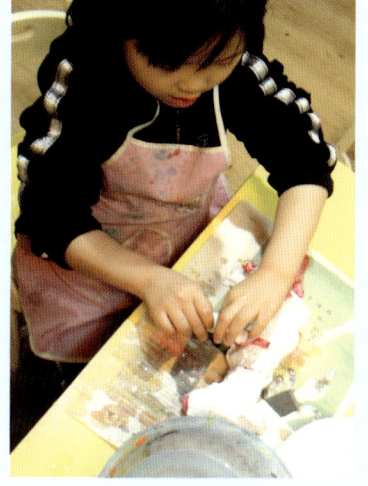

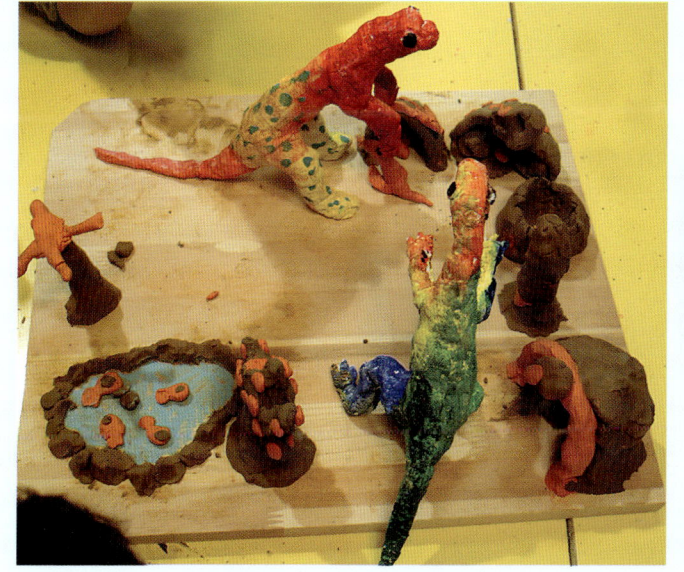

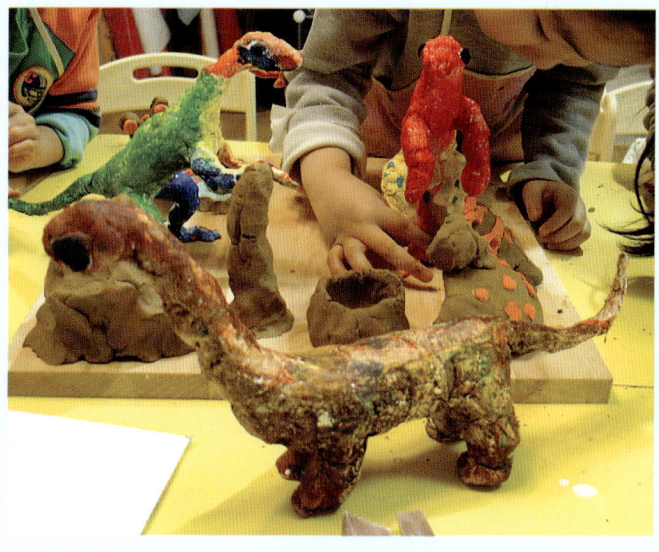

▲ 석고붕대로 완성된 공룡, 7세 남

◀▲ 공룡시대 꾸미기

# 12. **퍼즐 그림** – 퍼즐 놀이를 하자

| | |
|---|---|
| • 주제 | 퍼즐 그림 |
| • 학습 목표 | 아이들이 즐겨서 자주하는 퍼즐을 직접 만들어 두뇌계발에 도움을 준다. |
| • 준비물 | 여러 모양의 폼보드 2장씩(3T, 5T), 커터칼, 유성펜, 마카, 색연필, 연필, 지우개, 색연필, 글루건 |
| • 동기 유발 _교사 | 평상시 즐겨 하던 퍼즐놀이에 대해서 이야기를 나눈다. |
| _아동 | 집에 있는 퍼즐들을 생각해본다. |
| _학습 시간 | 10분 |
| • 작업 과정 _교사 | 1. 어떤 그림의 퍼즐을 만들 것인지 유도한다.<br>2. 다양한 모양의 폼보드판을 준비하여 원하는 판을 선택하도록 한다.<br>3. 퍼즐의 콘셉트를 정하지 못한 아이에게는 폼보드판의 형태을 연상하도록<br>  하여 연상된 것을 주제로 정하기로 한다.<br>4. 그림을 다 그린 친구에게는 커터칼로 퍼즐을 조각내어 준다.<br>5. 완성된 친구들에게는 놀이시간을 준다. |
| _아동 | 1. 퍼즐 그림의 콘셉트를 정하고 아이디어스케치한다.<br>2. 폼보드판을 정하고 연필로 스케치를 한 뒤, 여러 가지 유성펜, 마커,<br>  색연필 등으로 채색한다.<br>3. 그림의 모양이 정확하게 보이지 않을 경우에는 검은색이나 짙은 마커로<br>  테두리 한다.<br>4. 채색까지 다한 친구는 퍼즐을 조각낼 모양을 그린다.<br>5. 조각난 퍼즐을 맞추어보고 친구와 바꾸어 맞추어 본다. |
| _작업 시간 | 80분 |
| _유의 사항 | 1. 집중력이 약한 어린친구들에게는 아이디어스케치와 퍼즐그림을 함께 그리는<br>  것이 지루하게 느껴질 수 있으므로 놀이시간을 길게 준다.<br>2. 유성펜 뚜껑을 잘 닫도록 한다.<br>3. 커터칼 사용 시, 아이들에게 주의를 주고 교사가 직접 제단한다. |
| • 작품 보고 이야기하기 | 1. 처음에 정한 주제에 맞추어 그림의 완성도가 높은가<br>2. 수업의 내용을 잘 이해했는가<br>3. 친구들과의 놀이시간에 잘 어울리는가 |
| • 발전 학습 | 1. 여러 가지 형태의 폼보드를 제시하고 연상되는 그림을 그려내어 퍼즐로 만든다.<br>2. 폼보드 대신 종이를 이용하여 직접 자르는 과정까지도 해볼 수 있다. |

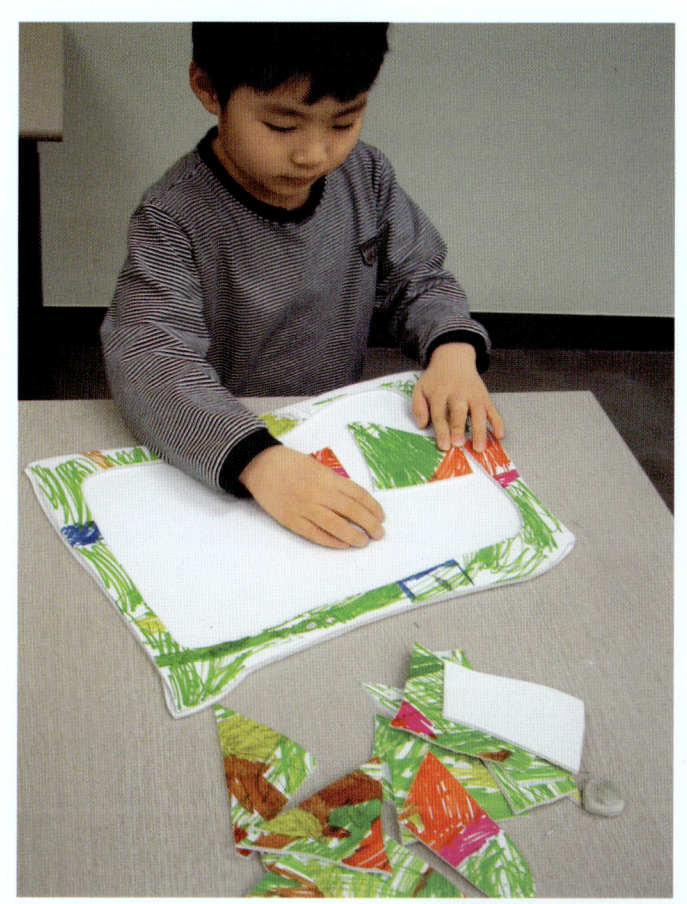

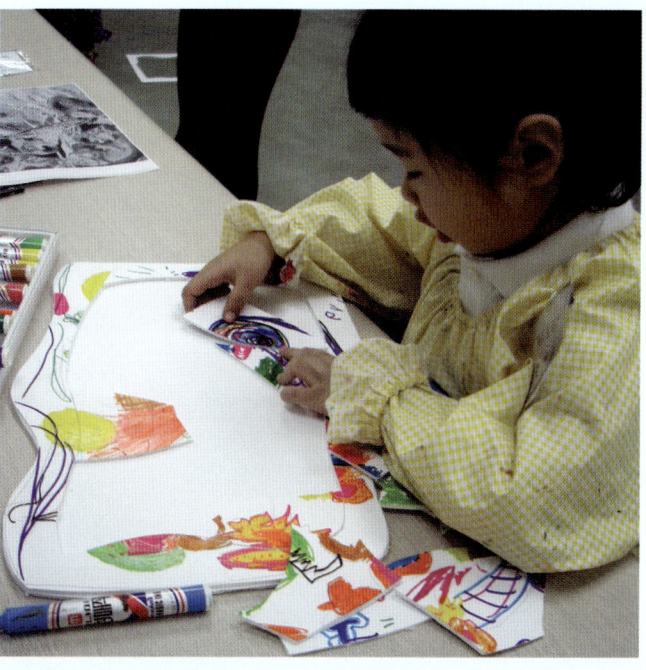

▶▲ 내가 만든 퍼즐 그림으로 퍼즐 맞추기, 6세

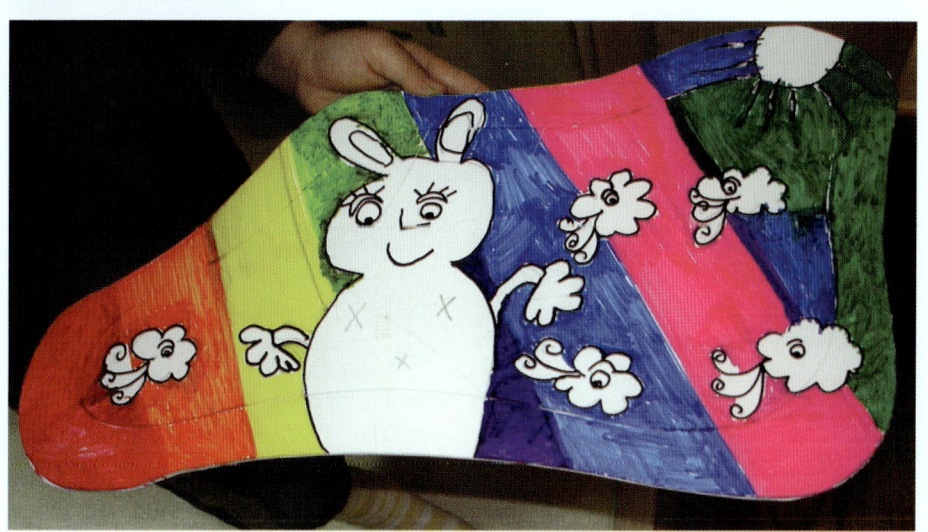

▶ **토끼** 7세 남

# 13. **철사 모빌** – 철사로 만나는 모빌 세상

| | |
|---|---|
| • 주제 | 철사 모빌 |
| • 학습 목표 | 선재를 이용하여 모빌을 만들어 본다. |
| • 준비물 | 여러 가지 굵기와 색상의 와이어, 동선, 니퍼, 글루건, 옷걸이, 낚싯줄, OHP필름, 유성펜 |
| • 동기 유발<br>_교사 | 모빌에 대해서 이야기 나눈다. |
| _아동 | 1. 알고 있는 모빌에 대해 이야기한다.<br>2. 모빌의 주제를 정한다. |
| _학습 시간 | 10분 |
| • 작업 과정<br>_교사 | 1. 와이어와 니퍼의 사용법을 설명한다.<br>2. 선재를 이용하는 방법을 간단히 설명한다.<br>3. 반입체와 입체로 만드는 방법을 알려준다.<br>4. 여러 가지 재료를 접목해도 좋다.<br>5. 와이어와 어울리는 재료를 선택하도록 유도한다. |
| _아동 | 1. 주제를 정하고 아이디어스케치한다.<br>2. 선재를 어떻게 응용하여서 모빌을 만들 것인지 생각한다.<br>3. 아이디어스케치한 것을 와이어를 이용하여 만든다.<br>4. 낚싯줄을 이용하여 옷걸이를 매단다. |
| _작업 시간 | 80분 |
| _유의사항 | 선재를 이용한 작업은 시간이 오래 걸리며 아이들이 쉽게 지칠 수 있으므로 적절하게 작업을 할 수 있도록 유도한다. |
| • 작품 보고 이야기하기 | 1. 선재를 이용하여 입체를 잘 살려 표현하였는가<br>2. 선재에 잘 어울리는 주제로 접근하였는가<br>3. 수업에 끝까지 잘 집중하였는가 |
| • 발전 학습 | 1. 페트병이나 깡통을 이용하여 모빌을 만들 수 있다.<br>2. 털실이나 실을 이용하여 모빌을 만들 수 있다.<br>3. 철사를 이용하여 여러 가지 인체 동작이나 사물을 만들 수 있다. |

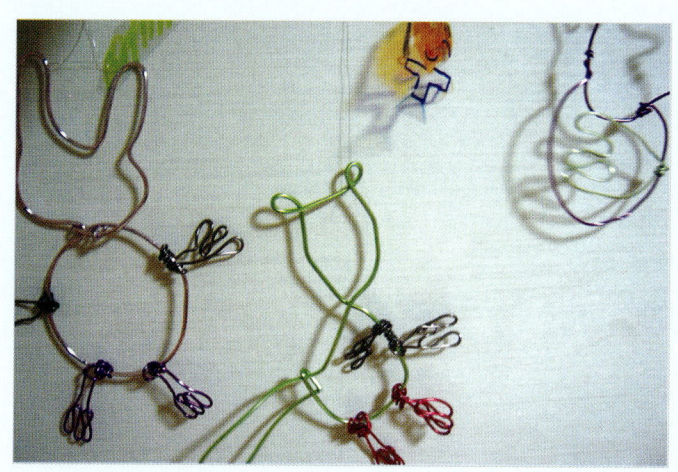

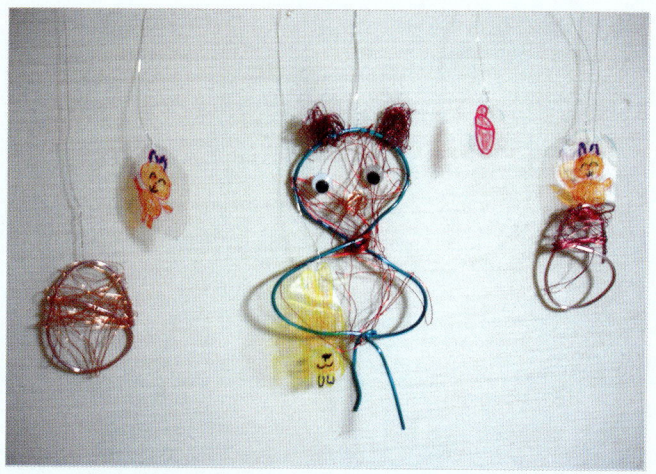

▲ **다람쥐와 도토리 모빌** 7세 여
◀ **동물 친구들 모빌** 7세 여

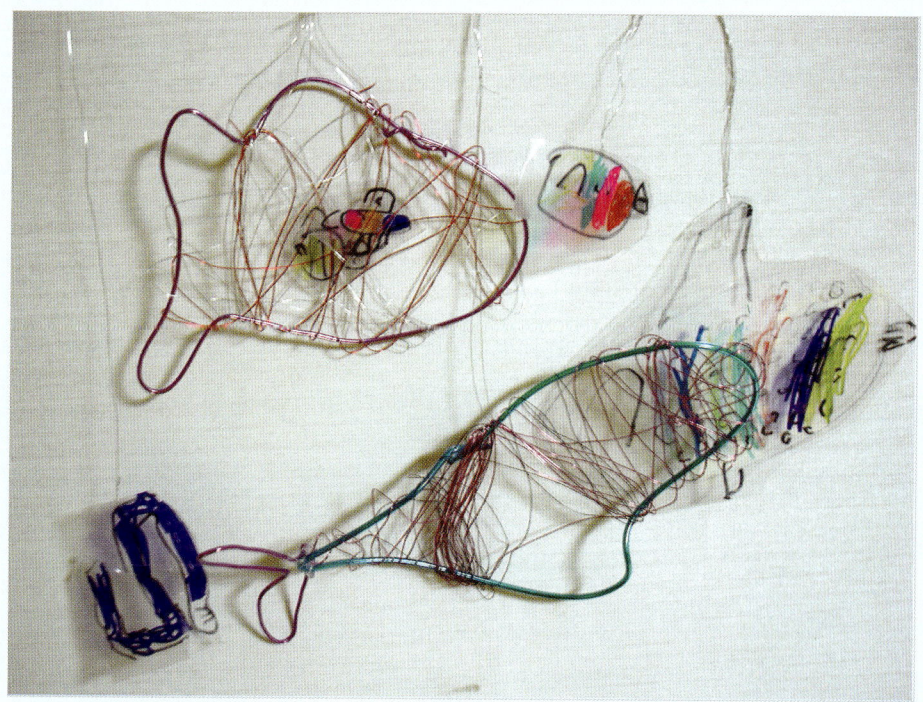

▶ **바닷속 모빌** 7세 남

# 14. 초대장과 팝업pop-up의 만남 – 팝업으로 초대장 만들기

| | |
|---|---|
| • 주제 | 초대장과 팝업의 만남 |
| • 학습 목표 | 카드와 팝업을 접목시켜 만들어 본다. |
| • 준비물 | 여러 가지 색과 종류 종이, 가위, 커터칼, 딱풀, 글루건, 마커, 채색도구 |
| • 동기 유발<br>_교사 | 1. 팝업 예시카드를 보여주며 설명을 한다.<br>2. 카드의 종류, 주제를 정한다. |
| _유아 | 1. 팝업에 대해 얼마나 알고 있는지 이야기 해본다.<br>2. 어떤 카드를 만들지 생각해본다. |
| _학습 시간 | 10분 |
| • 작업 과정<br>_교사 | 1. 예시카드 중 선택하여 재미있게 발상하여서 만들도록 유도한다.<br>2. 아동에게 맞는 것을 선택하도록 유도하며 카드의 완성도를 높인다. |
| _유아 | 1. 카드를 만들 도화지의 색상을 정하고, 알맞은 크기로 자른다.<br>2. 카드의 필요한 부분은 가위로 잘라내어, 여러 가지 마커 등 도구를 이용하여 그림을 그리고 색칠한다.<br>3. 카드 봉투를 만들고, 자신이 사용한 재료들을 정리한다.<br>4. 친구들의 완성작을 비교해보며 이야기 나눈다. |
| _작업 시간 | 80분 |
| _유의 사항 | 1. 카드의 완성도가 떨어지지 않도록 주의한다.<br>2. 아이들의 재미있는 발상이 나올 수 있도록 한다. |
| • 작품 보고 이야기하기 | 1. 독창적인 아이디어로 작업을 하였는가<br>2. 작업시간 끝까지 최선을 다하였는가 |
| • 발전 학습 | 1. 여러 가지 색상지로 팝업 작업을 한다.<br>2. 1장의 책을 접어 책 속에 팝업 작업을 하여 책을 만든다.<br>3. 종이접기를 응용하여 팝업을 한다. |

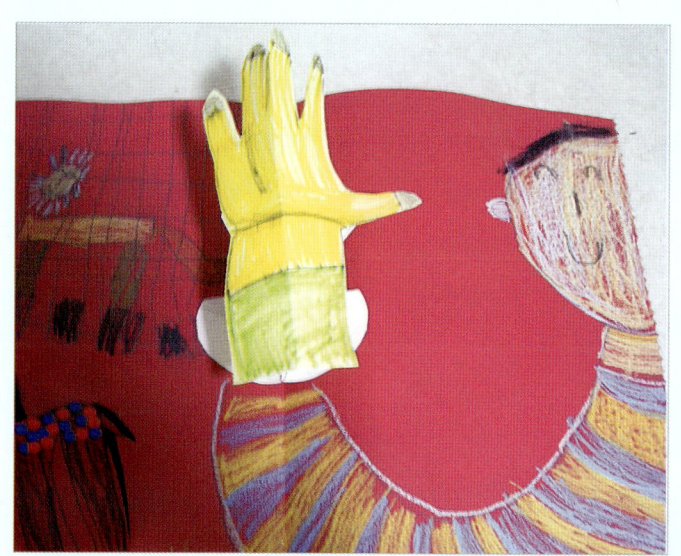

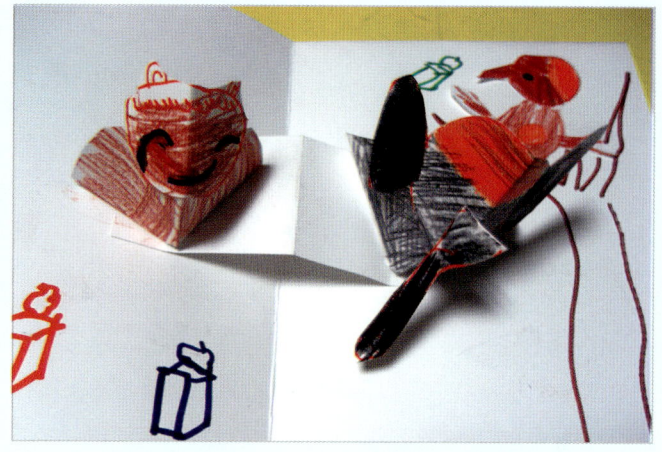

▲ **나뭇가지 위 동물친구들** 7세 여
◀ **동물원으로 초대 합니다** 6세 남

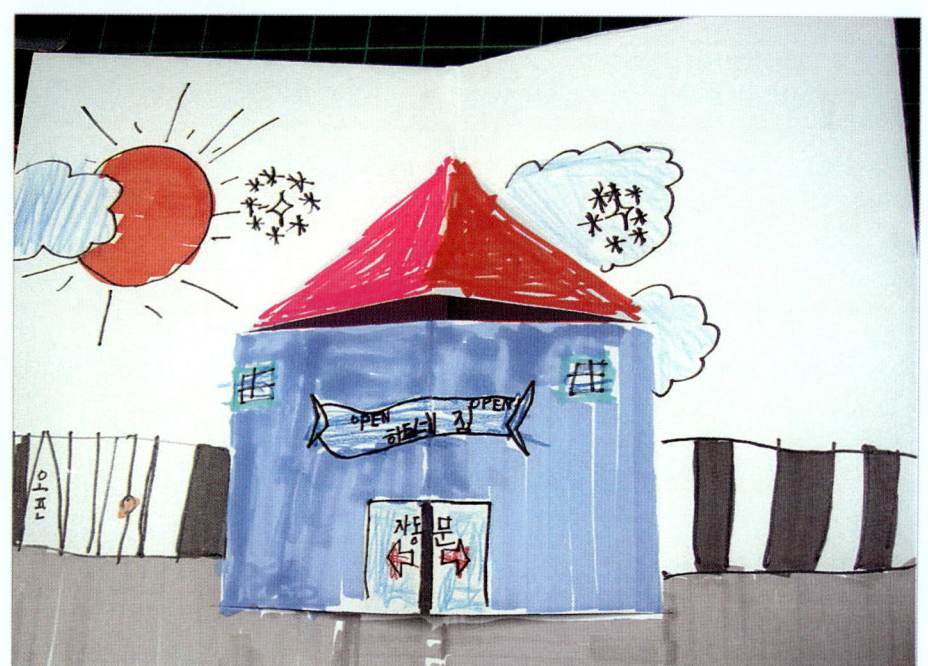

▶ **집으로 초대해요** 7세 남

| | |
|---|---|
| • 주제 | 투명 컵 꾸미기 |
| • 학습 목표 | 스테인드글라스 물감을 사용하며 투명한 것에 대한 매체탐색을 한다. |
| • 준비물 | 1회용 투명컵, 면봉, 네임펜, 스테인드글라스 물감, 스테인드글라스 자료, 도안 |
| • 동기 유발<br>_교사 | 스테인드글라스에 대해서 설명한다. |
| _아동 | 스테인드글라스에 대해서 이해하고 자신이 만들 도안을 구상하고 아이디어 스케치 한다. |
| _학습 시간 | 10분 |
| _유의사항 | 성당이나 교회의 스테인드글라스 사진 자료 |
| • 작업 과정<br>_교사 | 1. 아이디어스케치 한 것을 1회용 투명컵에 그릴 때에 크게 그리도록 유도한다.<br>2. 스테인드글라스 물감은 다양한 색을 준비해주고, 색색마다 면봉을 하나씩 넣어준다.<br>3. 색을 칠할 때에 물감이 면봉에 너무 많거나 적게 묻지 않도록 주의한다. |
| _아동 | 1. 아이디어스케치 한 것을 1화용 투명컵에 유성펜으로 밑그림 그린다.<br>2. 면봉을 이용하여 그림에 맞추어 채색한다.<br>3. 말린 뒤에 손잡이를 만들어 붙인다.(선택) |
| _작업 시간 | 80분 |
| _유의사항 | 1. 스테인드글라스물감이 손이나 옷에 묻지 않게 조심한다.<br>2. 면봉으로 채색할 때 그림이 뭉개지지 않도록 주의한다. |
| • 작품 보고 이야기하기 | 1. 스테인드글라스에 대해서 잘 이해하였는가<br>2. 스테인드글라스 작품을 잘 응용하여 작업하였는가<br>3. 스테인드글라스 물감을 적절히 사용하였는가 |
| • 발전 학습 | 1. 유리 주스병에 그림을 그리고 채색한다.<br>2. 창문(또는 아크릴판)을 이용하여 스테인드글라스 작업을 한다.<br>3. 타일에 그림을 그리고 스테인드글라스 물감으로 채색한다. |

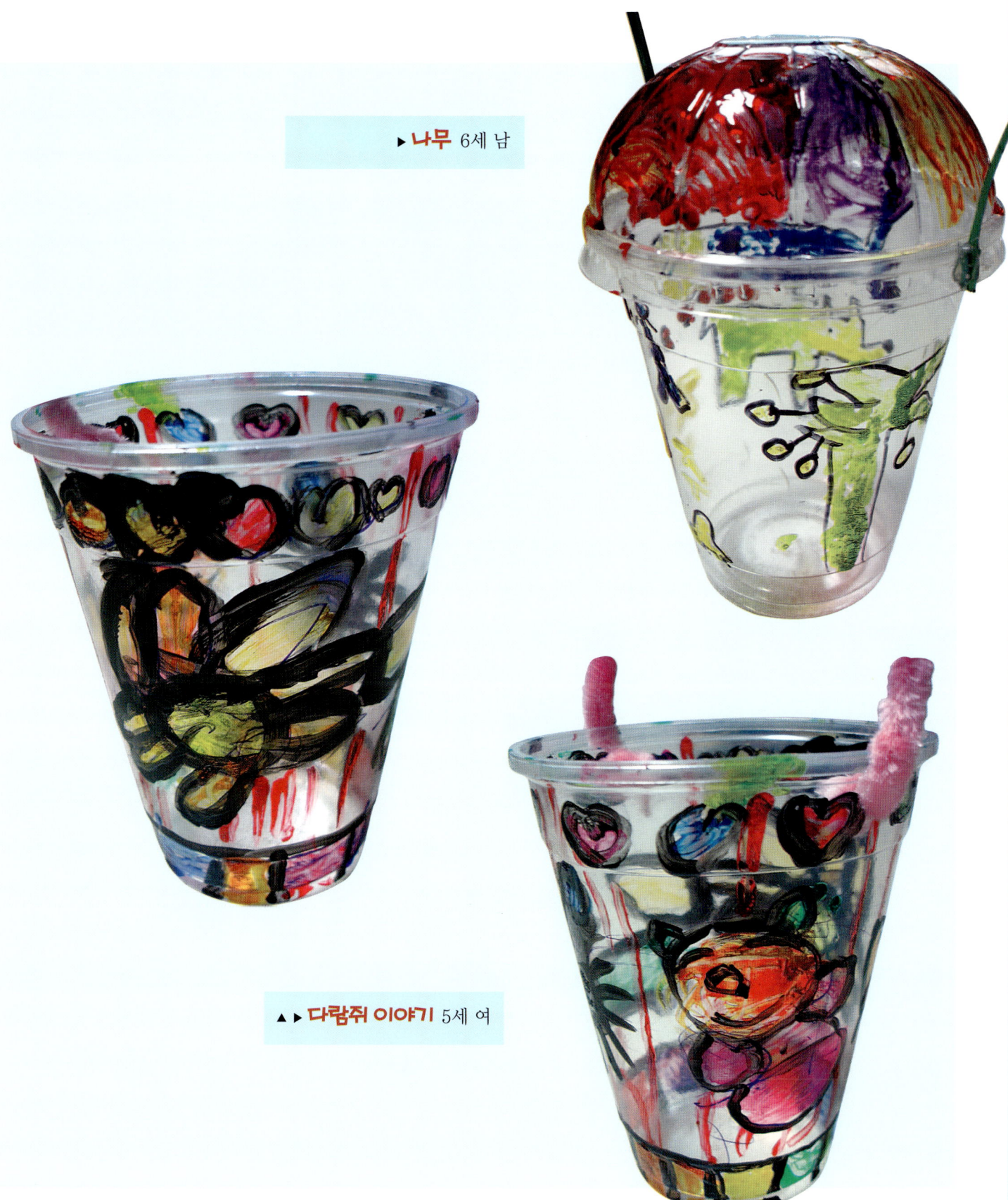

▶ **나무** 6세 남

▲▶ **다람쥐 이야기** 5세 여

# 16. **찰흙 토우** – 나만의 찰흙 토기 만들기

| | |
|---|---|
| • 주제 | 찰흙 토우 |
| • 학습 목표 | 점토를 통해 시지각의 협응력과 신체 지각력을 기른다. |
| • 준비물 | 점토, 분무기, 찰흙판, 점토용 헤라, 물레, 스프레이 |
| • 동기 유발<br>_교사 | 점토의 특성에 대해 이야기하고 점토를 탐색할 시간을 준다. |
| _아동 | 점토를 만져보고 느낌을 서로 이야기 나누어 본다. |
| _학습 시간 | 10분 |
| _유의사항 | 점토를 만지기 싫어하는 아동에게는 시간의 여유를 두어 관찰하도록 한다. |
| • 작업 과정<br>_교사 | 1. 점토를 두드리기, 자르기, 문지르기 등을 통해 형태를 만들어 본다.<br>2. 토우에 대해 설명하고 어떤 의미를 가진 토우를 만들 것인가에 대해 이야기 나눈다.<br>3. 종합적 접근으로 덩어리에 세부 표현이 이루어질 수 있도록 도와준다. |
| _아동 | 1. 토우의 형태와 만들고자 하는 토기의 형태를 아이디어스케치한다.<br>2. 점토를 이용하여 큰 틀, 형을 만들고 헤라를 이용하여 세부적인 표현을 한다. |
| _작업 시간 | 80분 |
| _유의사항 | 1. 꼭 인물이 아니어도 된다.<br>2. 헤라를 이용할 때 주의사항을 알려준다. |
| • 작품 보고 이야기하기 | 1. 점토 조합의 내구성과 표현력이 어떠한가<br>2. 헤라를 잘 이용하였는가 |
| • 발전 학습 | 1. 한 가지 주제를 가지고 공동 토우를 만들 수 있다.<br>2. 동물을 주제로 만들기를 할 수 있다.<br>3. 평면적 부조 작업을 할 수 있다. |

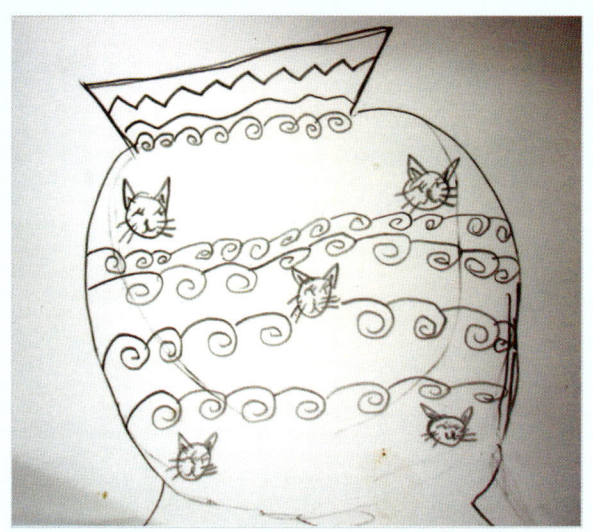

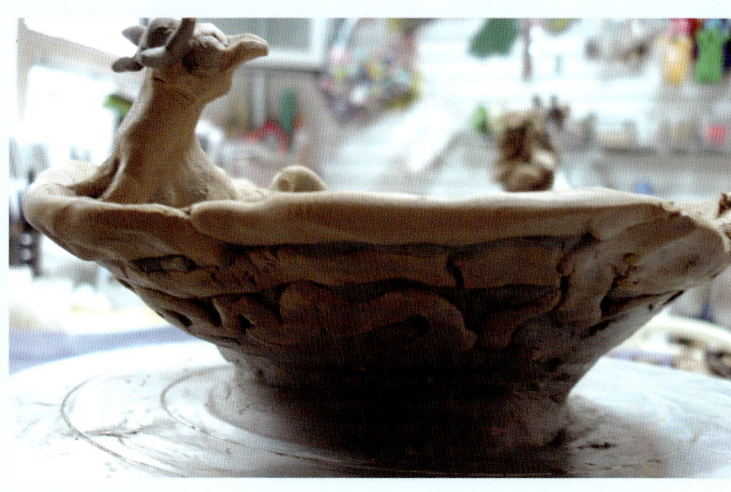

▲ **고양이 그릇 완성작** 7세 여
◀ **고양이 그릇 아이디어스케치** 7세 여

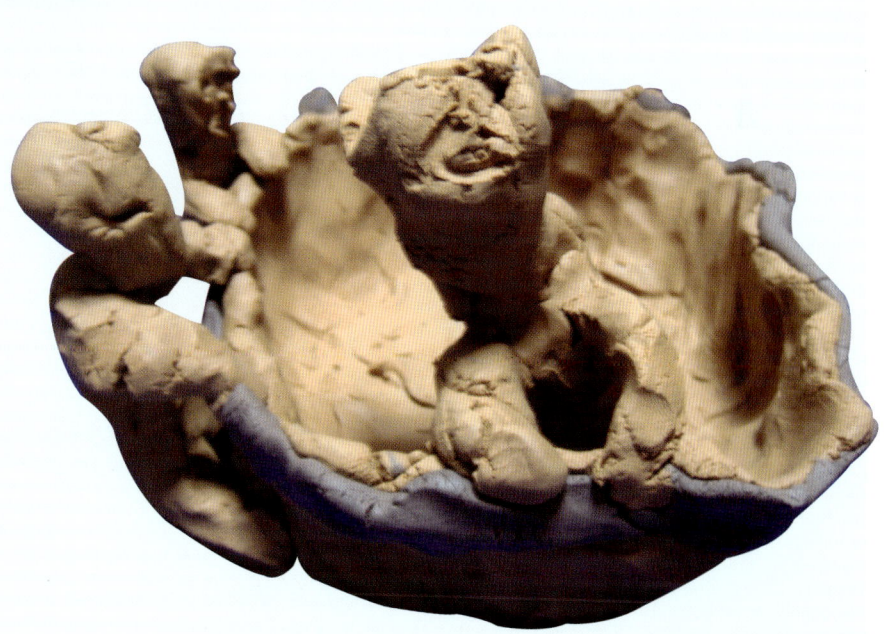

▶ **그릇** 7세 여

# 17. 아르침볼도 작가 탐색

| | |
|---|---|
| • 주제 | 아르침볼도\* 작가 탐색 |
| • 학습 목표 | 여러 가지 과일을 조합해보며 원하는 형태를 표현할 수 있다. |
| • 준비물 | 아르침볼도 작품, 여러 가지 과일 야채 사진, 가위, 풀, 도화지, 연필, 지우개 |
| • 동기 유발 _교사 | 작가와 작품에 대해서 이야기 나눈다. |
| _아동 | 작품에 대한 느낌을 이야기한다. |
| _학습 시간 | 10분 |

* 아르침볼도
Giuseppe Arcimboldo
(1527~1593년경)
이탈리아의 풍자화가로 과일이나 채소, 동물, 책과 같은 사물을 배열해 사람의 얼굴을 표현한 그림을 많이 그렸다.

| | |
|---|---|
| • 작업 과정 _교사 | 1. 잘 맞는 주제를 선택할 수 있도록 유도한다.<br>2. 과일을 조합하는 부분에 있어 세밀하게 하여야 함을 알려준다.<br>3. 조합하는 부분이 잘 맞도록 유도한다. |
| _아동 | 1. 주제를 정하고 아이디어스케치한 뒤에 자신에게 필요한 과일 모형을 찾아 오린다.<br>2. 여러 가지 과일을 보고 조합하여 본다.<br>3. 원하는 형태를 찾아 배치하여 보고 도화지 위에 붙인다. |
| _작업 시간 | 80분 |
| _유의사항 | 가위에 손을 베이지 않도록 주의한다. |
| • 작품 보고 이야기하기 | 1. 어울리는 주제를 선택하였는가<br>2. 과일이나 야채의 형태를 잘 찾아내서 조합하였는가<br>3. 가위질 등 수업에 집중을 잘 하였는가 |
| • 발전 학습 | 1. 계절을 주제로 형상을 표현할 수 있다.<br>2. 여러 가지 사람의 사진으로 얼굴을 조합해 볼 수 있다.<br>3. 잡지에 실린 사진을 이용하여 콜라주 할 수 있다. |

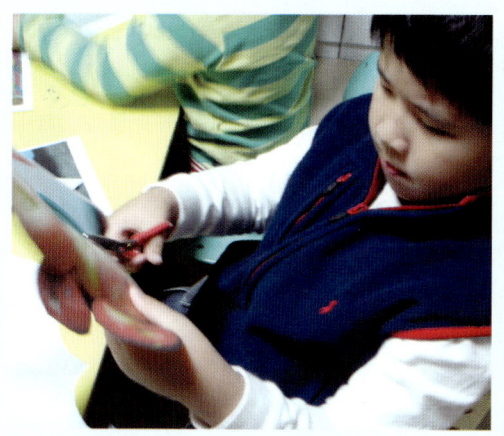

▲ 잡지책에서 찾은 과일 이미지를
가위로 오리기

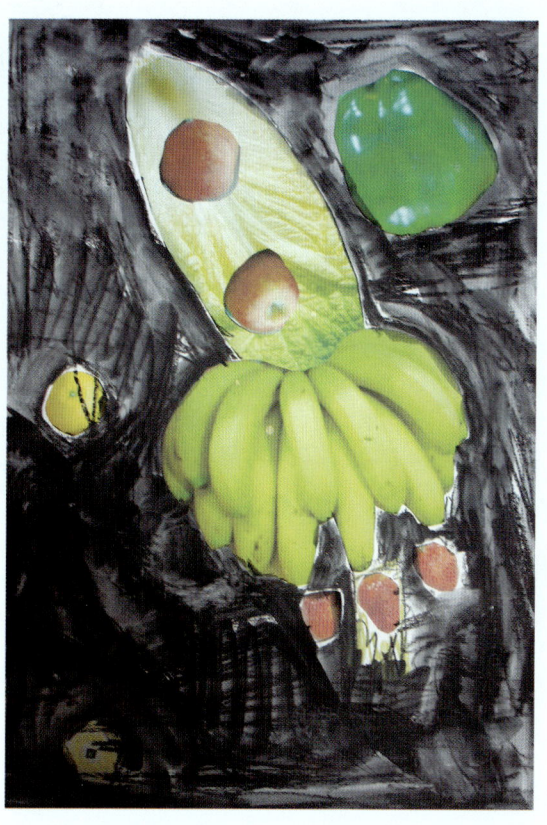

▶ **로켓트** 7세 남

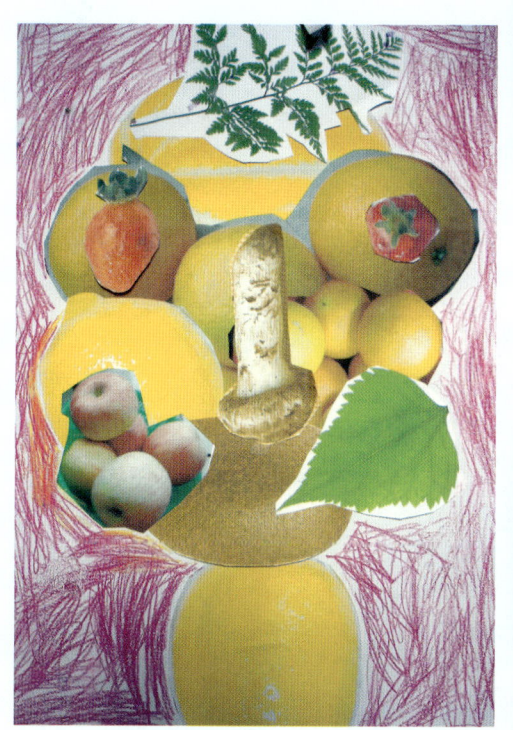

▲ **얼굴** 5세 남

▶ **자동차** 7세 남

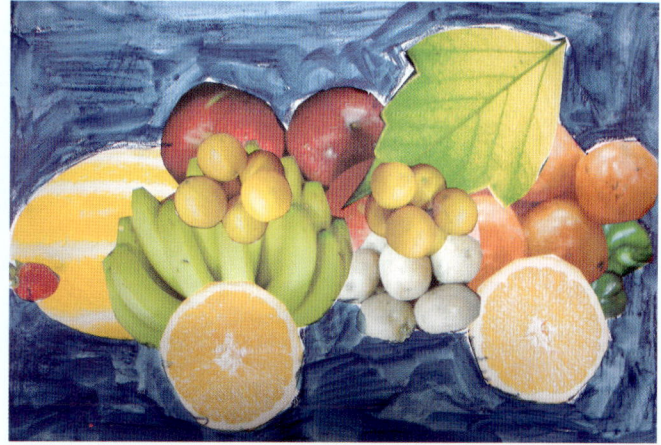

| | |
|---|---|
| • 주제 | 의상 디자인-인형 옷 |
| • 학습 목표 | 인형의 옷을 만들어 본다. |
| • 준비물 | 우드락, 여러 가지 색의 부직포, 단추, 마카나 크레파스, 보슬이와 깔깔이, 열선 |
| • 동기 유발<br>_교사 | 의상 디자인에 대하여 설명한다. |
| _아동 | 어떤 인형의 옷을 만들어 줄지 정한다. |
| _학습 시간 | 10분 |
| • 작업 과정<br>_교사 | 1. 원하는 인형이 잘 표현되도록 유도한다.<br>2. 열선 사용법을 알려주고 조심하도록 주의를 준다.<br>3. 보슬이와 깔깔이를 붙여 옷을 떼었다 붙였다 할 수 있도록 해준다. |
| _아동 | 1. 우드락 위에 인형을 그린 뒤에 열선을 이용하여 잘라낸다.<br>2. 마카나 크레파스로 채색한다.<br>3. 원하는 색의 부직포를 우드락 아래에 놓고 연필로 그린 뒤에 가위로<br>　잘라낸다.<br>4. 보슬이와 깔깔이를 붙이고 옷에 무늬를 넣어준다.<br>5. 각자의 인형을 들고 인형극을 해 본다. |
| _작업 시간 | 80분 |
| _유의사항 | 다양한 종류의 패턴디자인이나, 의상 사진을 준비한다. |
| • 작품 보고 이야기하기 | 1. 원하는 인형의 옷을 잘 표현했는가<br>2. 옷을 창의적으로 만들어 냈는가<br>3. 여러 가지 재료를 사용하여 작업했는가 |
| • 발전 학습 | 천을 이용하여 옷을 만들어 입힐 수 있도록 해 본다. |

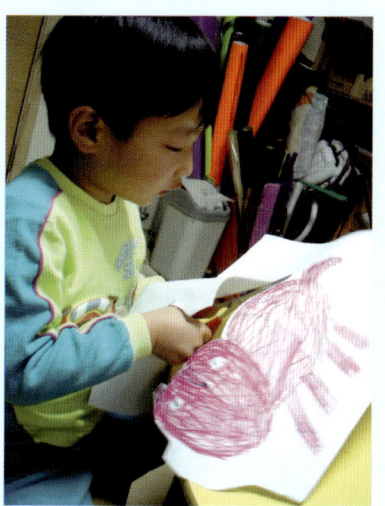

▶ 인형을 가위로 오리고 있어요.

▼ **공룡 옷 입히기 전** 6세 남
▼▼ **공룡 옷 입힌 후** 6세 남

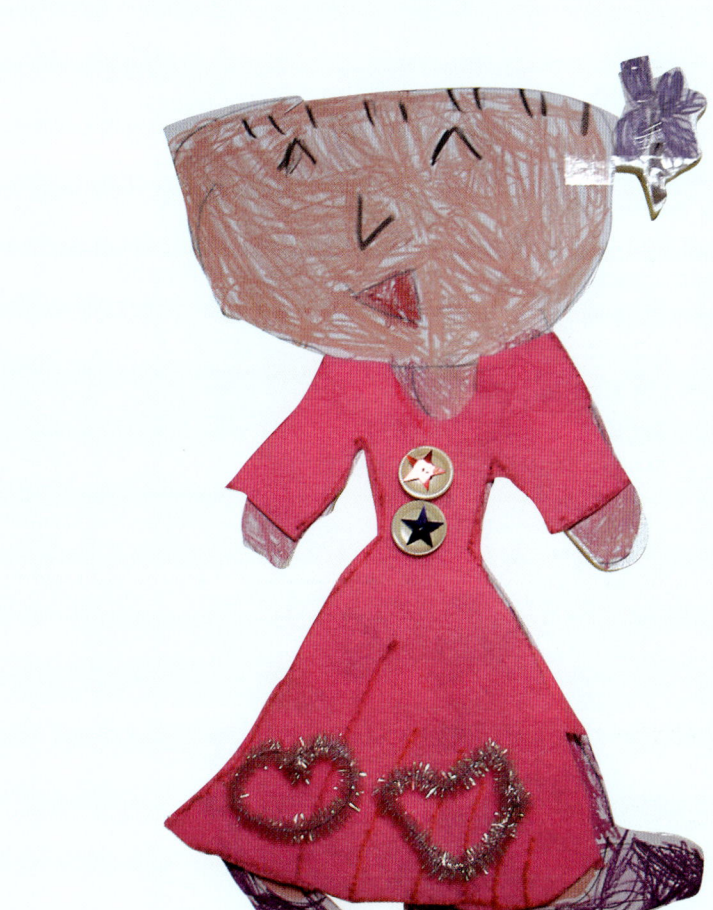

◀ **핑크 공주의 옷** 6세 여

# 19. 공룡 화석 – 친구들과 함께 공룡 화석 만들기

| | |
|---|---|
| • 주제 | 공룡 화석–공동작 |
| • 학습 목표 | 공룡의 뼈를 맞춰보면서 뼈의 위치와 특징을 배워보고, 석고의 성질을 이해한다. |
| • 준비물 | 닭 뼈, 석고가루, 우드락, 헤라, 석고 그릇, 붓, 사포, 공룡 화석 자료사진 |
| • 동기 유발 _교사 | 다양한 종류의 공룡 사진을 보여주면서 공룡에 대한 이야기를 나눈다. |
| _아동 | 준비된 공룡 사진을 관찰하면서 마음에 드는 공룡의 모습을 관찰한다. |
| _학습 시간 | 10분 |
| _유의사항 | 충분한 양의 닭 뼈를 준비한다. |
| • 작업 과정 _교사 | 1. 공룡 사진을 보여주면서 공룡의 형태를 관찰할 수 있도록 한다.<br>2. 화석에 대한 이해를 돕기 위해 간단한 이론 설명을 한다.<br>3. 공룡뼈 형태와 위치를 이해할 수 있도록 설명한다.<br>4. 석고의 성질을 설명, 이해를 돕는다. |
| _아동 | 1. 선택한 공룡의 모습을 관찰하며 그려본다.<br>2. 공룡 뼈 사진을 보면서 닭 뼈로 공룡 뼈 형태를 맞춰본다.<br>3. 글루건으로 공룡 뼈를 위치에 붙여준다.<br>4. 석고를 부어서 공룡 뼈가 자연스럽게 보이도록 한다.<br>5. 석고가 마르기 전에 붓을 이용하여 뼈가 살짝 보이도록 한다.<br>6. 석고가 다 마르고 나면 사포로 문질러서 자연스런 화석이 되도록 한다. |
| _작업 시간 | 80분 |
| _유의사항 | 다양한 표현이 나올 수 있도록 유도한다. |
| • 작품 보고 이야기하기 | 1. 공룡 화석 표현이 잘 이루어졌는가<br>2. 화석에 대해 잘 이해하였는가<br>3. 친구들과 잘 어우러져 작업하였는가 |
| • 발전 학습 | 1. 생선뼈를 이용하여 어류 화석을 만들어 본다. |

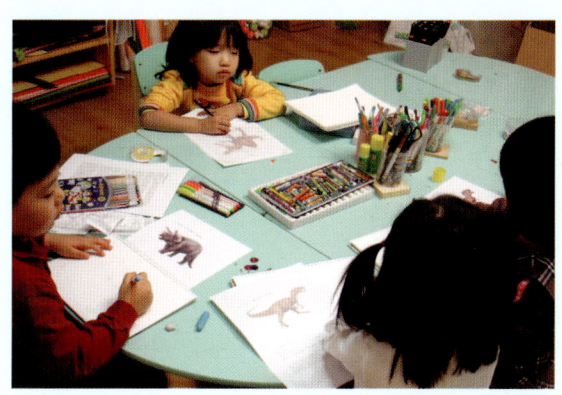

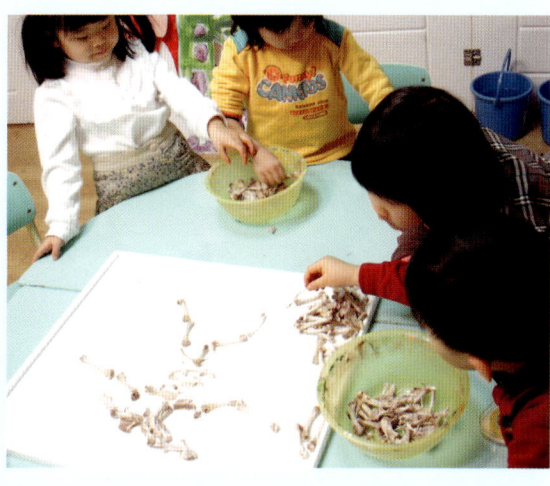

▲ 석고에 공룡 화석 만들기
◀ 공룡 모습 관찰해서 그리기

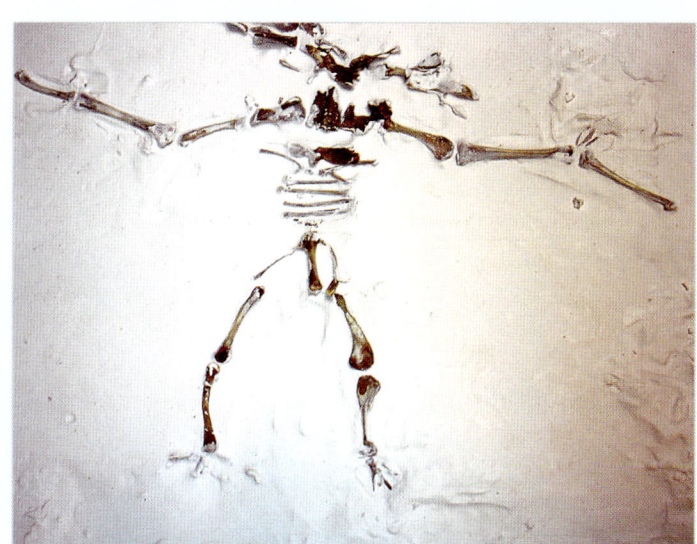

▲ ▶ **공룡 화석** 6세 공동작

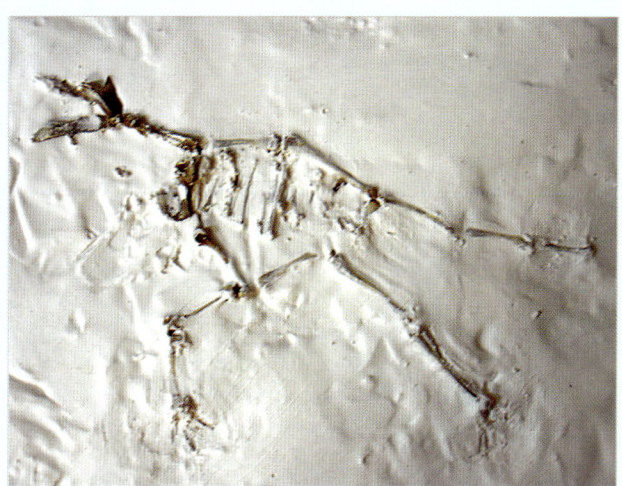

## 20. **나만의 인형 친구** – 내가 만드는 인형

| | |
|---|---|
| • 주제 | 나만의 인형 친구 |
| • 학습 목표 | 나만의 인형을 직접 제작해 본다. |
| • 준비물 | PVC연질, 유성펜, 가위, 돗바늘, 털실, 습자지, 펀치, 스테이플러 |
| • 동기유발<br>_교사 | 인형에 대하여 설명한다. |
| _아동 | 만들고 싶은 인형의 모양을 아이디어스케치한다. |
| _학습 시간 | 10분 |
| • 작업 과정<br>_교사 | 1. 원하는 인형이 잘 표현되도록 유도한다.<br>2. 바늘 사용법과 바느질의 기본적인 사용법을 자세히 알려준다.<br>3. 바느질을 어려워하는 아동은 스테이플러로 찍을 수 있게 한다. |
| _아동 | 1. 같은 크기의 PVC연질을 포개어 유성펜으로 인형의 모양을 그리고 채색한다.<br>2. 그린 그림을 2cm 정도 간격을 두고 2장을 포개어 같이 가위로 오린다.<br>3. 펀치나 송곳으로 구멍을 뚫고, 돗바늘에 원하는 색의 털실을 끼워 넣고 꿰맨다.<br>4. 10cm 정도 남겨놓은 뒤에 습자지를 볼륨감이 생기도록 넣는다.<br>5. 완성된 인형을 가지고 친구들과 놀이를 한다. |
| _작업 시간 | 80분 |
| _유의사항 | 다양한 인형의 종류가 나올 수 있도록 수업 전에 인형에 대한 이야기를 아동들과 많이 나눈다. |
| • 작품 보고 이야기하기 | 1. 인형의 모습이 원하는 방향대로 잘 표현되었는가<br>2. 바느질의 사용법을 정확하게 인지하였는가 |
| • 발전 학습 | PVC연질을 이용하여서 평면적으로 그림을 그려내어 모빌을 만들어 낼 수 있다. |

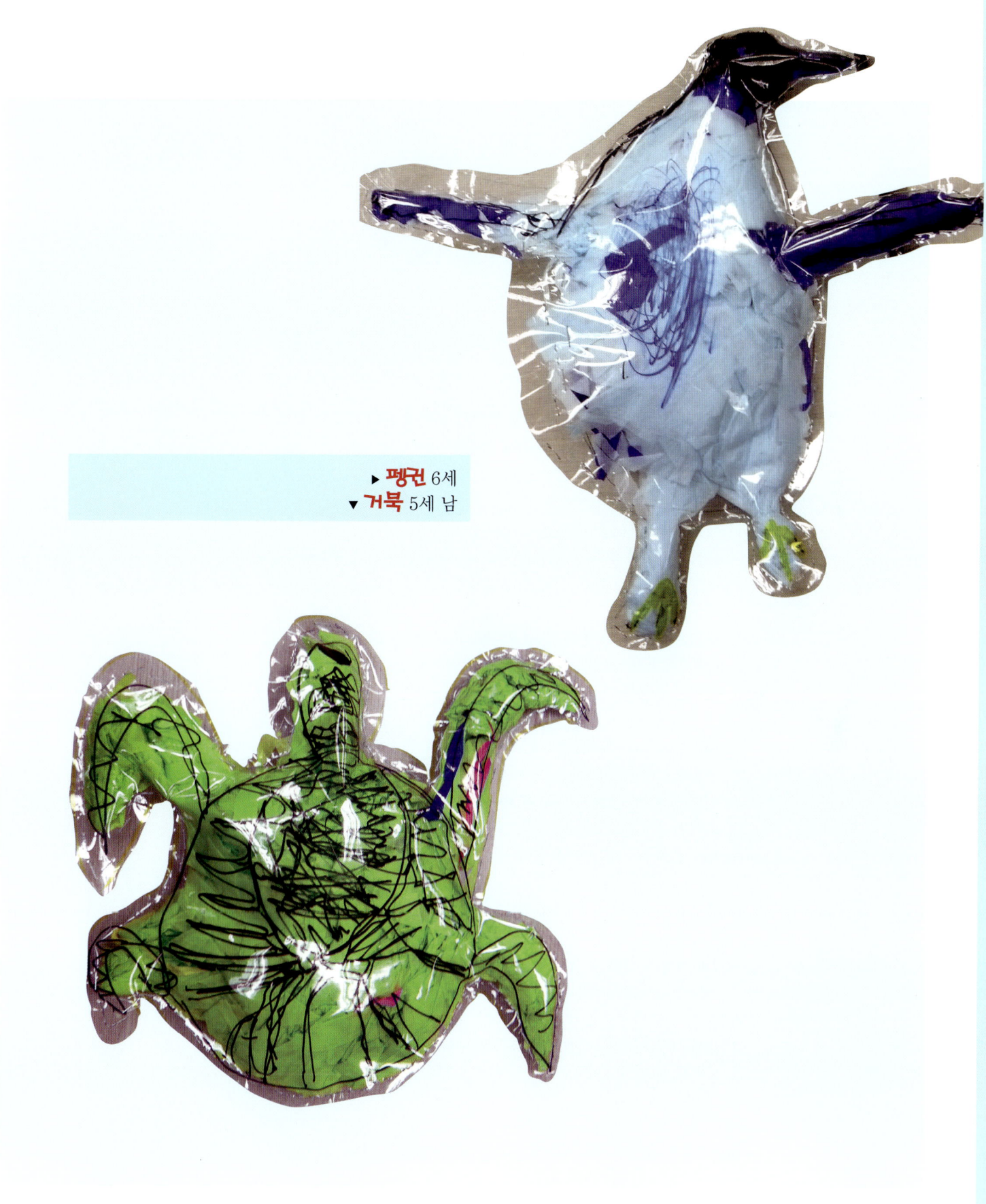

▶ **펭귄** 6세
▼ **거북** 5세 남

**폼보드 트리** – 크리스마스 트리 만들기

| | |
|---|---|
| • 주제 | 폼보드 트리–공동작 |
| • 학습 목표 | 겨울에 관련된 것들을 트리에 다양하게 표현해 본다. |
| • 준비물 | 폼보드, 채색도구(유성매직, 오일 파스텔, 색연필, 마카) 다양한 모루 |
| • 동기 유발<br>_교사 | 겨울이나 크리스마스에 관련된 이야기를 해주면서 아동들이 스스로<br>사고할 수 있도록 유도한다. |
| _아동 | 1. 겨울이나 크리스마스에 관련된 것들을 생각해 본다.<br>2. 화면을 어떻게 구성할지 구상해 본다. |
| _학습 시간 | 15분 |
| _유의사항 | 다양한 크기의 트리 모양 폼보드–아동의 특성에 맞는 폼보드를 준비한다. |
| • 작업 과정<br>_교사 | 1. 아동들과 서로 크리스마스나 겨울에 관한 이야기를 나눈다.<br>2. 아동이 선택한 모루나 장식물을 같이 부착한다.<br>3. 완성된 작품을 트리 기둥에 부착한다. |
| _아동 | 1. 크리스마스나 겨울에 관련된 이야기를 나누면서 어떻게 표현할지 구상한다.<br>2. 연필로 스케치를 한다.<br>3. 다양한 채색도구를 사용하여 채색한다.<br>4. 그리기 작업이 완료되면 여러 종류의 모루를 사용하여 장식한다.<br>5. 미리 준비된 크리스마스 틀에 완성된 트리폼을 붙여준다. |
| _작업 시간 | 75분 |
| _유의사항 | 다양한 표현이 나올 수 있도록 유도한다. |
| • 작업 보고 이야기하기 | 1. 화지가 아닌 트리 모양의 폼보드에 구상한대로 표현이 잘 되었는가<br>2. 주제에 맞는 표현인가 |
| • 발전 학습 | 폼보드를 이용하여 크리스마스와 관련된 장식품들을 만들 수 있다. |

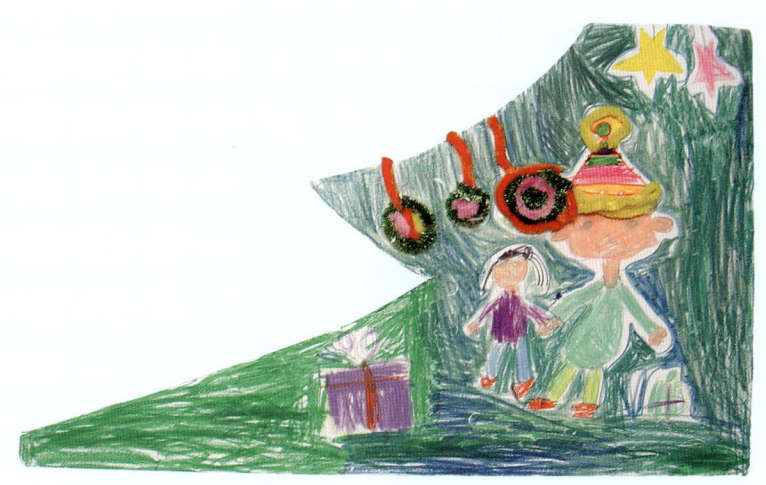

▶ **크리스마스 트리 그림** 7세

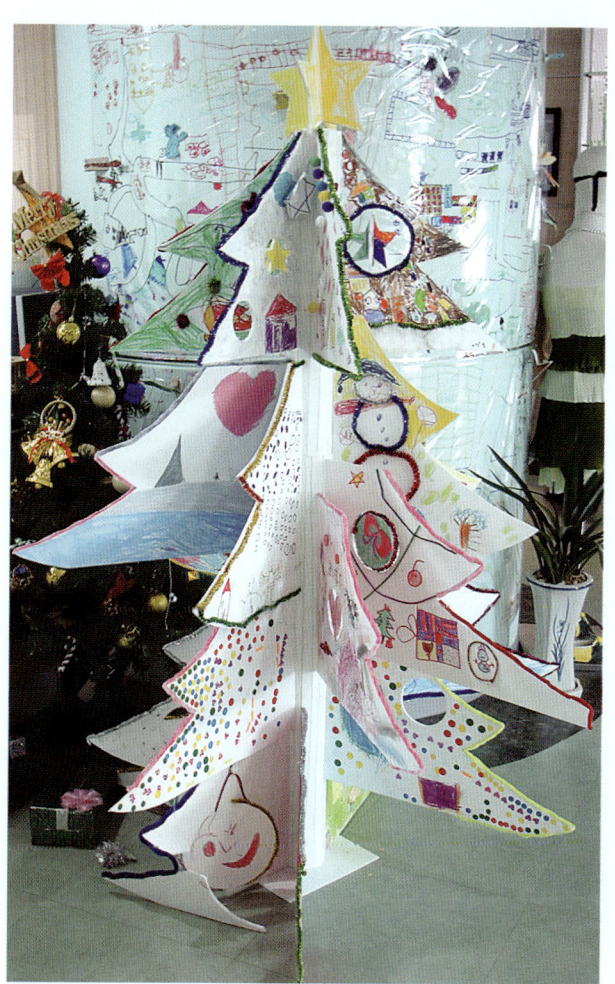

▶ **크리스마스 트리**
6-7세 공동작

105

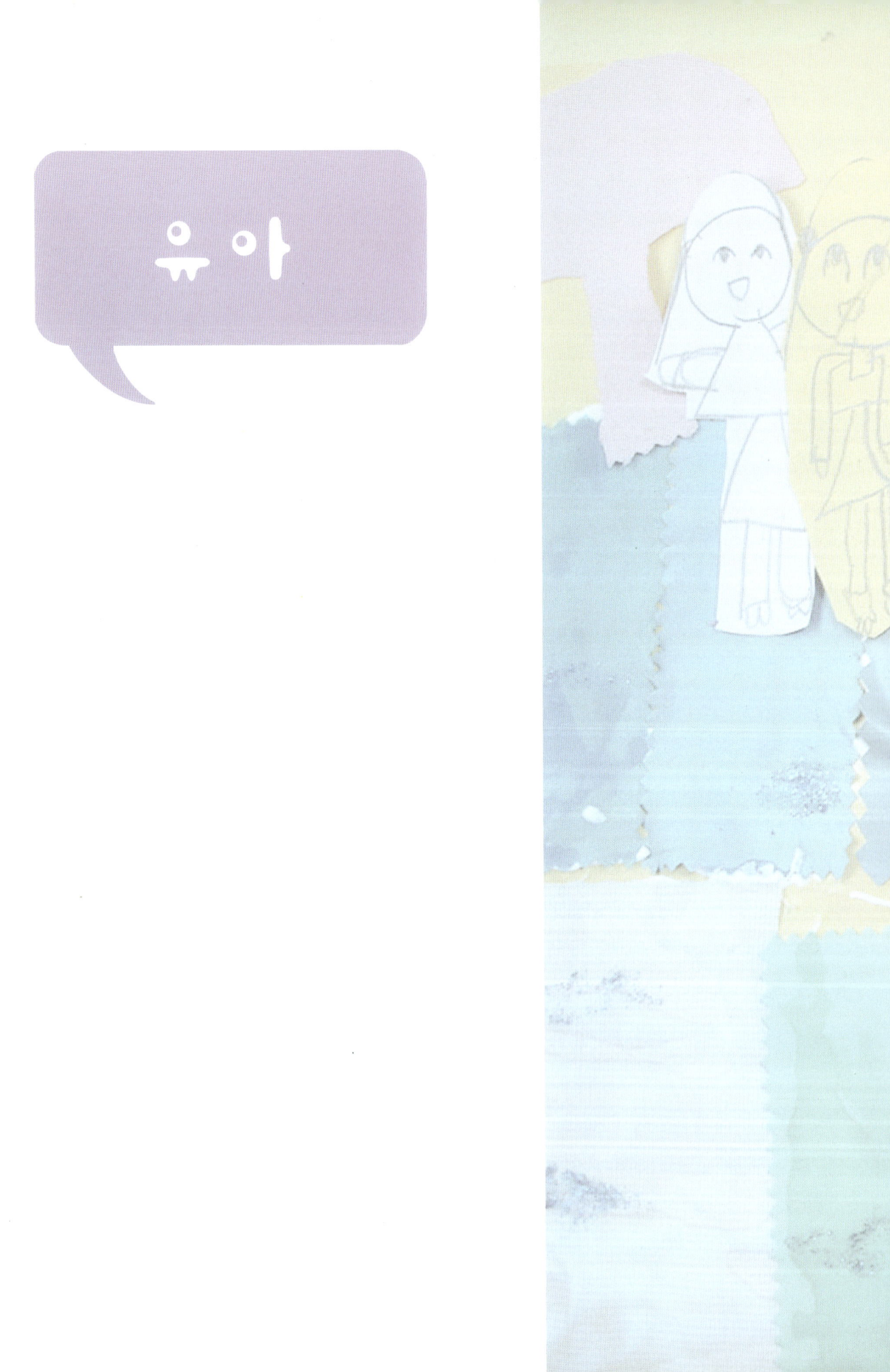

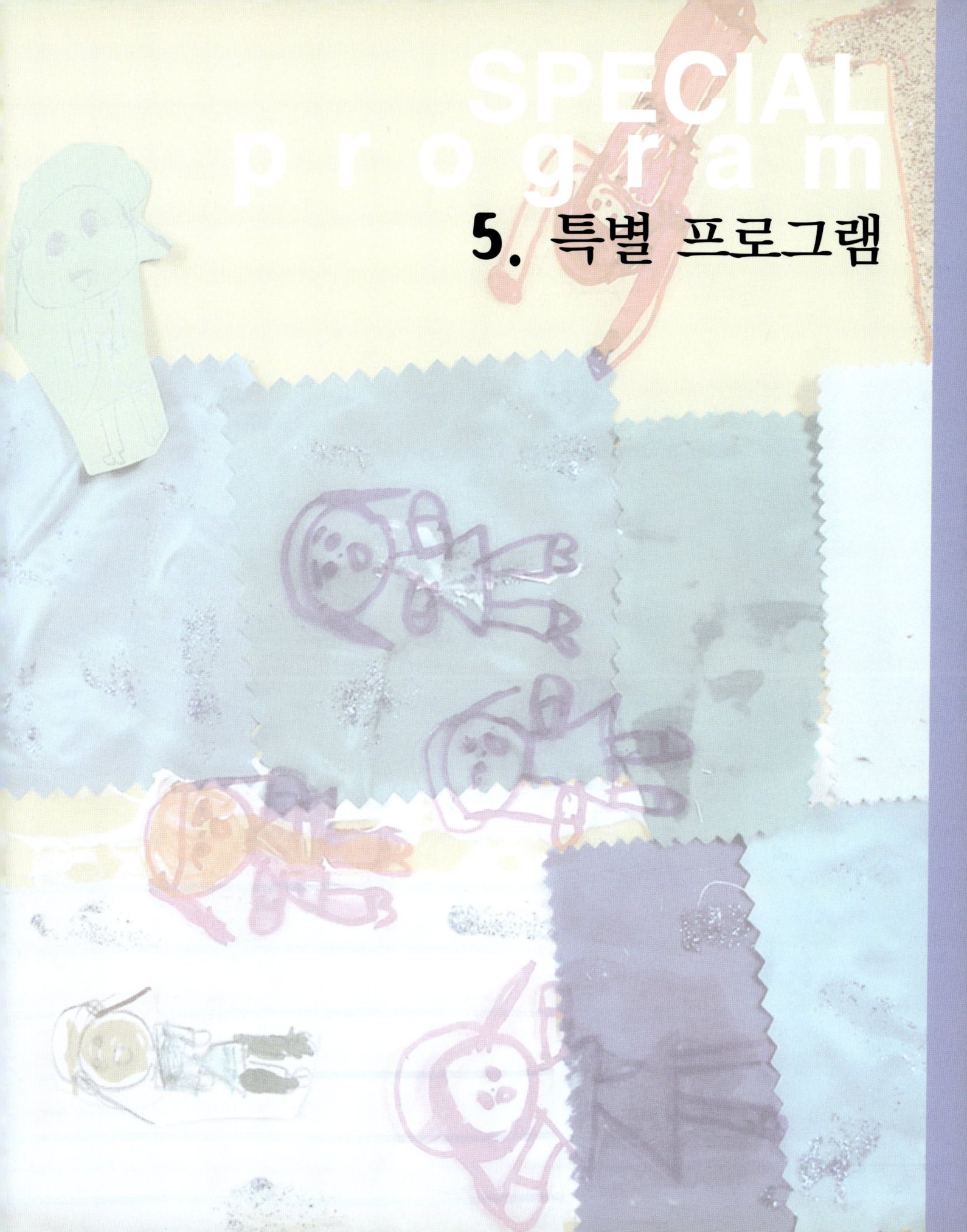

SPECIAL program

**5.** 특별 프로그램

# 1. 정크아트

▶ **준비물** 여러 가지 부속품 및 다양한 철제류, 가전제품, 와이어, 니퍼, 글루건

1. 여러 작가의 정크아트 작품을 감상한다.
2. 매체의 특성에 대하여 이야기한다.
3. 아이디어스케치한다.
4. 적합한 매체를 사용해 작품을 완성한다.
5. 완성된 작품을 서로 감상하며 이야기한다.

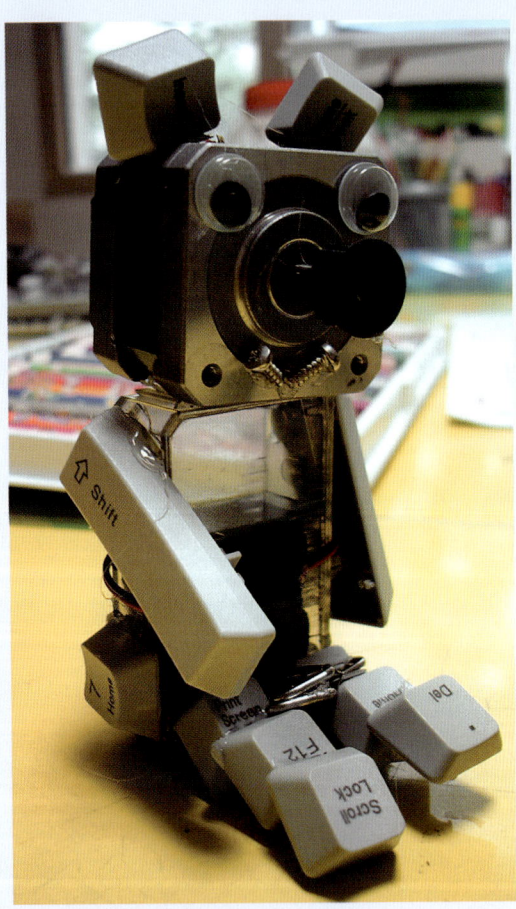

▲ **곰돌이** 5세 여

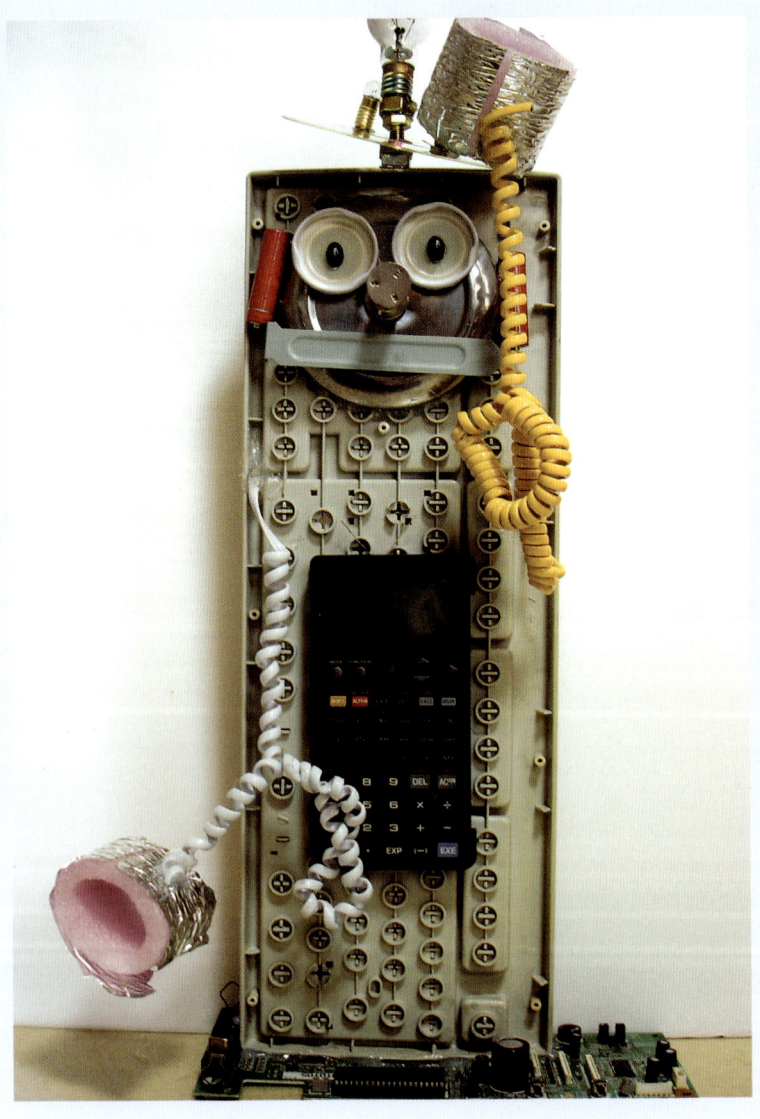

▶ **로봇** 7세 남

## 2. 와! 여름이다

▶ **준비물** 콜라주 재료(잡지, 천, 스팽글, 여러 가지 종이, 단추), 목공풀, 도화지, 연필, 지우개, 채색 도구

1. 주제를 정하여 아이디어스케치를 한다.
2. 콜라주와 접목시킬 수 있는 것은 콜라주화 한다.
3. 여러 가지 재료를 그림에 잘 맞추어 붙인다.
4. 붙이고 남은 부분은 채색을 한다.

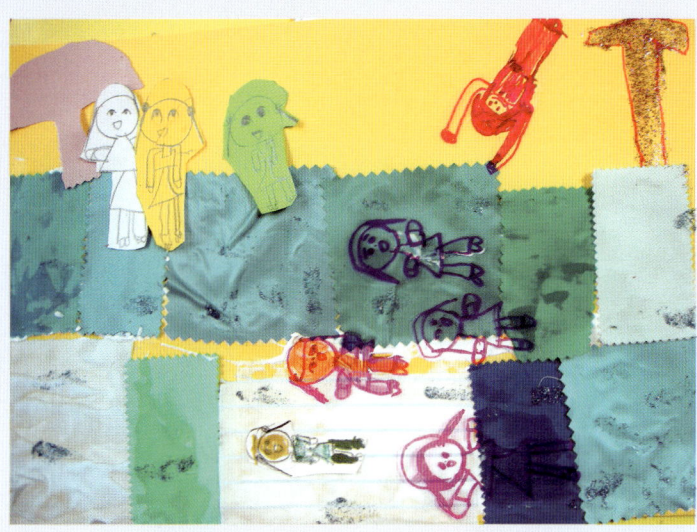

▲ **코끼리** 6세 남

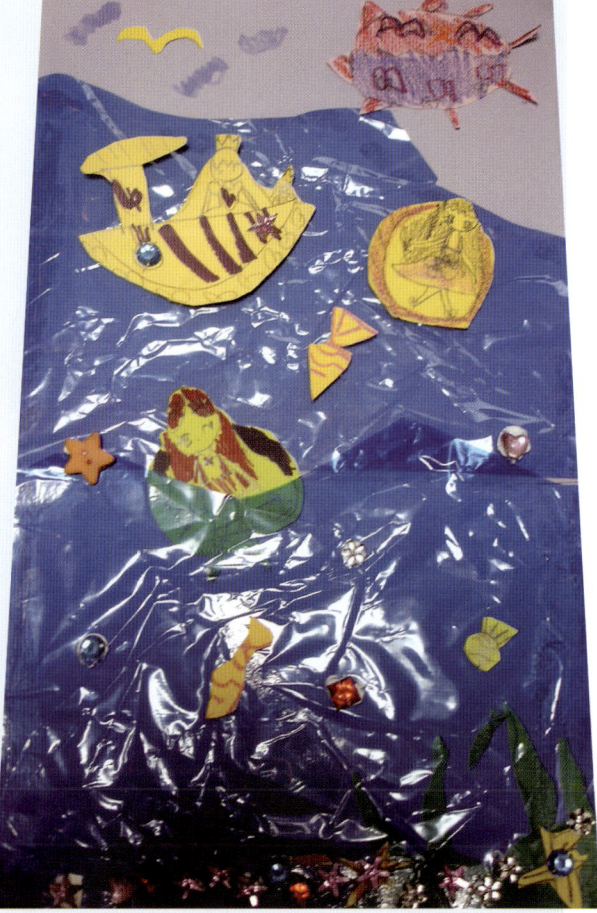

▶ **내 모습** 6세 여

109

초등학교 저학년

# CREATIVE
# expression

## 1. 창작표현

생활 속의 특별한 물체를 매체로 선택하여 응용하는 작업으로 두뇌계발과 창의력을 키우는 프로그램입니다.

창작표현은 제시되는 매체를 자유롭게 탐색하면서 무엇을 만들 것인지 아동 스스로 생각하게 합니다. 탐색 과정에서 떠오른 아이디어를 스케치 한 후 다양한 매체들을 이용하여 완성합니다. 평면으로 작업한 아이디어스케치가 입체화 되는 과정에서 아동들은 공간감을 기르게 되며, 다양한 매체를 다루면서 유연성과 응용력도 키울 수 있게 됩니다.

# 1. **거품기**의 변신

### 물레방아
▶ 와~ 거품기로 물레방아를 만들었네요.

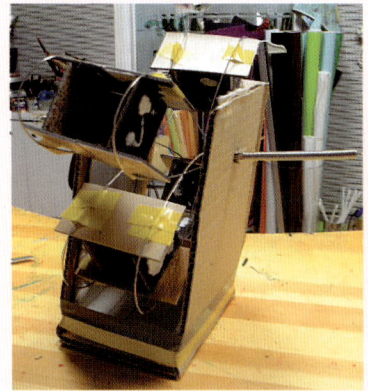

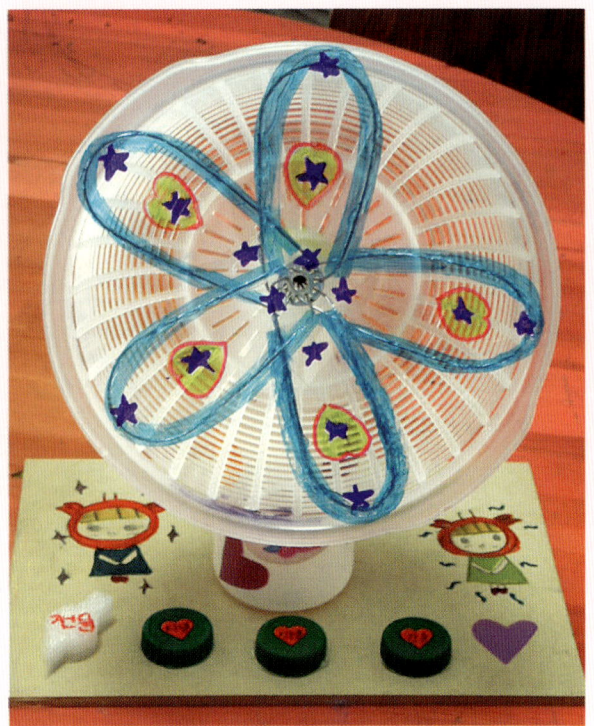

### 선풍기
▶ 거품기가 시원한 바람을 보내주는 선풍기 날개로 변신~ 버튼을 누르면 시원한 바람이 나올 것 같죠.

# 2. **빨래판**의 변신

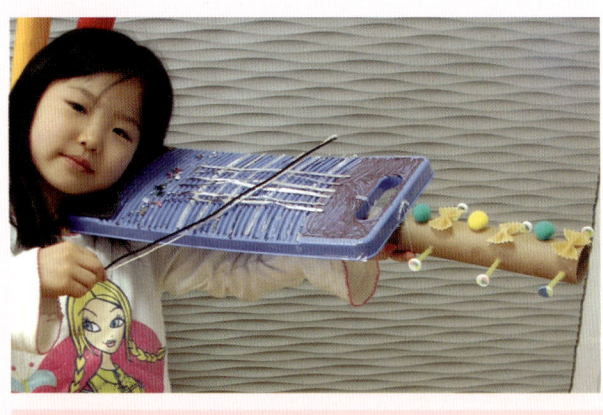

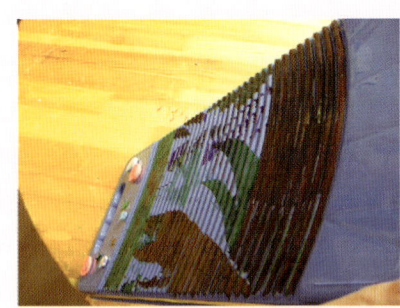

### 공룡그림
◀ 와~ 빨래판을 세우고 보니 공룡이 보이네요.

### 바이올린
▲ 은영이가 만든 빨래판 바이올린 어떤가요? 은영아~ 멋지게 연주 한 곡 해주렴.

### 책상과 의자
▶ 태승이의 책상과 의자. 의자에 앉으려면 빨래판면 때문에 방석도 필요할 것 같아요.

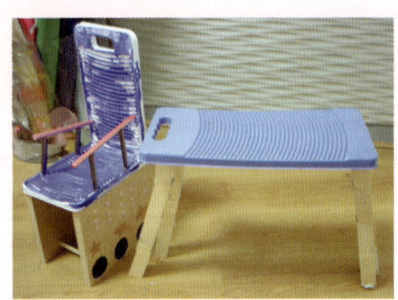

# 3. **분무기**의 변신

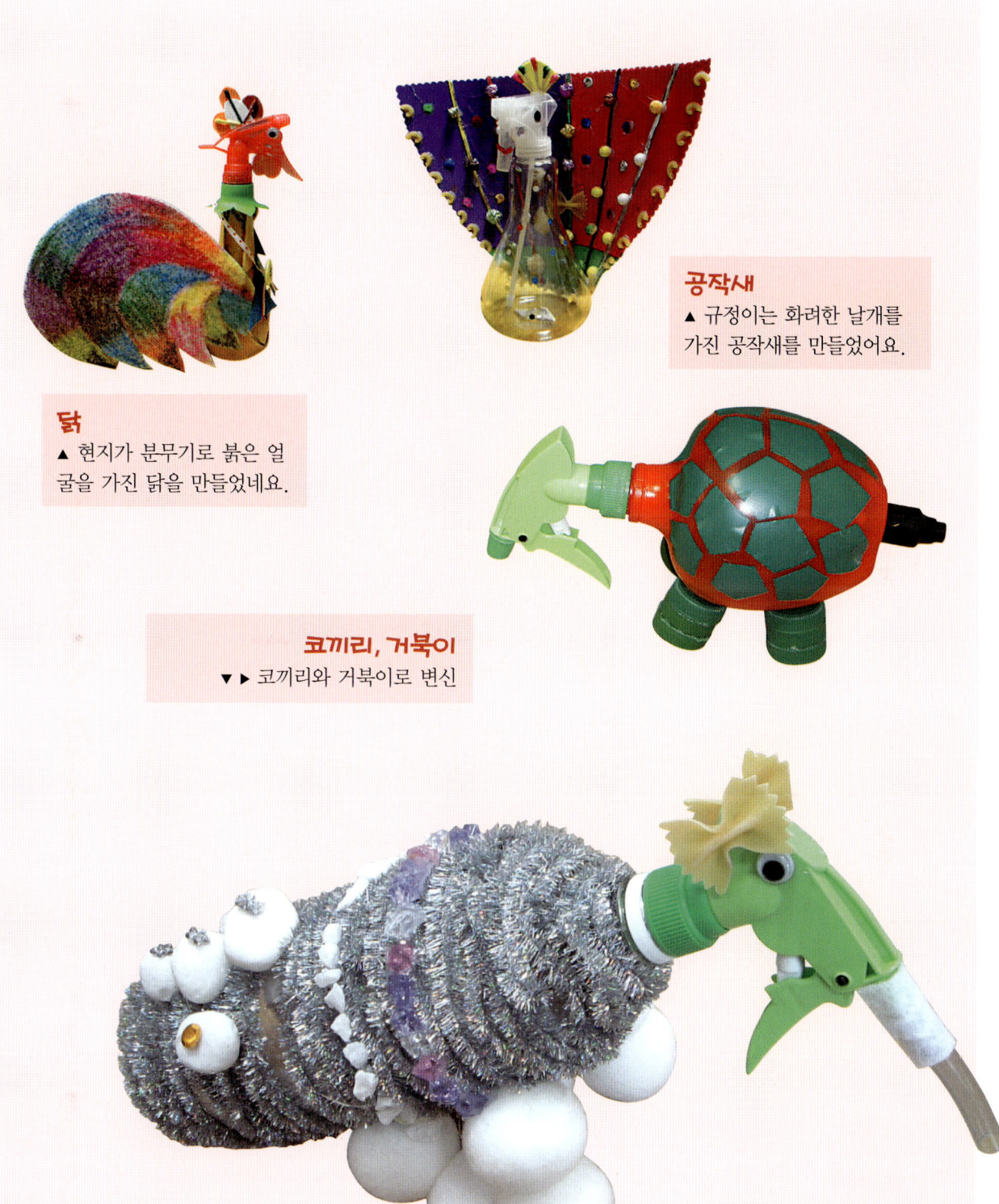

**공작새**

▲ 규정이는 화려한 날개를 가진 공작새를 만들었어요.

**닭**

▲ 현지가 분무기로 붉은 얼굴을 가진 닭을 만들었네요.

**코끼리, 거북이**

▼ ▶ 코끼리와 거북이로 변신

## 4. **박스**의 변신 – 친구들과 함께해요

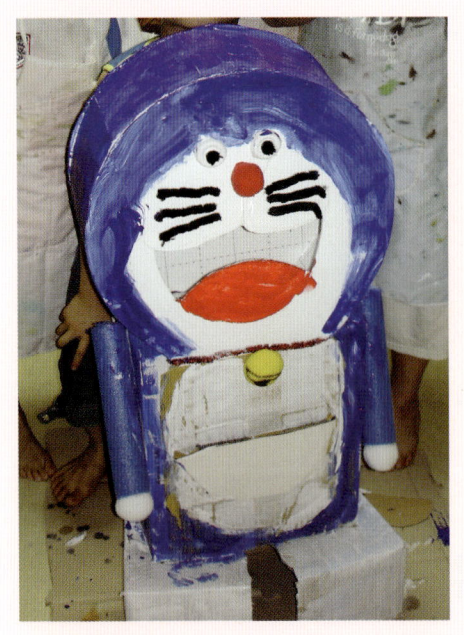

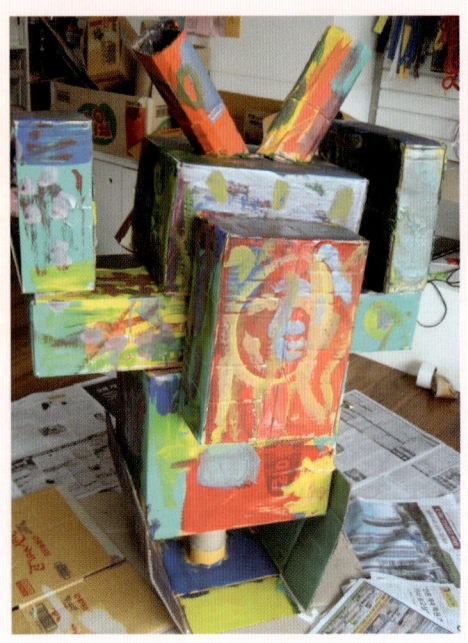

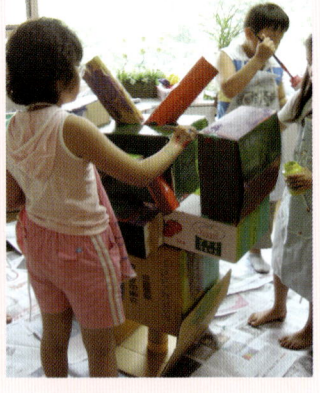

**만화 캐릭터 '도라에몽'**
▲ 우리들이 만든 도라에몽 어떤가요?
귀여운 도라에몽이 웃고 있어요.

**미래의 이상한 집**
◀ 미래의 이상한 집!
로봇같이 생겨서 이 집에
서 살면 어디든지 갈 수
있어요.

## 5. **폼보드** 활용 – 친구들과 함께해요

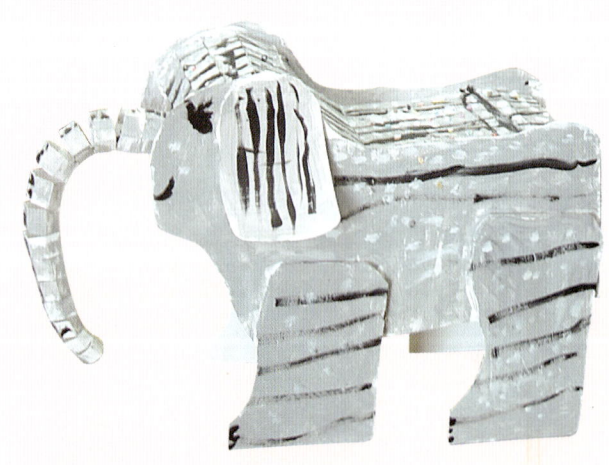

**코끼리**
▲ 우리들이 만든 코끼리 어떤가요?

**우주복**

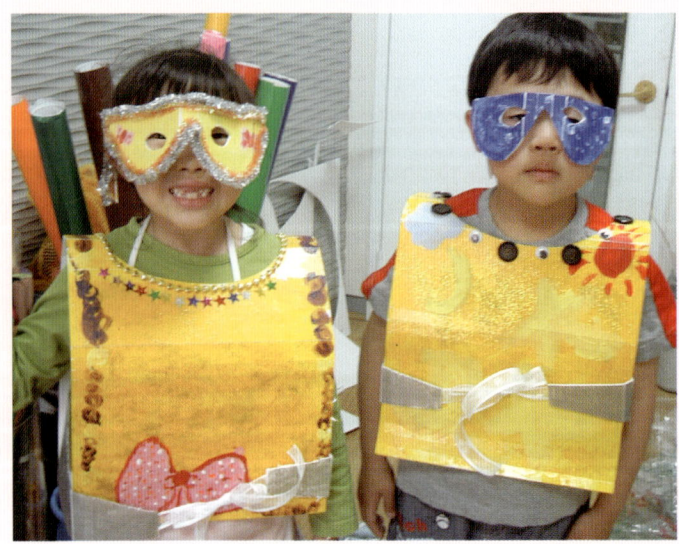

## 6. 종이죽

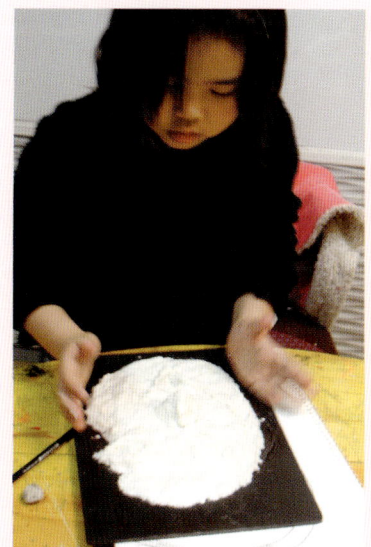
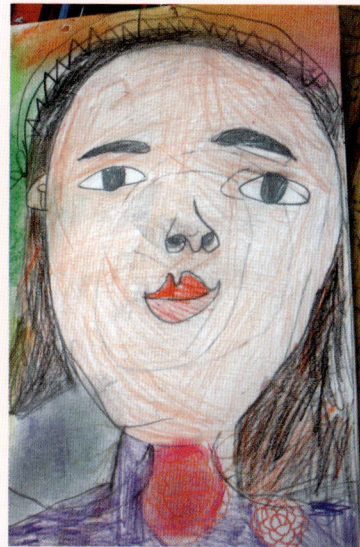
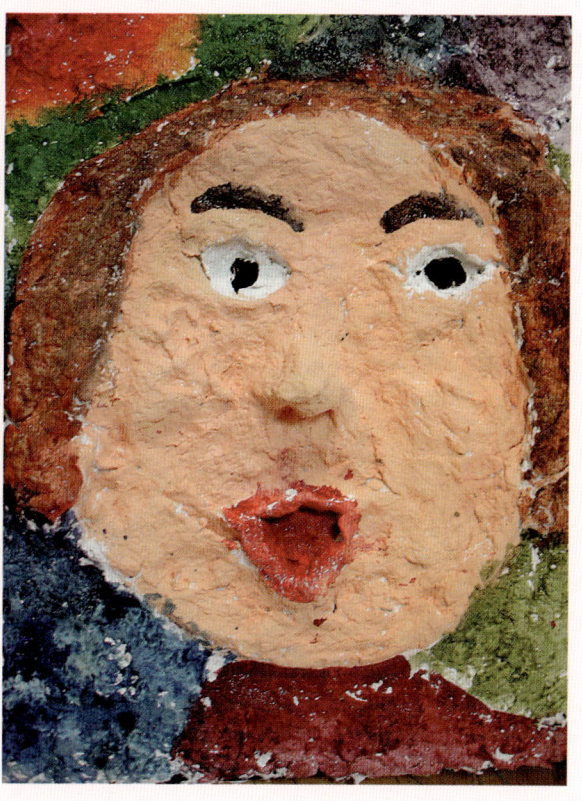

재희가 종이죽을 붙이고 있네요.
재희가 거울을 보고 그린 자화상!
재희야~ 눈썹과 눈만 봐도 재희인줄 알 것 같아.

**자화상**
▶ 종이죽을 붙이고 채색하여 완성한 자화상

## 7. 캔의 변신

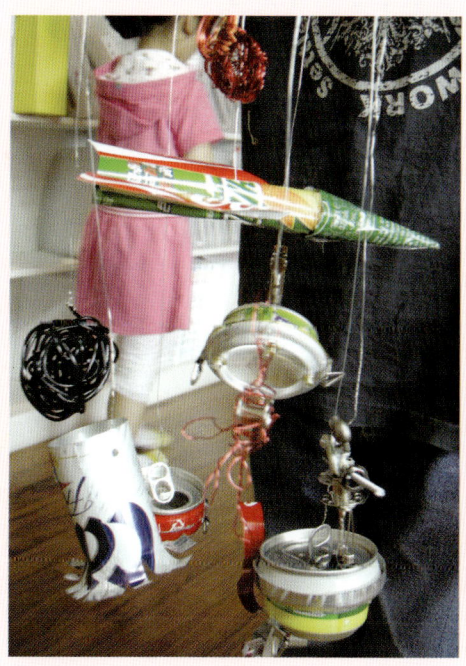

**우주**
◀ 로켓도 보이고~ 행성도 보이고~ 정말 우주 같아요.

**캔 모빌**
▼ 음료 캔을 잘라 다양한 형태를 만들었어요.

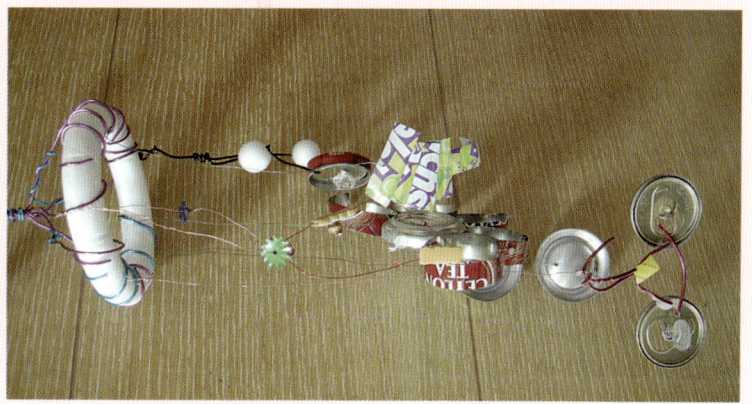

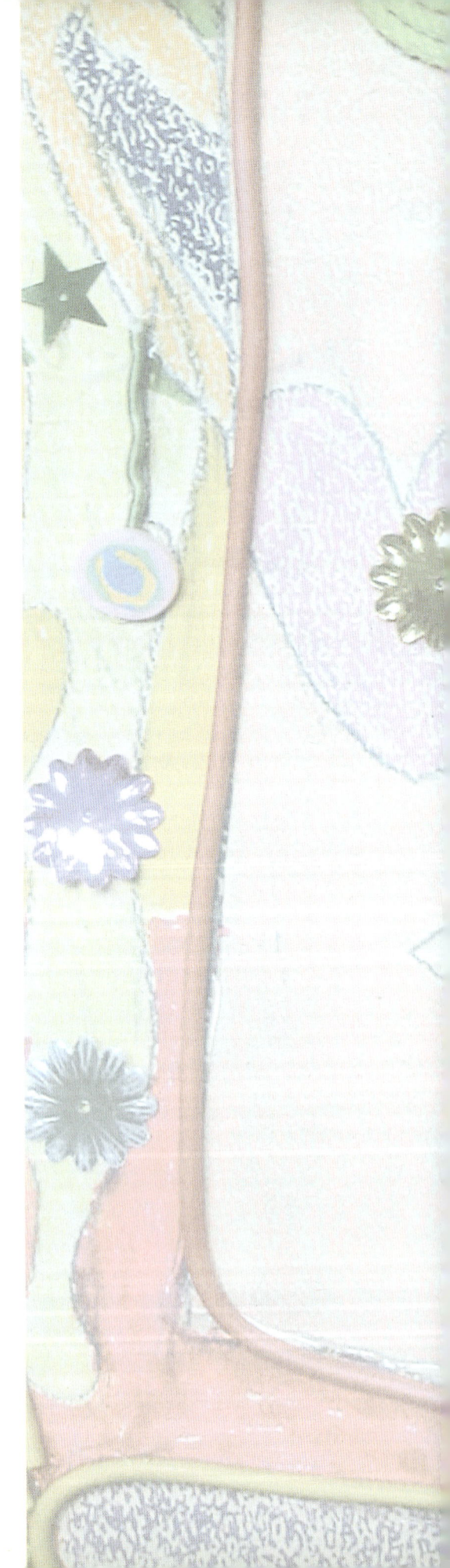

초등학교 저학년

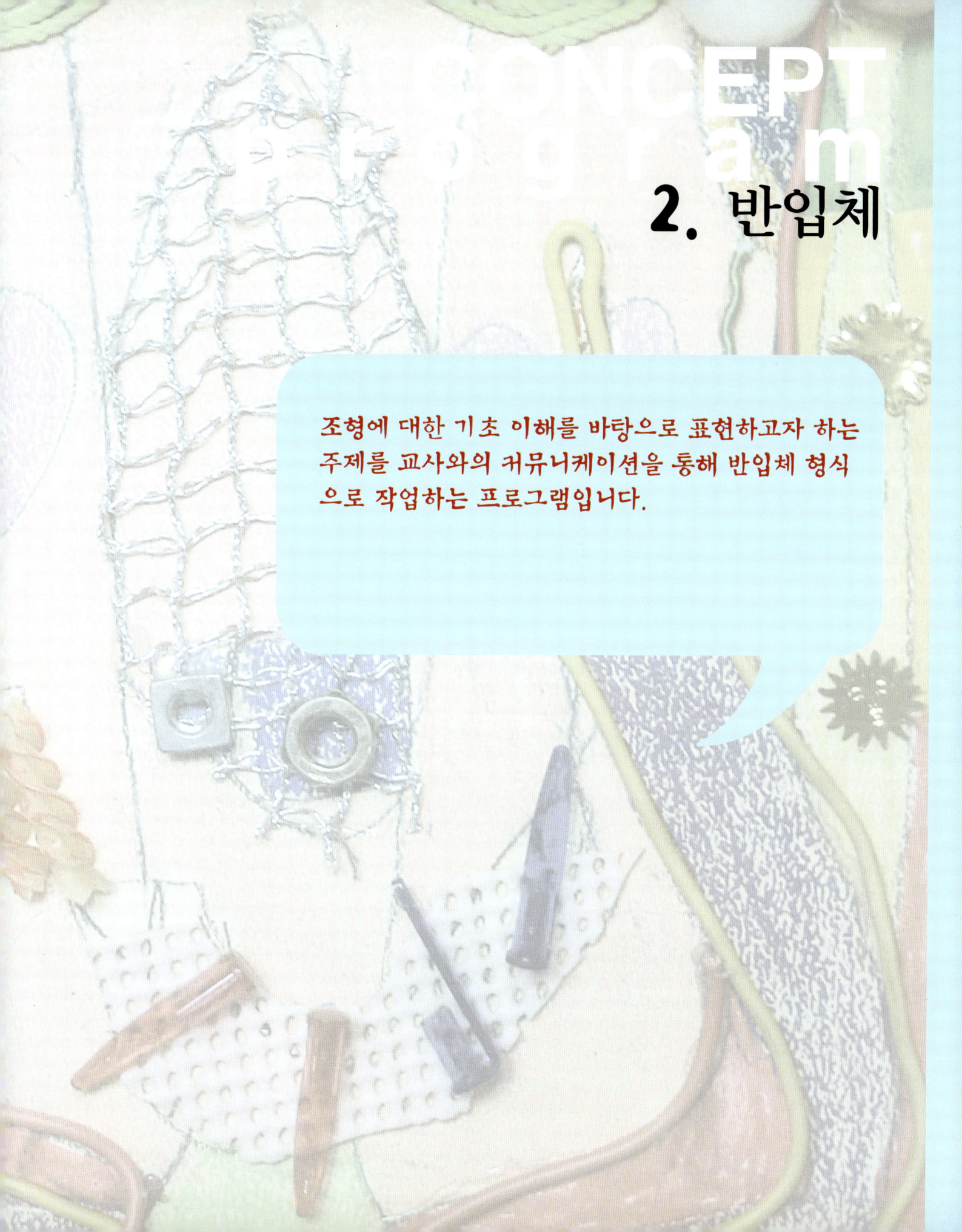

# 2. 반입체

조형에 대한 기초 이해를 바탕으로 표현하고자 하는
주제를 교사와의 커뮤니케이션을 통해 반입체 형식
으로 작업하는 프로그램입니다.

# 1. 꼭두각시 만들기 – 내가 만드는 꼭두각시 인형

| | |
|---|---|
| • 주제 | 꼭두각시 만들기 |
| • 학습 목표 | 사람의 관절에 대해 이해한다. |
| • 준비물 | 도화지, 크레파스, 할핀, 낚시줄, 나무젓가락, 우드락, 폼보드 |
| • 동기 유발<br>_교사 | 꼭두각시 인형을 보여준다. |
| _아동 | 꼭두각시 인형을 잘 관찰한다. |
| _학습 시간 | 10분 |
| _유의사항 | 꼭두각시 인형을 준비한다. |
| • 작업 과정<br>_교사 | 1. 관절에 대해 이해할 수 있도록 충분히 설명한다.<br>2. 할핀의 사용법을 알려준다. |
| _아동 | 1. 원하는 그림을 이야기한다.<br>2. 팔, 다리, 얼굴 등을 따로따로 그린다.<br>3. 채색한 후 오린다.<br>4. 관절이 되는 곳에 할핀을 붙인다.<br>5. 낚싯줄을 붙여 나무 막대기와 연결한다.<br>6. 움직이며 이야기를 만들어 낸다.<br>7. 정리하고 사진찍는다. |
| _작업 시간 | 80분 |
| _유의사항 | 칼로 오릴 때 주의사항을 알려준다. |
| • 작품 보고 이야기하기 | 관절에 대해 이해하는가 |
| • 발전 학습 | 무대를 만들어 연극을 한다. |

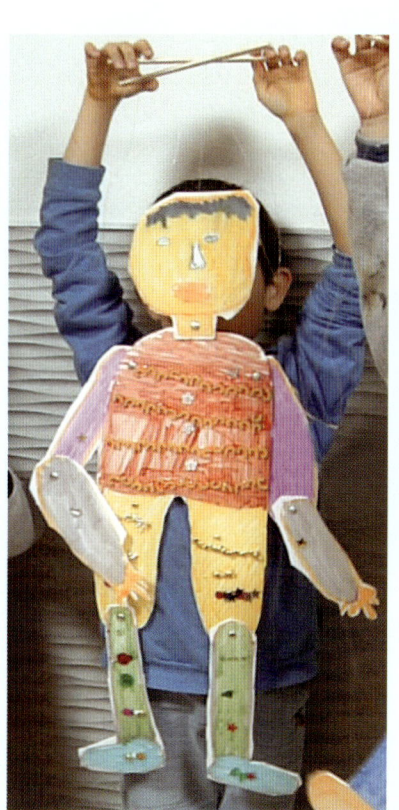

▲ **내 모습** 초1 남

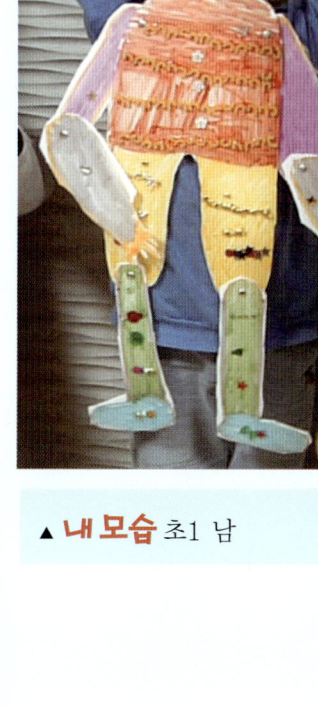

▲ **내 모습** 초1 남

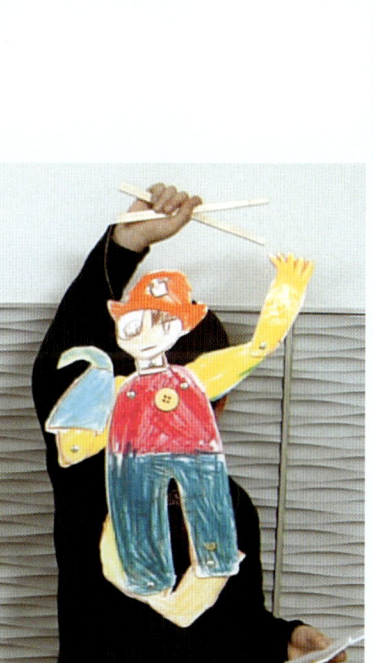

▲ **피터팬 중 '후크선장'**
초1 남

# 2. 월드컵 티셔츠 만들기

| | |
|---|---|
| • 주제 | 월드컵 티셔츠 만들기 |
| • 학습 목표 | 세계 각 국의 월드컵 대표 팀 유니폼을 디자인하고 경기 모습을 그릴 수 있다. |
| • 준비물 | 각 국 대표 팀 선수의 유니폼 디자인, T셔츠, 아크릴물감, 연필 |
| • 동기 유발<br>_고사 | 축구하는 장면을 골라 뒤판에 크게 크로키 하도록 지시한다. |
| _아동 | 크게 크로키 하도록 한다. |
| _학습 시간 | 10분 |
| • 작업 과정<br>_고사 | 1. 대표팀 유니폼을 보고 어느 나라 것인지 맞춰본다.<br>2. 각 국의 유니폼 색은 같고 디자인만 다르게 나오도록 유도한다. |
| _아동 | 1. 유니폼을 보고 관찰한다.<br>2. 어느 나라 대표 팀 유니폼을 만들지 정한다.<br>3. 각 국의 색을 골라 디자인만 다르게 조합한다. |
| _작업 시간 | 80분 |
| _유의사항 | 1. 각 국 대표팀 유니폼 사진<br>2. 물에 개어놓은 아크릴물감 |
| • 작품 보고 이야기하기 | 1. 각 국의 특징에 맞게 유니폼을 디자인하였는가<br>2. 운동감 있게 크로키 하였는가 |
| • 발전 학습 | 축구 경기 모습을 보지 않고 유니폼을 그릴 수 있다. |

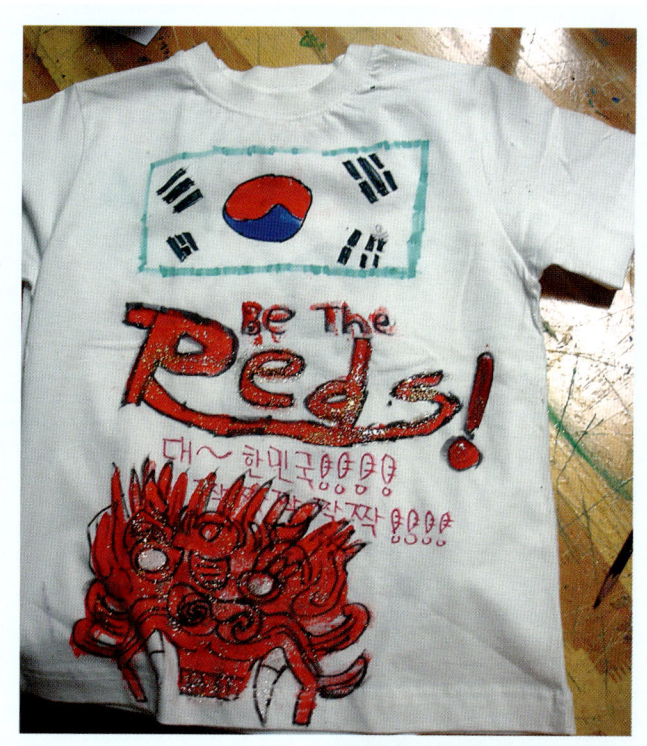

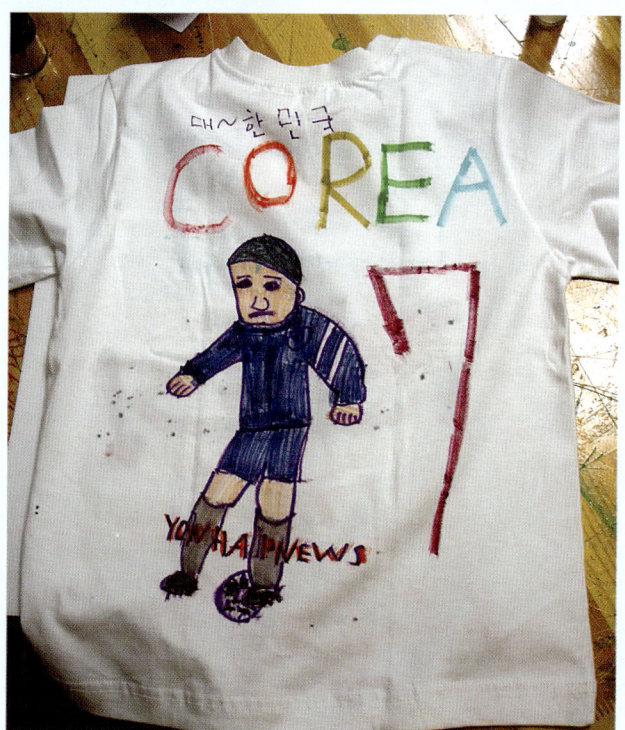

**월드컵 티셔츠** 초1 여

# 3. 글루건 다색판화 – 글루건으로 만드는 판화이야기

| | |
|---|---|
| • 주제 | 글루건 다색판화 |
| • 학습 목표 | 다색판화의 개념을 이해하고 판화의 원리를 체험한다. |
| • 준비물 | 글루건, OHP, 스케치북, 아크릴물감, A4용지, 유성매직 |
| • 동기 유발<br>　_교사 | 1. 디테일하지 않게 그리도록 지도한다.<br>2. 간단한 원근감이 느껴지게 한다. |
| 　_아동 | 자신이 만들고 싶은 것을 아이디어스케치한다. |
| 　_학습시간 | 10분 |
| • 작업 과정<br>　_교사 | 1. 글루건을 다룰 때 조심하도록 한다.<br>2. 같은 색끼리 찍어내는 원리를 이해시킨다. |
| 　_아동 | 1. A4용지에 자유롭게 매직으로 스케치한다.<br>2. A4용지에 그린 것을 간단히 색칠한다.(5색 정도)<br>3. OHP를 대고 같은 색끼리 글루건으로 면을 채워준다.<br>　(이때 OHP를 많이 놓아 뒤틀리지 않도록 한다)<br>4. 같은 방법으로 다른 색 부분을 채워준다.<br>5. 글루건이 완전히 마르면 스폰지에 아크릴물감을 찍어 글루건 위에 바른다.<br>6. 스케치북에 찍는다.<br>7. 위치를 주의해 가며 각 색을 찍어준다.<br>8. 다 찍은 후 A4용지에 그린 것과 비교한다. |
| 　_작업 시간 | 80분 |
| • 작품 보고 이야기하기 | 다색판화의 원리를 간접적으로 이해하였는가 |
| • 발전 학습 | 다른 방법의 판화를 할 수 있다. |

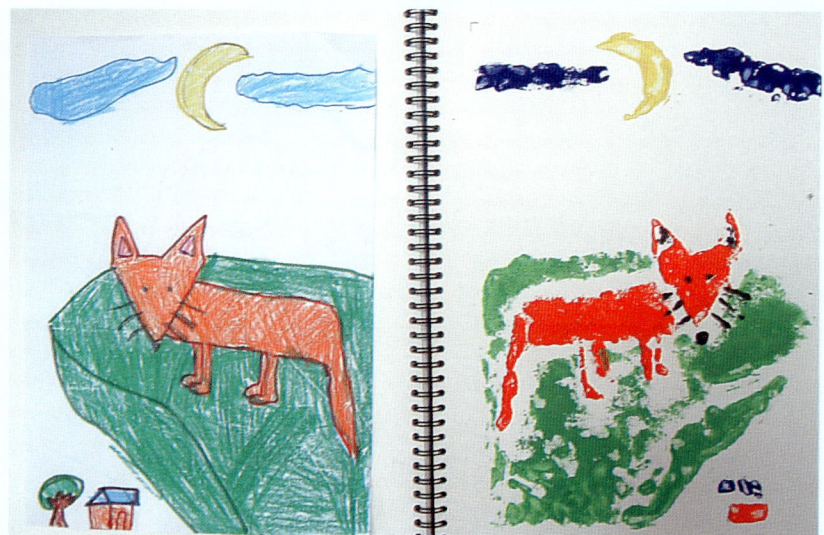

▲ **여우** 초2 여

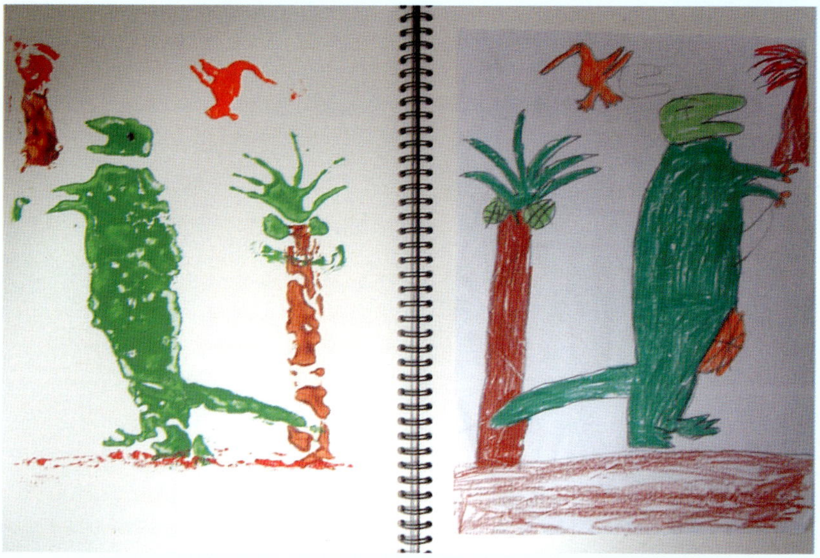

▲ **공룡** 초1 남

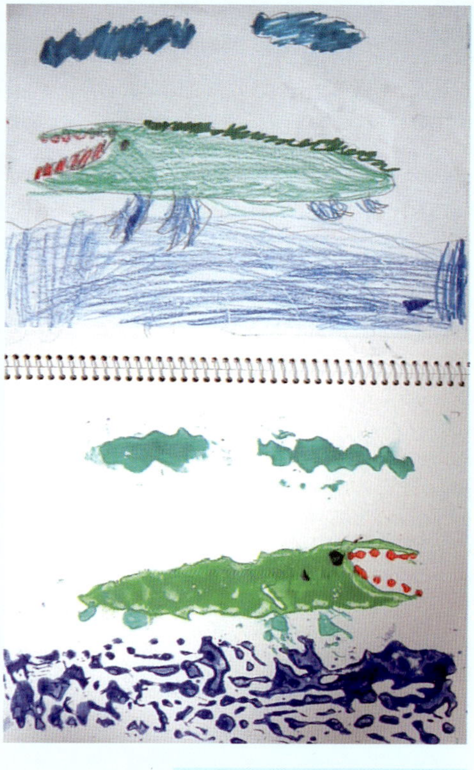

▲ **악어** 초1 남

# 4. 타일에 그려보는 이중섭 그림

| | |
|---|---|
| • 주제 | 타일 그림 |
| • 학습 목표 | 타일에 스테인드글라스 물감으로 채색하여 작가의 작품을 재해석 해 본다. |
| • 준비물 | 흰색이나 베이지색 타일, 스테인 글라스 물감, 면봉, 아크릴 물감(black), 세필 |
| • 동기 유발<br>_교사 | 이중섭의 작품을 감상시키면서 작품에 대한 설명과 물감의 사용방법과<br>주의사항을 말한다. |
| _아동 | 작품을 감상하면서 작품의 특징에 대해 이야기해 본다. |
| _학습 시간 | 10분 |
| • 작업 과정<br>_교사 | 1. 아동들이 작품을 제대로 표현할 수 있도록 형태감이나 화면구성 등을<br>   설명한다.<br>2. 스테인드글라스 물감의 특성을 이해시킨다.<br>3. 세필을 사용하여 검은색 라인을 그릴 수 있도록 붓 사용을 알려준다. |
| _아동 | 1. 원하는 작품을 선정해서 타일에 연필을 이용하여 드로잉한다.<br>2. 적당한 굵기의 세필에 검은색 아크릴 물감을 묻혀 드로잉 선을 따라<br>   그려준다.<br>3. 면봉에 스테인드글라스 물감을 묻혀서 칠한다. |
| _작업 시간 | 80분 |
| _유의사항 | 다양한 표현이 나올 수 있도록 유도한다. |
| • 작품 보고 이야기하기 | 1. 다양하고 개성적인 표현이 나왔는가<br>2. 원작과 비교하며 감상하였는가<br>3. 매체사용이 원활하였는가 |
| • 발전 학습 | 1. OHP필름지에 스테인드글라스 물감으로 채색해서 창문에 붙일 수 있는<br>   작품을 만들 수 있다.<br>2. 직접 유리 위에 그림을 그려볼 수 있다. |

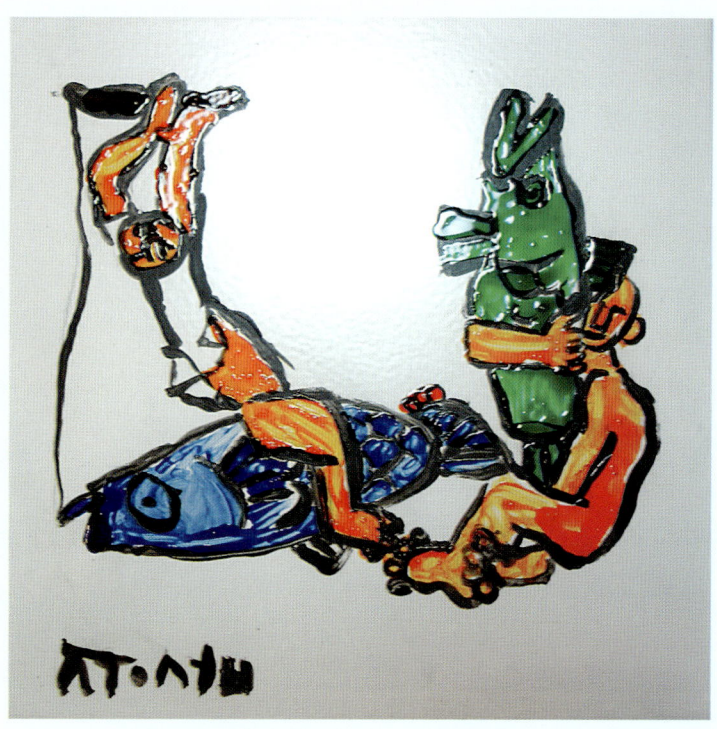

▲ 이중섭의 물고기와 노는 아이 초2 남

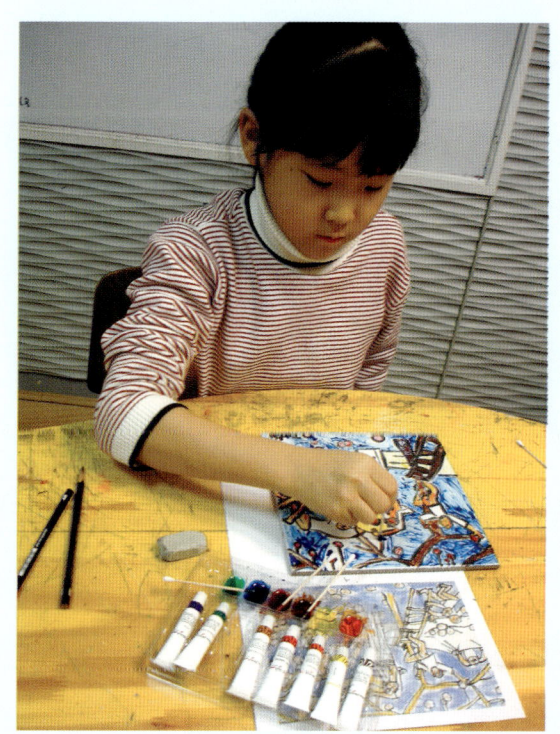

▶ 이중섭의 과수원의 가족과 아이들 작업 초3 여

# 5. 콜라주 자화상

| | |
|---|---|
| • 주제 | 콜라주 자화상 |
| • 학습 목표 | 여러 가지 콜라주 재료를 이용하여 판화를 경험한다. |
| • 준비물 | 여러 가지 콜라주 재료, 헝겊, 종이, 그물, 가위, 도화지, 풀, 글루건, 복사기, 연필, 지우개 |
| • 동기 유발<br>_교사 | 판화의 원리를 설명한다. |
| _아동 | 판화에 대해 이해하고 자신의 작업을 주제를 정한다. |
| • 작업 과정<br>_교사 | 1. 아이들이 적당한 천, 재료를 찾을 수 있도록 유도한다.<br>2. 완성이 된 친구들 것은 2장씩 복사를 한다.<br>3. 꾸준히 작업할 수 있도록 유도한다. |
| _아동 | 1. 도화지에 스케치를 한 뒤에 넓은 면부터 적당한 천을 찾아 붙인다.<br>2. 점차 작은 부위를 콜라주로 표현한다.<br>3. 다양한 매체를 붙여서 표현한다.<br>4. 완성된 작품을 서로 감상한다. |
| _유의사항 | 1. 글루건 작업시 손을 데이지 않도록 주의를 준다.<br>2. 작업의 양이 많으므로 신속히 수업을 진행해야하며, 아이들이 꾸준히 집중할 수 있도록 격려한다. |
| • 작품 보고 이야기하기 | 1. 판화에 대해 잘 인지하였는가<br>2. 적당한 재료를 접목시켰는가<br>3. 작업의 완성도는 높은가 |
| • 발전 학습 | 1. 물감을 묻혀 찍어내기를 한다.<br>2. 종이만을 이용하여 종이 판화를 한 뒤 복사해 본다. |

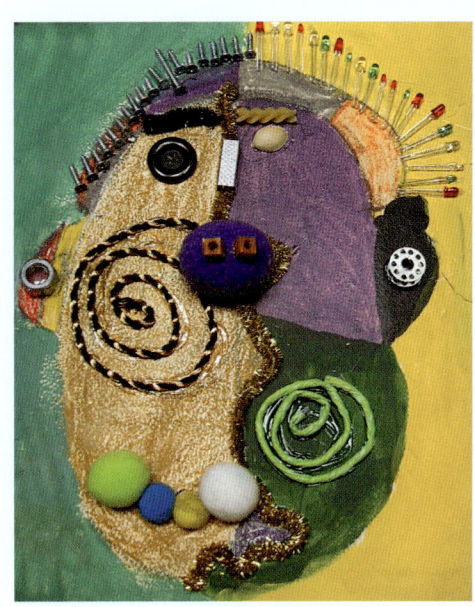

◀ **콜라주 자화상** 초1 남

▼ **콜라주 자화상** 초1 여

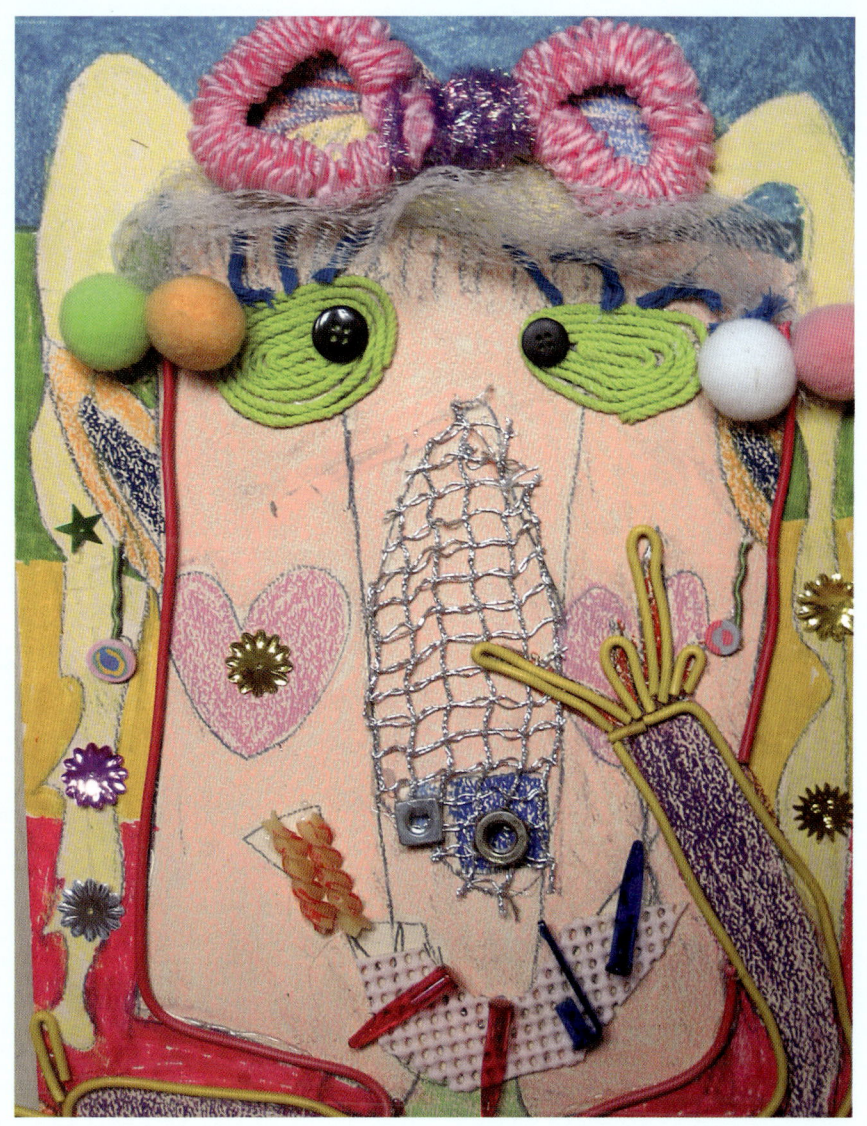

## 6. 나만의 CD – 나의 프로필

| | |
|---|---|
| • 주제 | 나만의 CD |
| • 학습 목표 | 나를 소개할 수 있는 나만의 CD를 만들어 본다. |
| • 준비물 | CD케이스, 공CD, 색지, 가위, 채색도구(마카, 유성매직, 색연필), 콜라주 재료, 내 사진, 잡지 |
| • 동기 유발 _교사 | 각자의 장단점이나 좋아하는 것 싫어하는 것 등을 서로 이야기하면서 나를 어떻게 표현할지 구상할 수 있도록 한다. |
| _아동 | 선생님과 나에 대하여 이야기하면서 표현할 것을 미리 구상한다. |
| _학습 시간 | 10분 |
| • 작업 과정 _교사 | 1. 아동의 다양한 표정을 찍어서 프린트 한다.<br>2. 개성 있는 자신만의 소개가 나올 수 있도록 아동에게 표현할 것에 대하여 계속 이야기할 수 있게 한다. |
| _아동 | 1. 선생님이 주신 사진을 이용하여 화면을 구성해 나간다.<br>2. 나만의 개성이 나타날 수 있도록 나에 대하여 많이 생각해 본다.<br>3. 콜라주로 표현할 부분도 찾아보고 적합한 매체를 탐색하여 콜라주 한다. |
| _작업 시간 | 70분 |
| _유의 사항 | 나의 소개가 재미나고 다양하게 이루어질 수 있도록 많은 질문을 하고 아동 스스로 자신에 대한 설명을 할 수 있도록 유도한다. |
| • 작품 보고 이야기하기 | 나를 특색 있게 잘 표현했는지 다른 친구들과 같이 감상하면서 나를 소개한다. |
| • 발전 학습 | 1. 팝업을 이용하여 프로필을 만들 수 있다.<br>2. 내 소개를 주제로 미니북을 만들 수 있다. |

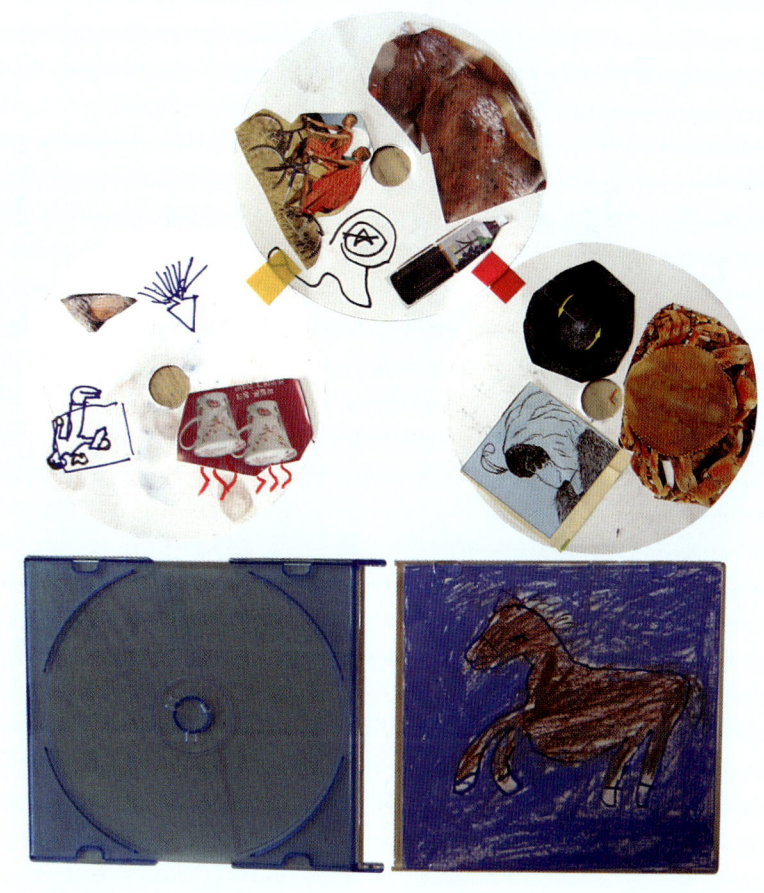

▶ '나'를 소개해요 초2 남

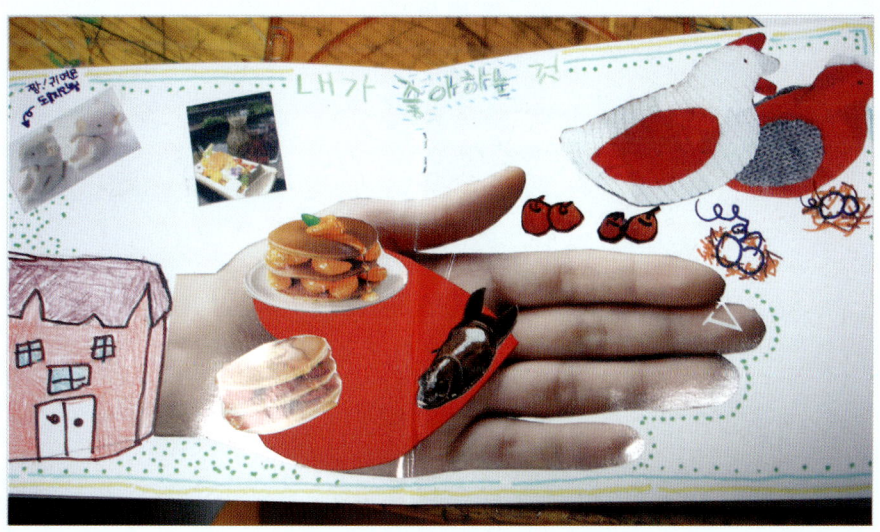

▲ CD케이스 넣는 홍보지 초3 여

# 7. 스토리 전개를 통한 판화

| | |
|---|---|
| • 주제 | 스토리 전개를 통한 판화 |
| • 학습 목표 | 판화와 애니메이션(스토리 전개)에 대해 이해할 수 있다. |
| • 준비물 | 고무판, 조각도, 잉크, 롤러, 다양한 색도화지, 바렌, 판화지 |
| • 동기 유발 _교사 | 다색판화에 대하여 설명하면서 이야기가 전개될 수 있도록 자세하게 설명한다. |
| _아동 | 선생님의 설명을 경청하면서 전개할 이야기의 주제를 생각해 본다. |
| _학습 시간 | 10분 |
| _유의사항 | 판화에 대한 기본적인 설명을 한다. |
| • 작업 과정 _교사 | 1. 조각도의 각 기능을 설명해주고, 작업 과정에서 손이 다치지 않도록 사용법도 설명한다.<br>2. 이야기 구성이 끝난 순서대로 판화를 찍을 수 있도록 한다.<br>3. 세 가지 색이 순차적으로 찍힐 수 있도록 한다.<br>4. 마지막 판에는 세 가지 색이 모두 섞인 다색판화가 표현되도록 한다. |
| _아동 | 1. 아이디어스케치북에 순서대로 표현할 그림을 그려준다.<br>2. 고무판에 오일 파스텔로 첫 번째 이야기를 그려주고 조각도로 파준다.<br>3. 첫 번째로 판 이미지를 밝은 색을 골라 롤러로 문질러 주고, 바렌으로 종이에 찍어준다.<br>4. 위와 같은 순서대로 나머지 그림도 찍어준다.<br>5. 마지막 화면은 다색으로 찍어준다. |
| _학습 시간 | 80분 |
| _유의사항 | 판 소멸법으로 진행할 것임을 미리 이야기한다. |
| • 작품 보고 이야기하기 | 이야기의 전개가 제대로 이루어졌는지 살펴보고, 다색이 잘 표현됐는지 서로 감상한다. |
| • 발전 학습 | 1. 판 소멸법이 아닌, 여러 개의 판을 준비하고 다색판화를 표현할 수 있다.<br>2. 나무판을 이용하여 나무판화를 할 수 있다. (석고판화 기타 등등) |

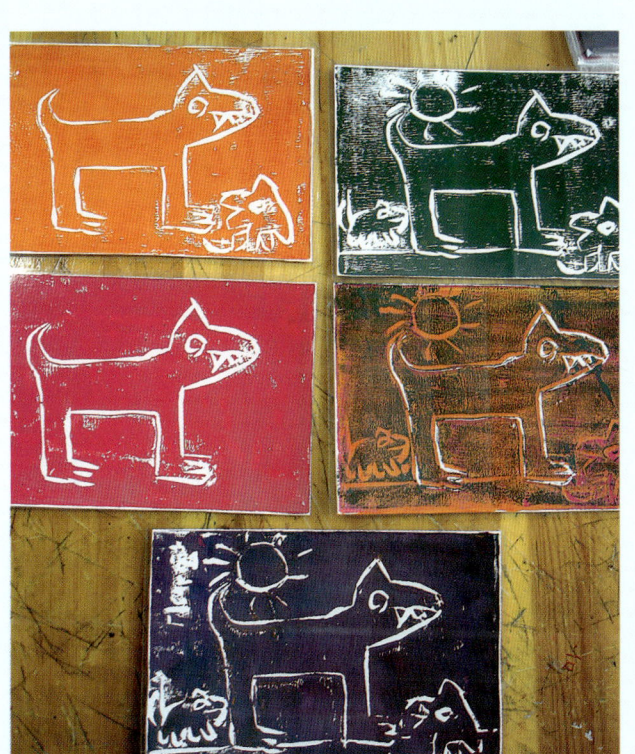

▲ **어미 개** 초2 여

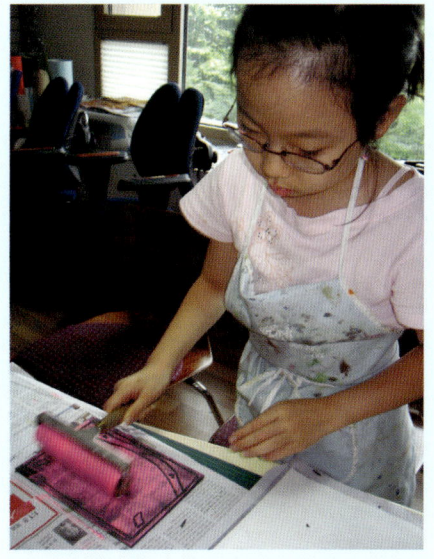

▲ 롤러로 문지르기 초3 여

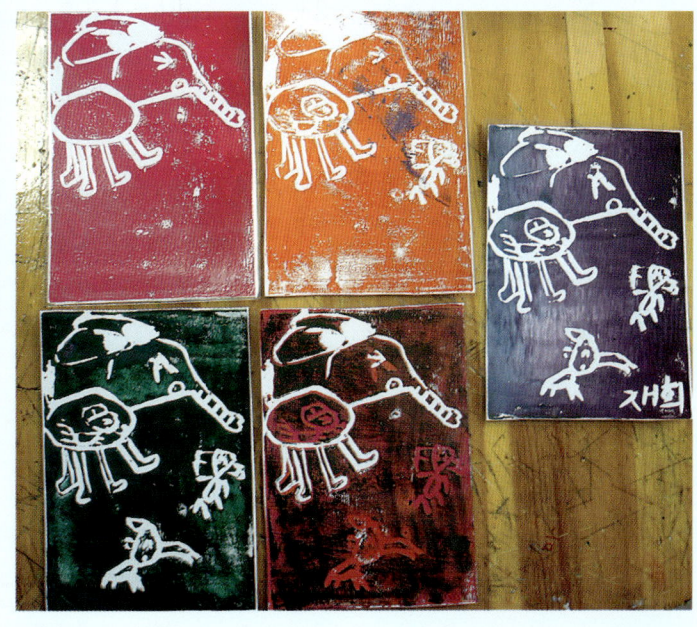

▲ **코끼리의 출산** 초2 여

## 8. 꼬불꼬불 미로 – 나만의 미로를 만들자

| | |
|---|---|
| • 주제 | 꼬불꼬불 미로 |
| • 학습 목표 | 우드락을 이용하여 재미있는 나만의 미로를 만들어 보자. |
| • 준비물 | A3 사이즈의 우드락, 간격 2cm로 자른 우드락, 폼보드, 커터칼, 연필, 오일 파스텔, 유성펜, 목공풀이나 글루건 |
| • 동기 유발<br>_고사 | 미로에 대해서 이야기 나누어 본다. |
| _아동 | 자신이 만들 미로에 대해서 이야기해보고 아이디어스케치 한다. |
| • 작업 과정<br>_고사 | 1. 우드락을 커터칼이나 열선을 이용하여 자른다. 손을 다치지 않도록 주의를 준다.<br>2. 채색을 하도록 한다.(시간이 있다면 아크릴물감으로 해도 좋다.)<br>3. 미로의 벽을 만들어 붙인다.<br>4. 완성이 된 후에 유리구슬을 넣어서 놀이를 해 본다. |
| _아동 | 1. 우드락 위에 아이디어스케치한 것을 그리고, 커터칼과 열선을 이용하여 잘라낸다.<br>2. 오일 파스텔을 이용하여 채색한다.<br>3. 미로의 제일 밖에 있는 면을 2cm 간격의 우드락으로 감싸 붙여준다.<br>4. 2cm 간격의 우드락을 이용하여 채색한다. |
| • 작품 보고 이야기하기 | 1. 미로에 잘 맞는 주제를 선택하였는가<br>2. 우드락 사용을 잘 하였는가<br>3. 미로의 난이도를 잘 조절하였는가 |
| • 발전 학습 | 1. 종이박스를 이용하여 간단하게 미로를 만들 수 있다.<br>2. 색을 다양하게 사용하여서 미로를 만들어 본다. |

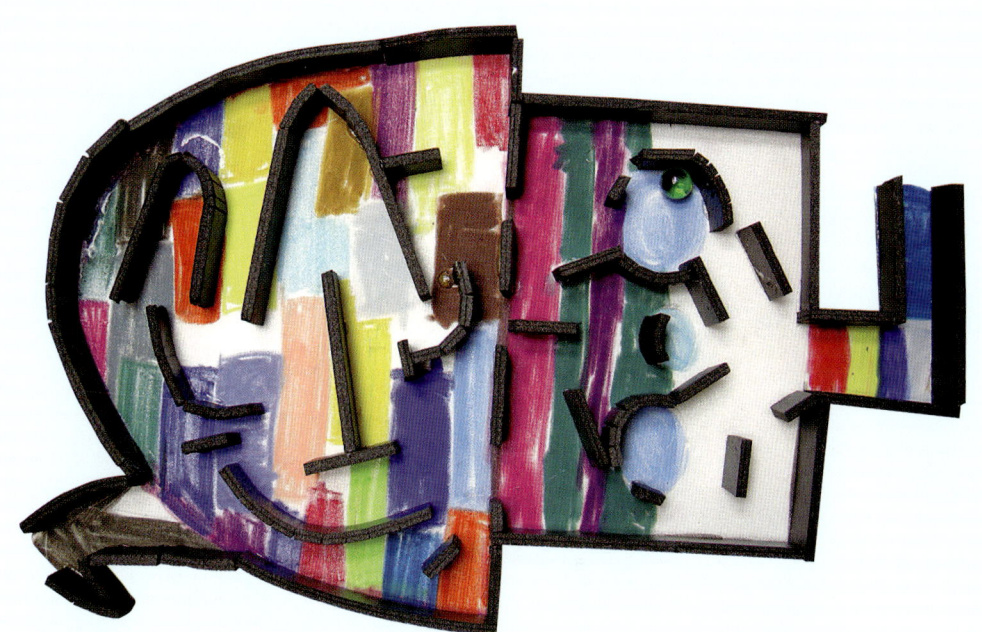

▲ **배** 초1 남

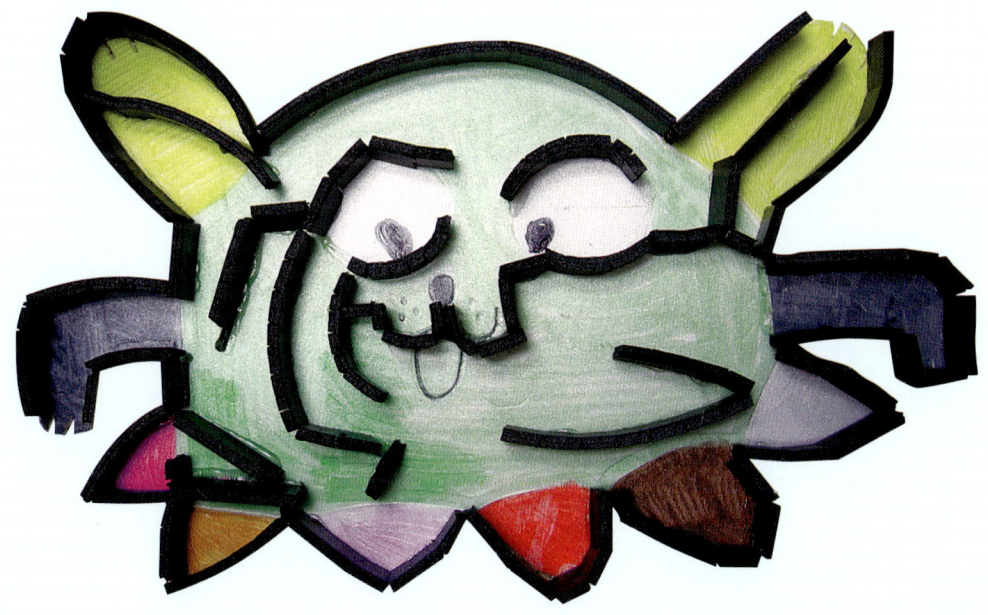

▲ **외계인** 초3 여

# 9. 파라핀 그림

| | |
|---|---|
| • 주제 | 파라핀 그림 |
| • 학습 목표 | 양초의 원료인 파라핀을 녹여 디자인 구성요소를 표현할 수 있다. |
| • 준비물 | 파라핀, 휴대용 가스렌지, 붓, 트레이싱지, 화선지, 매직, 신문지, 다리미, 마분지, 마스킹테이프, 아크릴 물감 |
| • 동기 유발<br>_교사 | 디자인 구성 작품 제시 |
| _아동 | 디자인 구성 작품 감상 |

• 작업 과정
　_교사

1. 디자인 구성 요소에 대해 설명한다.
　1) 통일(統一, unity)과 변화(變化, variety) – 구성의 근본이 되는 요소
　2) 균형(均衡, balance) – 화면의 배치가 한쪽으로 기울지 않는 것
　3) 조화(調和, harmony) –형태, 색 등의 화면상의 어울림
　4) 율동(律動, rhythm) – 형과 색 등의 반복
　5) 점증 – 탑의 예
　6) 강조(強調, accent)
　7) 착시
　8) 비례(比例, proportion) – 황금비례의 예

　_아동

1. 모티프를 잡아 아이디어스케치한다.
2. 모티프를 화선지에 구성 요소를 생각하며 디자인한다.
3. 매직으로 한 번 더 따라 그린다.
4. 그린 화선지 위에 트레이싱지를 붙인다.
5. 트레이싱지 위에 녹인 파라핀을 붓에 묻혀 그림을 따라 그린다.
6. 아크릴 물감을 파라핀으로 그린 선 안쪽을 채색한다.
7. 채색 후 신문지를 트레싱지 위에 올려 놓고 다리미질 한다.
8. 완성 작품은 마분지에 올려 놓고 테이프로 마무리한다.
9. 완성 후 작품을 감상한다.

　_유의사항

1. 모티프를 잡아 스케치 할 때 구도에 맞게 디자인 한다.
2. 화선지 위에 트레이싱지를 마스킹테이프로 붙인다.
3. 파라핀을 녹일 때 약한 불에 천천히 녹인다.
4. 다리미 온도를 서서히 높여 파라핀을 녹인다.

• 작품 보고 이야기하기

　균형 요소(화면의 배치가 한쪽으로 기울지 않는 것)에 맞게 배치하였는가
　조화 요소(형태, 색 등의 화면상의 어울림)에 맞게 그리고 채색하였는가

• 발전 학습　파라핀 섬유 디자인 (파라핀 염색)

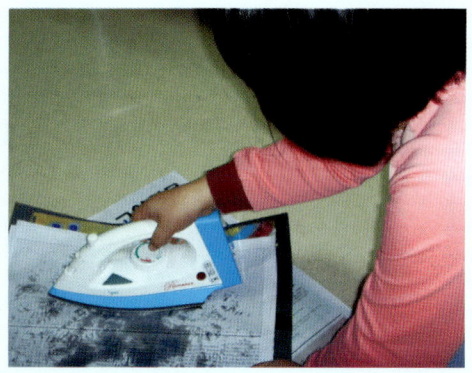

▼ **곤충** 초2 여

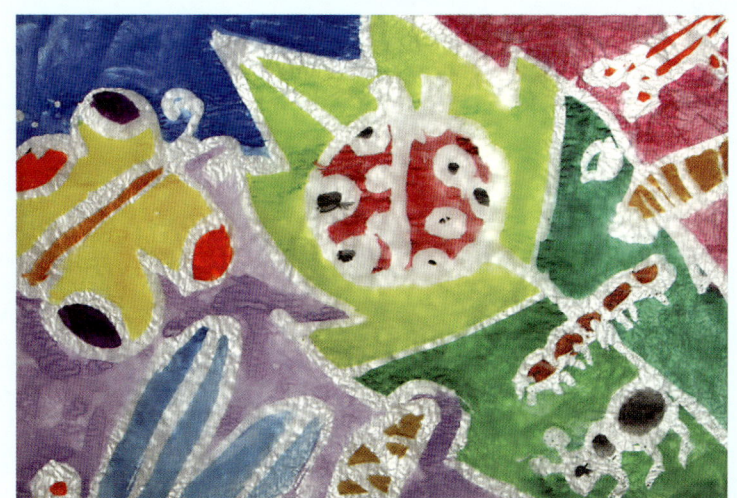

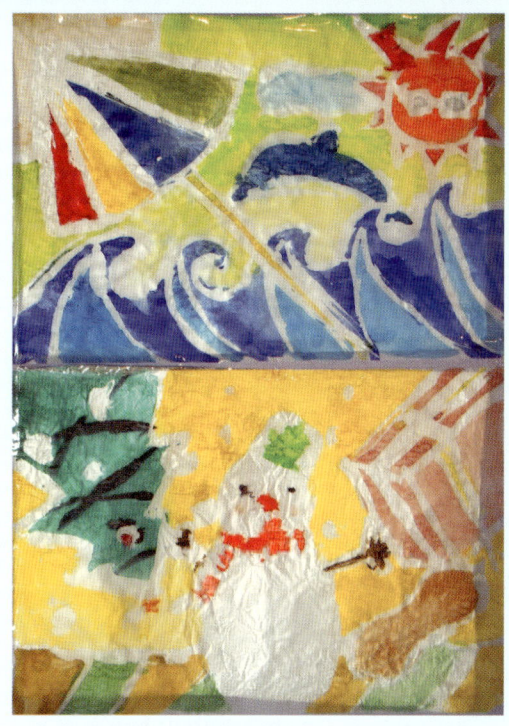

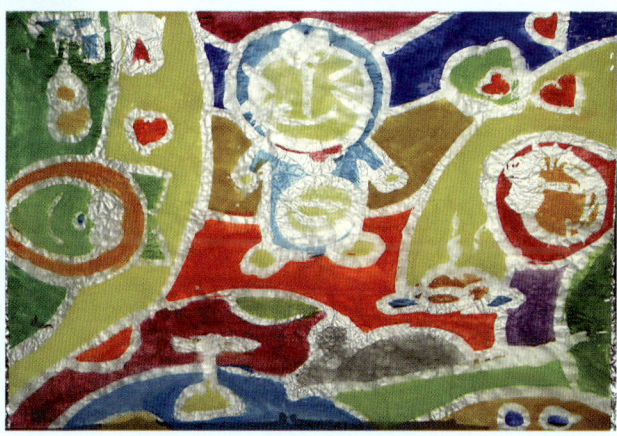

▲ **만화 캐릭터** 초2 여

▲ **여름과 겨울** 초3 여

# 10. 콜라주 판화

| | |
|---|---|
| • 주제 | 콜라주 판화 |
| • 학습 목표 | 여러 가지 콜라주 재료를 이용하여 판화를 경험한다. |
| • 준비물 | 여러 가지 콜라주 재료, 헝겊, 종이, 그물, 가위, 도화지, 풀, 글루건, 복사기, 연필, 지우개 |
| • 동기 유발<br>_교사 | 판화의 원리를 설명한다. |
| _아동 | 판화에 대해 이해하고 자신의 작업 주제를 정한다. |
| • 작업 과정<br>_교사 | 1. 아이들이 적당한 천, 재료를 찾을 수 있도록 유도한다.<br>2. 완성이 된 친구 것은 2장씩 복사를 한다.<br>3. 꾸준히 작업할 수 있도록 유도한다. |
| _아동 | 1. 도화지에 스케치를 한 뒤에 넓은 면부터 적당한 천을 찾아 붙인다.<br>2. 점차 작은 부위를 콜라주로 표현한다.<br>3. 완성이 된 작품은 복사기로 2장씩 복사한다.<br>4. 복사한 작품에 색연필 등으로 채색한다. |
| _유의사항 | 1. 글루건 작업 시 손을 데이지 않도록 주의를 준다.<br>2. 작업의 양이 많으므로 신속히 수업을 진행해야 하며, 아이들이 꾸준히 집중할 수 있도록 격려한다. |
| • 작품 보고 이야기하기 | 1. 판화에 대해 잘 인지하였는가<br>2. 적당한 재료를 접목시켰는가<br>3. 작업의 완성도는 높은가 |
| • 발전 학습 | 1. 물감을 묻혀 찍어내기를 한다.<br>2. 종이만을 이용하여 종이 판화를 한 뒤 복사해 본다. |

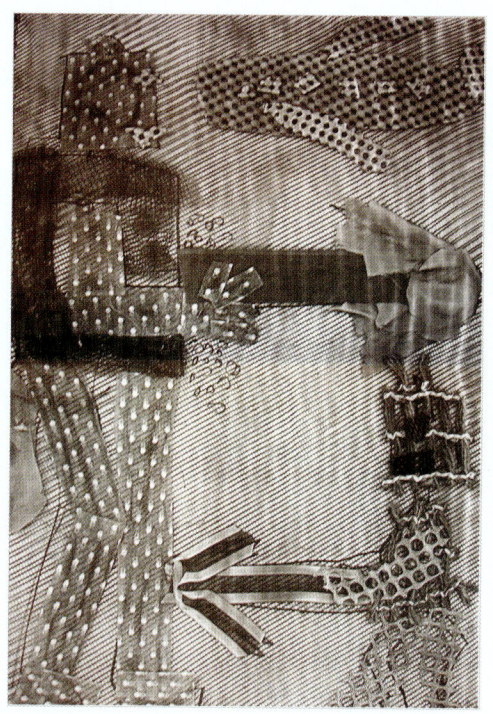
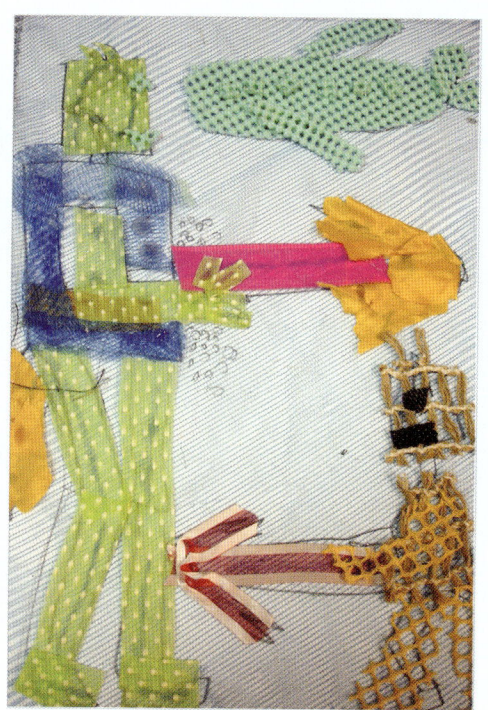

▲ **로봇 공격** 초1 남

▼ **봄 나들이** 초1 여

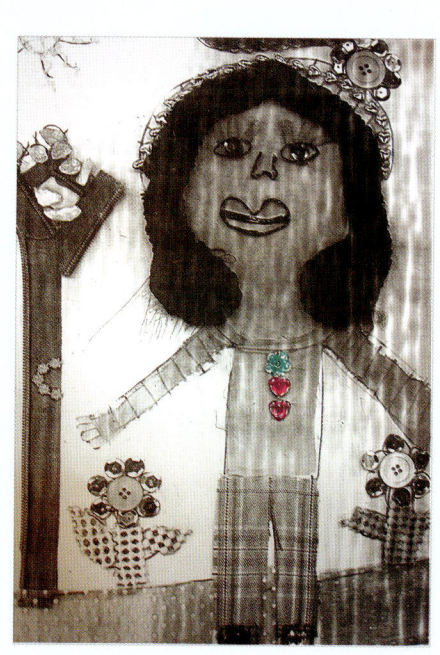
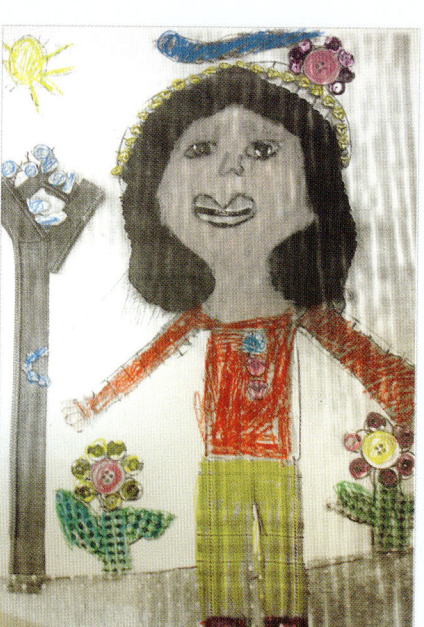
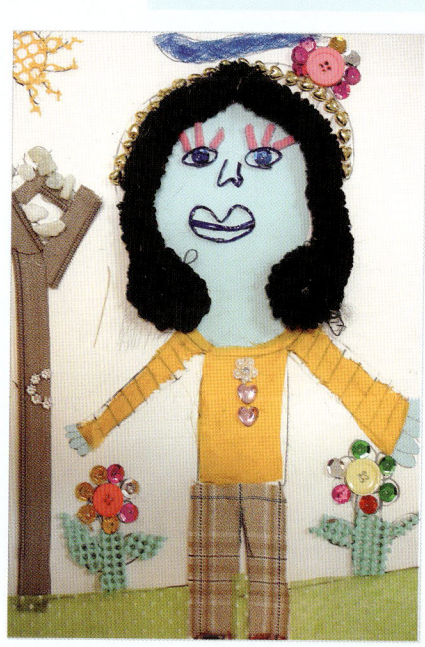

# 11. 의상 디자인

| | |
|---|---|
| • 주제 | 의상 디자인 |
| • 학습 목표 | 디자인을 통해 옷을 만들어 본다. |
| • 준비물 | 우드락, 여러 가지 색의 부직포, 단추, 마카나 크레파스, 보슬이와 깔깔이, 열선, 찍찍이 |
| • 동기 유발 _교사 | 디자이너들의 의상이나 스케치 의상 제작과정을 보여준다. |
| _아동 | 본인이 입고 싶은 옷에 대해 말해 본다. |
| _학습 시간 | 15분 |
| • 작업 과정 _교사 | 1. 인물을 정하지 못하는 학생이 있다면 유니폼들을 디자인 할 수 있도록 유도한다.<br>2. 부직포 외에 다른 재료를 이용해서도 옷을 만들어 볼 수 있도록 유도한다. |
| _아동 | 1. 어떤 인물의 어떤 의상을 디자인할지 생각해보고 아이디어스케치 한다.<br>2. 하드보드지나 우드락에 그린 뒤 색칠한다.<br>3. 필름지를 대고 의상을 그려준 뒤 가위로 오려준다.<br>4. 부직포나 천에 대고 그려준 뒤 자른다.<br>5. 찍찍이를 이용해 탈부착이 가능하도록 만들어준다.<br>6. 다른 재료를 이용해서 꾸며주기도 한다. |
| _작업 시간 | 75분 |
| • 작품 보고 이야기하기 | 가상인물의 특징에 맞게 옷을 디자인해주었는가 |
| • 발전 학습 | 나에게 어울리는, 입고 싶은 옷을 만든다. |

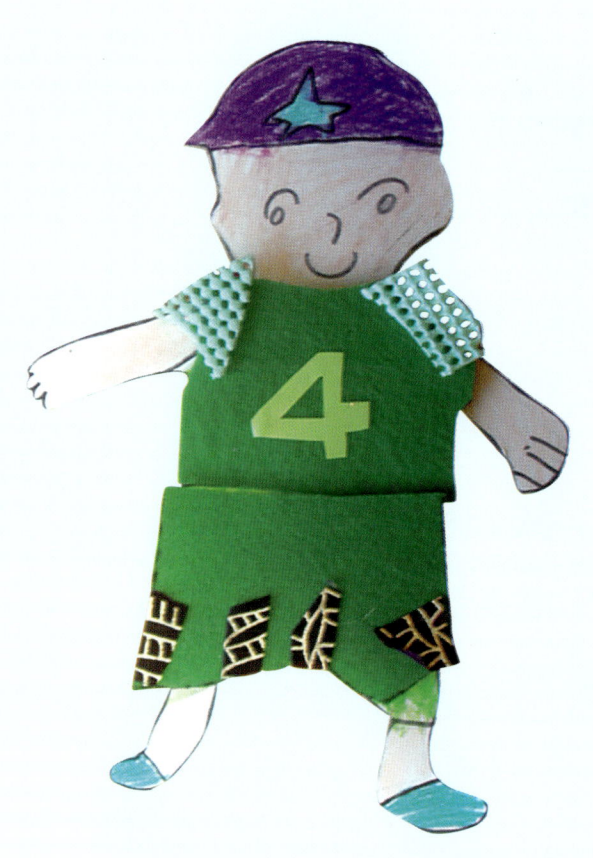

▲ **의상 디자인** 초1 남

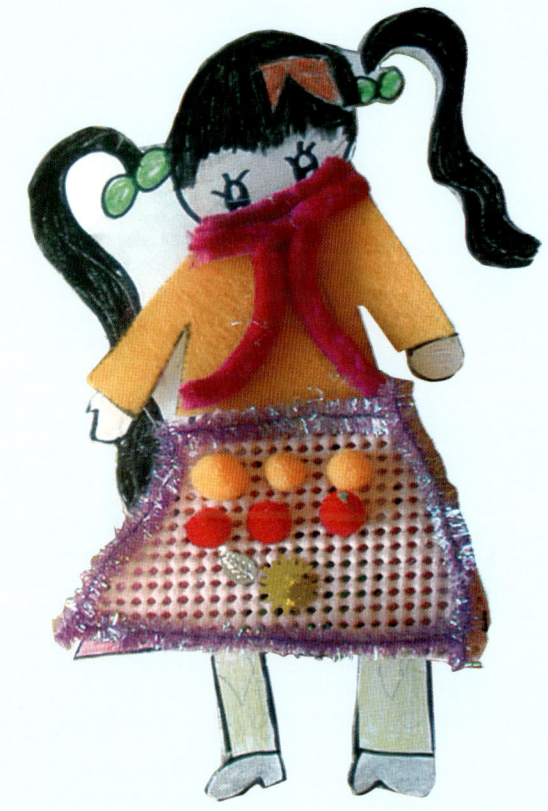

▲ **의상 디자인** 초1 여

# 12. 풍경 입체 표현

| | |
|---|---|
| • 주제 | 풍경 입체 표현 |
| • 학습 목표 | 영화의 배경이 될 스튜디오를 만들어 보면서 중첩과 원근에 대해 배운다. |
| • 준비물 | 우드락, 도화지, 가위, 풀, 매직, 크레파스, 물감, 세제 |
| • 동기 유발<br>_아동 | 좋아하는 영화나 드라마에 대해 이야기한다. |
| _학습 시간 | 15분 |
| • 작업 과정<br>_교사 | 1. 무대를 만든 후 보이는 것과 가려져 보이지 않는 것에 대해 이야기한다.<br>2. 입체물을 세울 수 있는 방법에 대해 알려준다.<br>3. 아이들이 그리고 있는 동안 세제와 물감으로 간단한 배경을 칠한다. |
| _아동 | 1. 영화나 드라마의 배경을 이야기한다(계절, 장소 등).<br>2. 우드락에 바닥을 그리게 한다.<br>3. 도화지에 물체들(산, 건물, 나무 등)을 그려 세워준다.<br>4. 주인공을 그려 세워준다.<br>5. 주인공의 시점이 되어 보이는 것과 보이지 않는 것을 이야기한다. |
| _작업 시간 | 75분 |
| _유의사항 | 가능한 한 많이 그리도록 돕는다. |
| • 작품 보고 이야기하기 | 중첩에 대해 잘 이해하였는가 |
| • 발전 학습 | 중첩뿐 아니라 원근에 대해서도 이해 할 수 있다. |

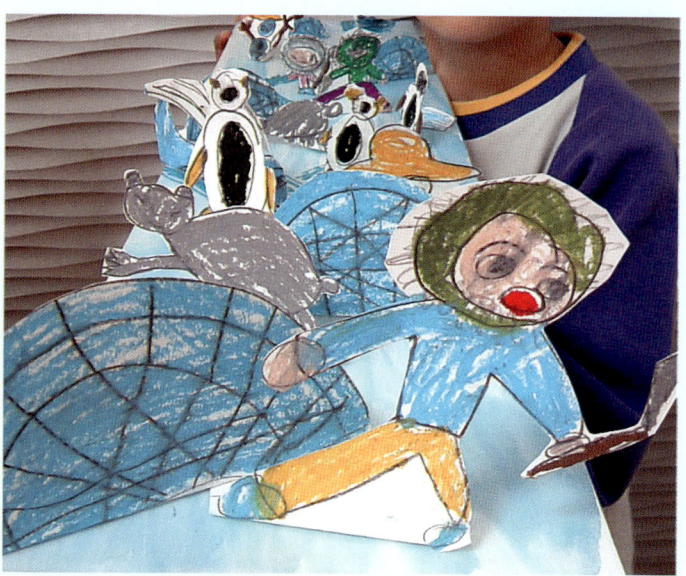

▼ **북극** 초1 남

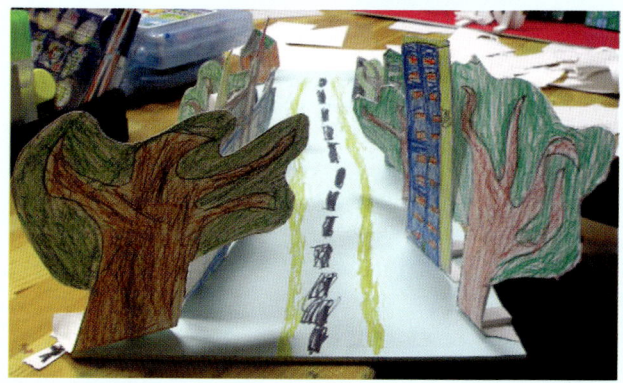

▲ **거리 풍경** 초2 여

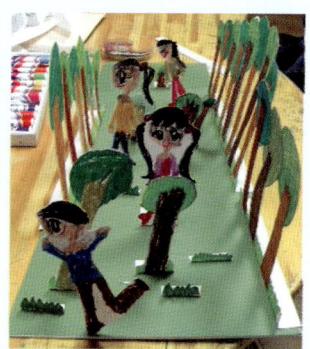

▲ **숲 속** 초1 여

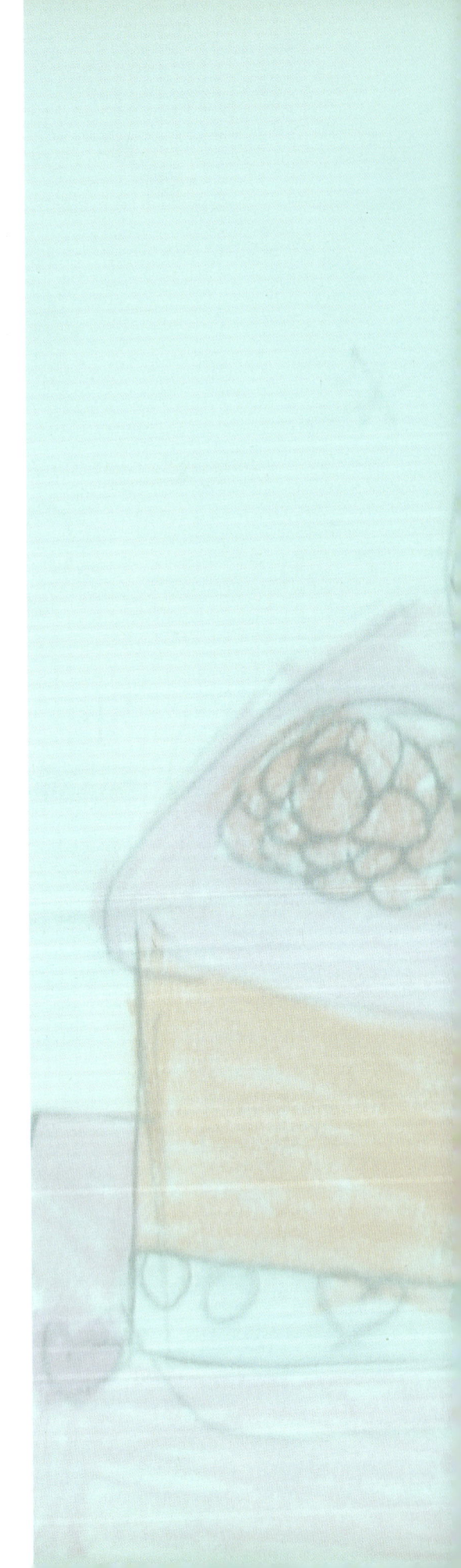

초등학교
저학년

# 3. 자유창작

## 내맘대로 만들어요.

재활용 물품들과 여러 가지 매체의 미술재료를 자유롭게 경험하게 하여 입체와 평면을 넘나드는 융통성을 기를 수 있으며 아동의 미술적 재능을 파악할 수 있는 프로그램입니다.

아이들 스스로 주제를 정하고, 구상하고, 모든 작업을 스스로 하도록 하는 과정에서 결과물에 대한 만족감과 성취감을 기를 수 있도록 합니다.

* 아동들이 선택한 재료로 작품을 만드는 과정에서 나타나는 상징들을 통해 아이들의 심리를 읽어낼 수 있는 프로그램입니다.

# 1. 바닷속 풍경

▶ **탐색매체** 계란판, 모루, 배포장지, 음료수병 뚜껑, 스팽글

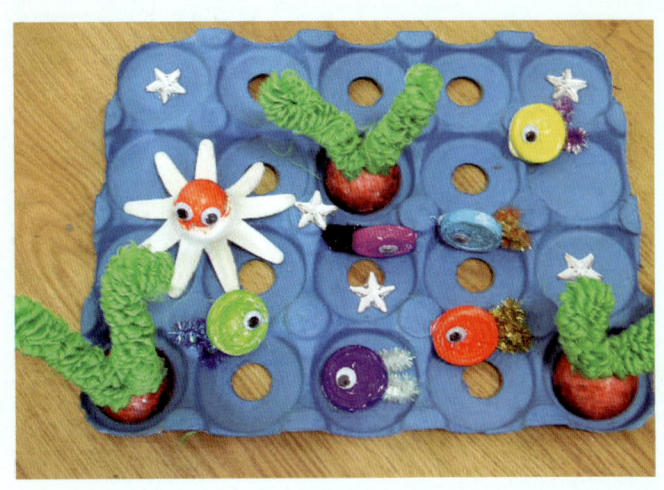

◀ 세민이가 표현한 바닷속이 참 시원해 보이네요.

✱ 세민이의 바다와 파랑은 무엇을 의미할까요?

# 2. 반짝이는 로켓

▶ **탐색매체** 재활용품 병들, 은색 락카, 글루건

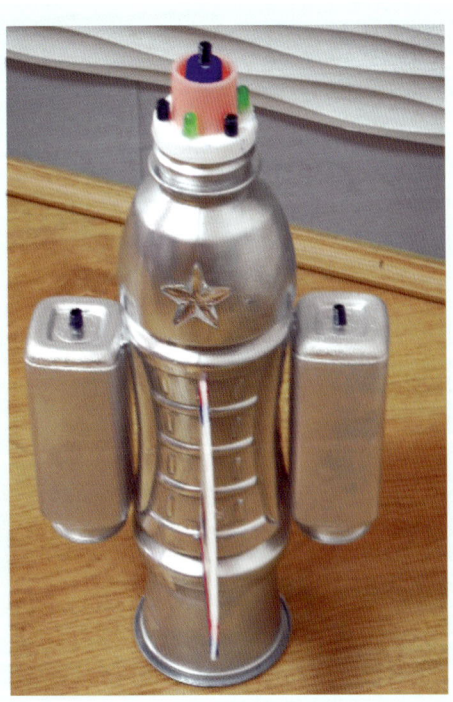

◀ 희웅이의 로켓이 은색빛을 휘날리면 쑝~
하늘로 날아오를 것 같네요.

✱ 희웅이는 외부로 솟는 로켓이 왜 좋을까요?

## 3. 여름 달력

▶ **탐색매체** 음료수병 뚜껑, 글루건, 모루, 상자, 색도화지, 가위, 마카로니

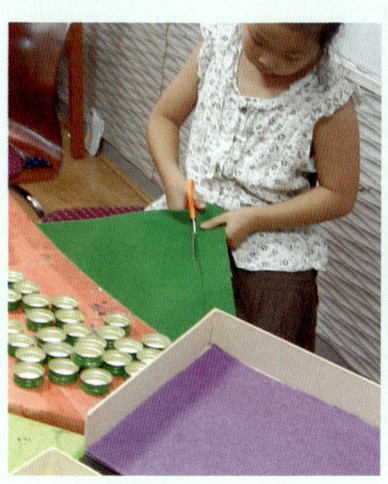

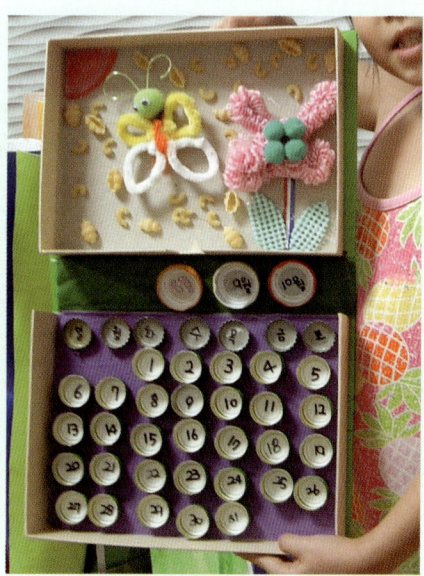

▶ 채영이는 여름에 볼 수 있는 달력을 만들었네요. 음료수병 뚜껑을 뒤집어서 날짜를 적었어요. 상자 윗부분의 나비와 꽃이 잘 어울려요.

✱ 채영이는 날짜를 일렬로 놓는 것이 좋은가 봐요.

## 4. 철사 다람쥐

▶ **탐색매체** 굵은 철사, 니퍼, 리본, 반짝이 모루, 못, 나무판

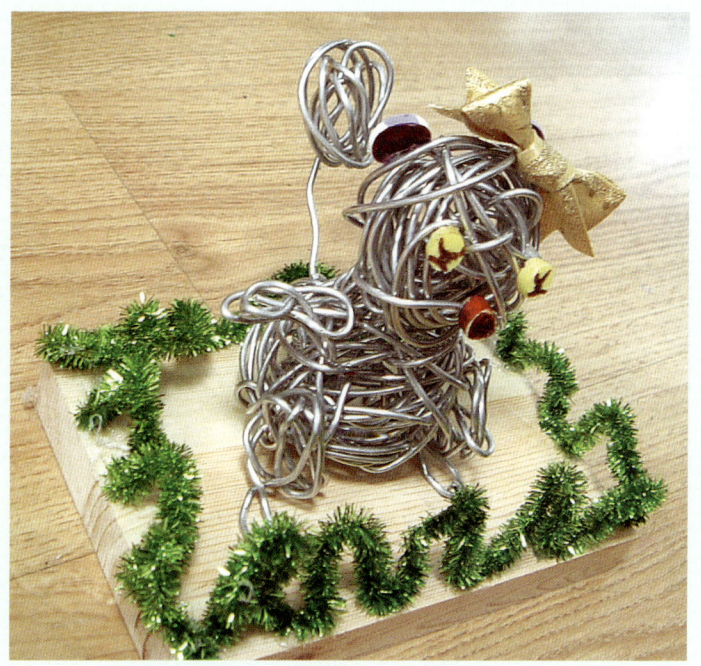

▶ 민정이가 만든 철사 다람쥐가 반짝이 리본을 머리에 매고 있네요.

## 5. 목이 긴 기린

▶ **탐색매체** 다양한 크기의 페트병, 팥, 아크릴물감, 색골판지, 인공풀, 글루건

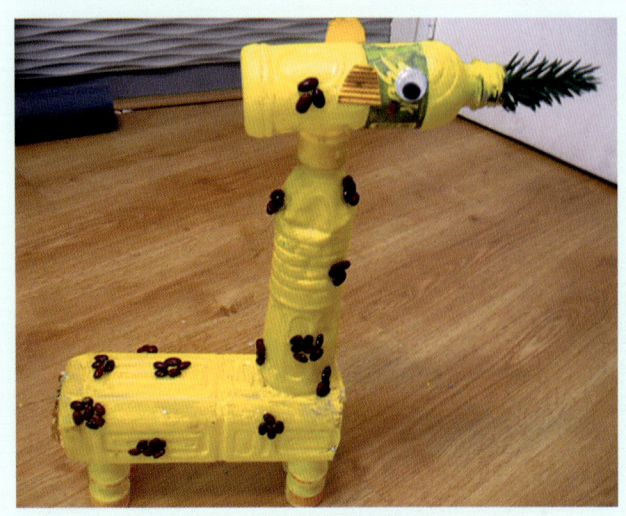

◀ 설빈이가 페트병으로 풀을 먹고 있는 기린을 만들었어요.

## 6. 초식공룡

▶ **탐색매체** 백업, 요구르트병, 재활용품류, 모루, 캔

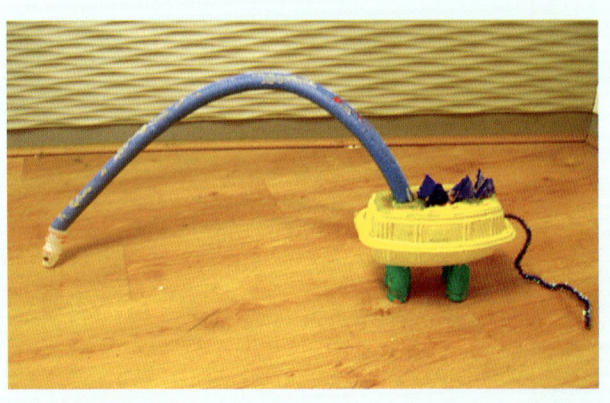

◀ 풀을 먹고 사는 목이 긴 초식공룡의 탄생!

✳ 두형이의 공룡은 남성의 에너지일까요?

# 7. 사자와 토끼

▶ **탐색매체** 플라스틱공, 털실, 색전선, 유성매직, 빨래집게, 나사못, 단추, 호스

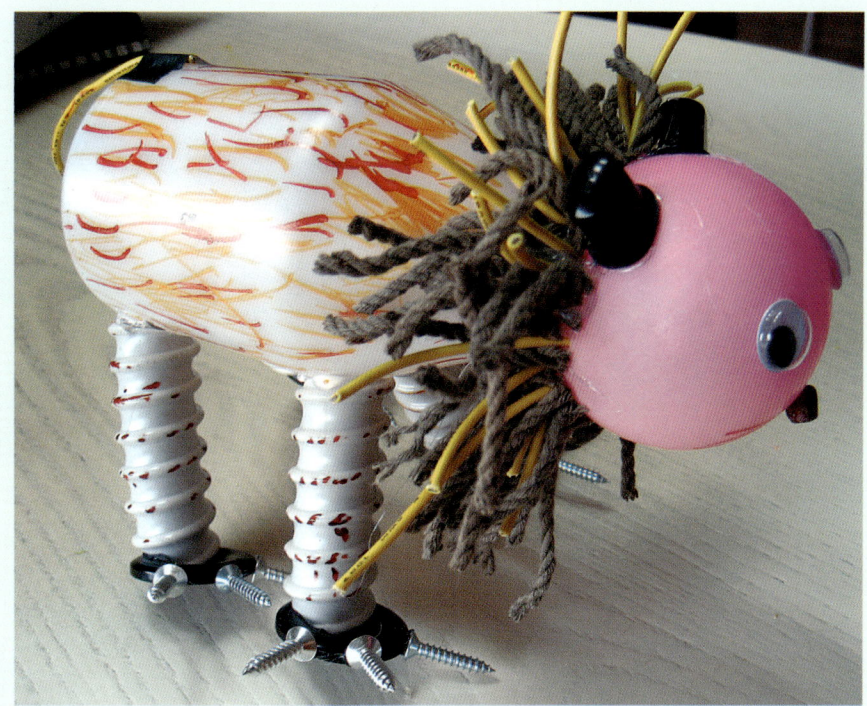

▶ 준희는 사자와 토끼를 만들었어요.
준희가 만든 사자의 발톱이
무서운 사자의 특징을 살려주네요.

* 힘이 센 사자와 약한 토끼의 마음은
어떨까요?

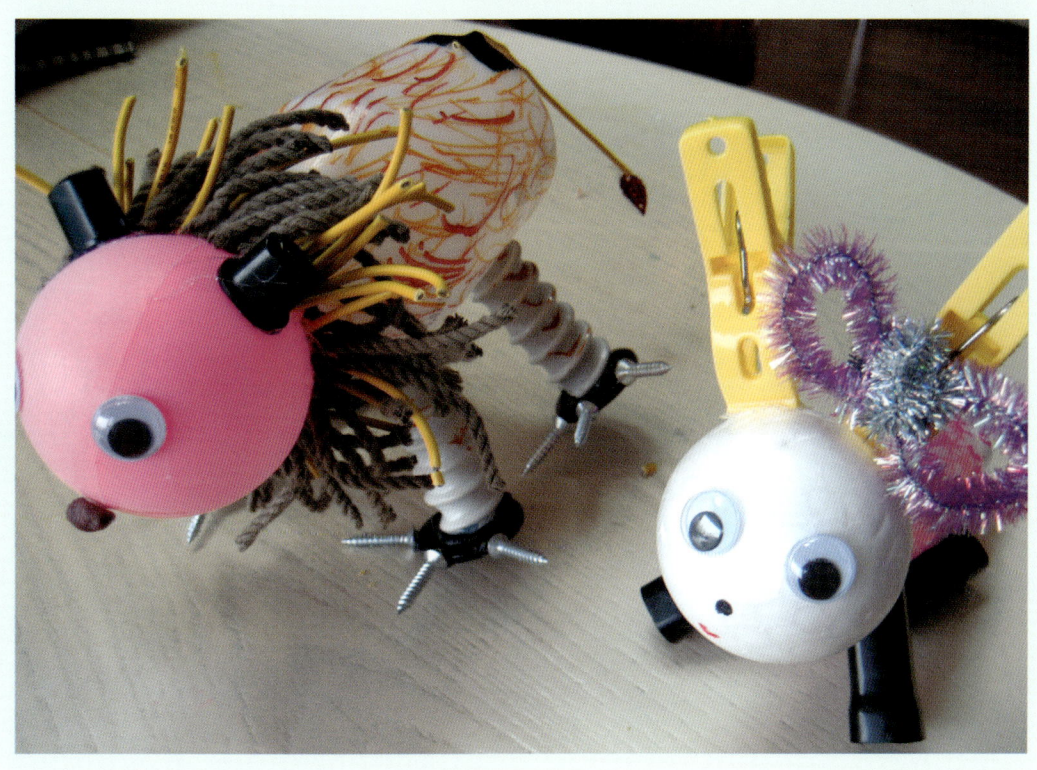

## 8. 가방

▶ **탐색매체** 지퍼, 우드락, 모루, 천류, 색도화지

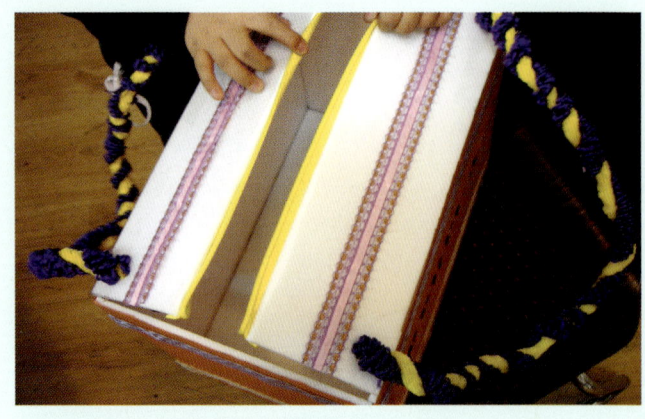
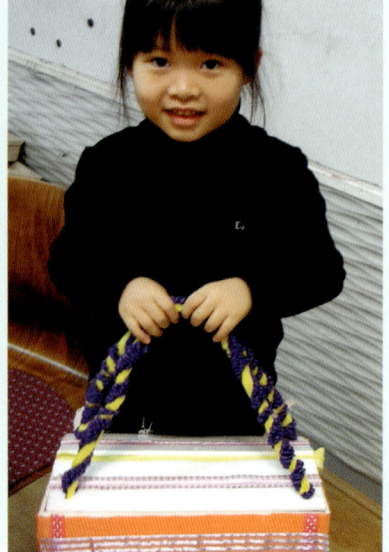
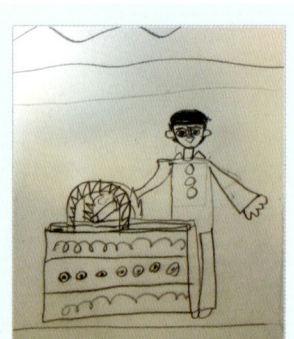

▲ 은경이가 만든 가방은 크고 아주 튼튼해 보이네요.

✱ 은경이는 가방에 무엇을 담고 싶을까요?

## 9. 꿀꿀 돼지가족

▶ **탐색매체** 실내화, 모루볼, 우드락, 단추, 종이컵, 스티로폼 볼, 백업

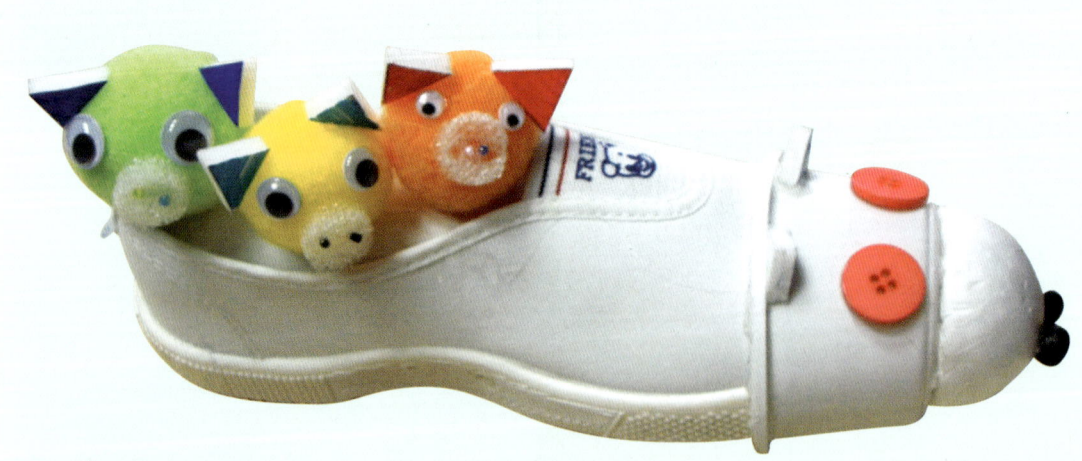

▲ 해림이가 다정한 돼지가족을 만들었어요.
엄마돼지 품속에 아기돼지들이 꿀꿀하며 같이 모여 있네요.

OPEN studio

# 10. 햄버거 세트

▶ **탐색매체** 냄비받침, 플라스틱류, 종이컵, 수수깡, 상자뚜껑, 계란판

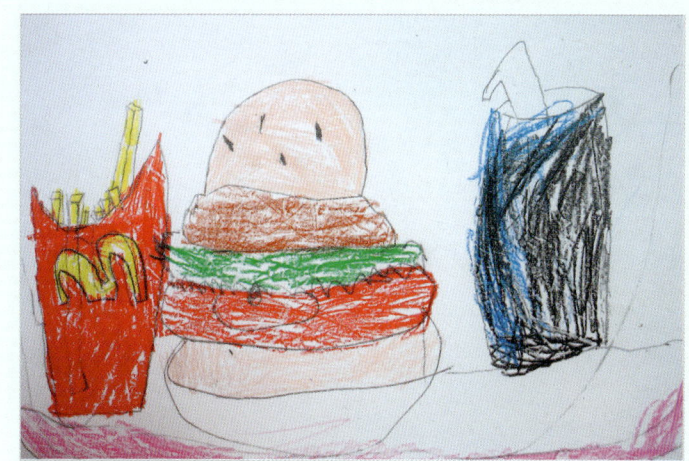

▼ 재희가 햄버거세트를 만들었네요.
햄버거가 진짜 먹음직스럽게 생겼어요.

＊ 재희는 먹을 것에 관심이 많아요.

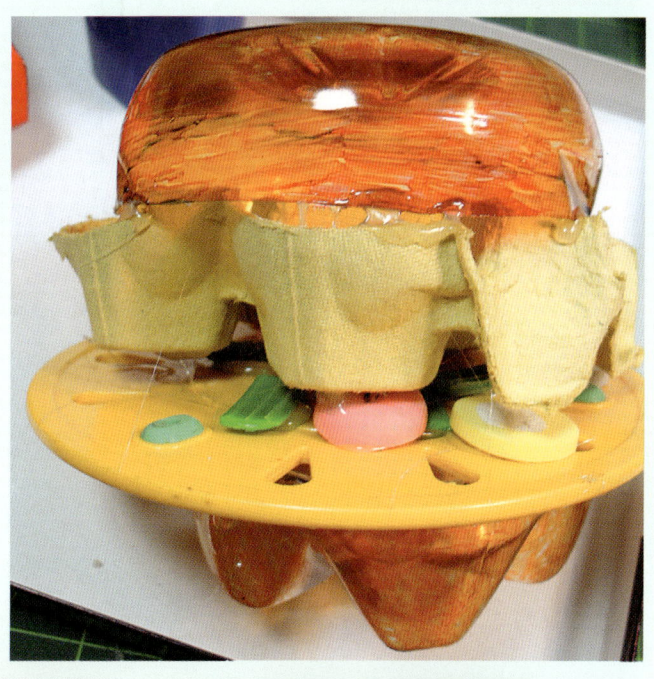

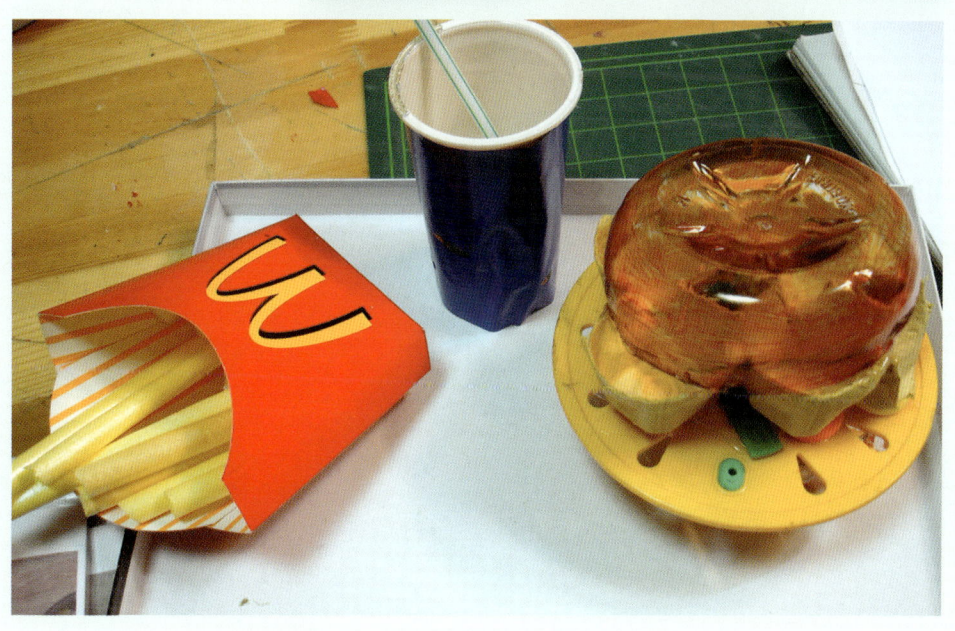

## 11. 바위와 꽃게

▶ **탐색매체** 플라스틱 통, 빨대, 철사, 표주박, 돌, 테이프

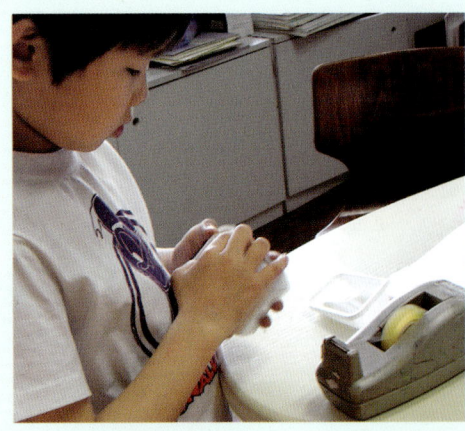

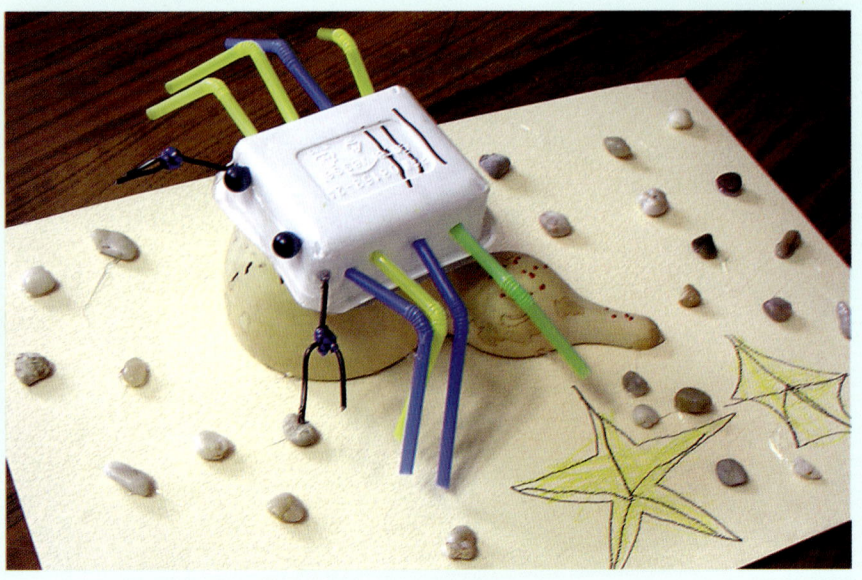

▲ 창근이가 만든 꽃게가 바위 위에 진짜 올라가 있는 것 같아요.

## 12. 빨래하는 로봇

▶ **탐색매체** 플라스틱류, 고무호스, 철사, 종이상자

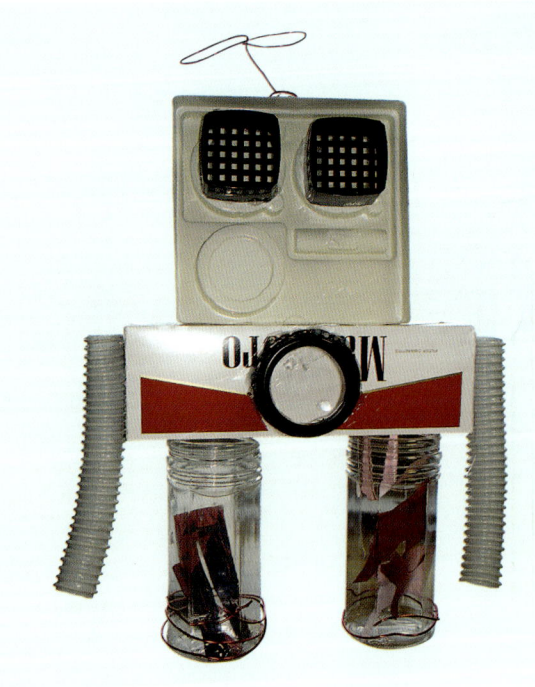

◀ 태윤이가 만든 빨래하는 로봇!
다리 부분에 있는 투명한 곳 안에 빨래가 돌아가고 있어요.

✳ 태윤이 나이의 남자아이들은 다 로봇을 좋아하지요.

# 13. 사계

▶ **탐색매체** 구두, 아크릴물감

지혜가 봄, 여름, 가을, 겨울 사계절을 신발에 그림으로 표현했어요.
사계가 담긴 멋스런 신발의 탄생!

✱ 지혜는 이 신발을 신고 어디로 가고 싶을까요?

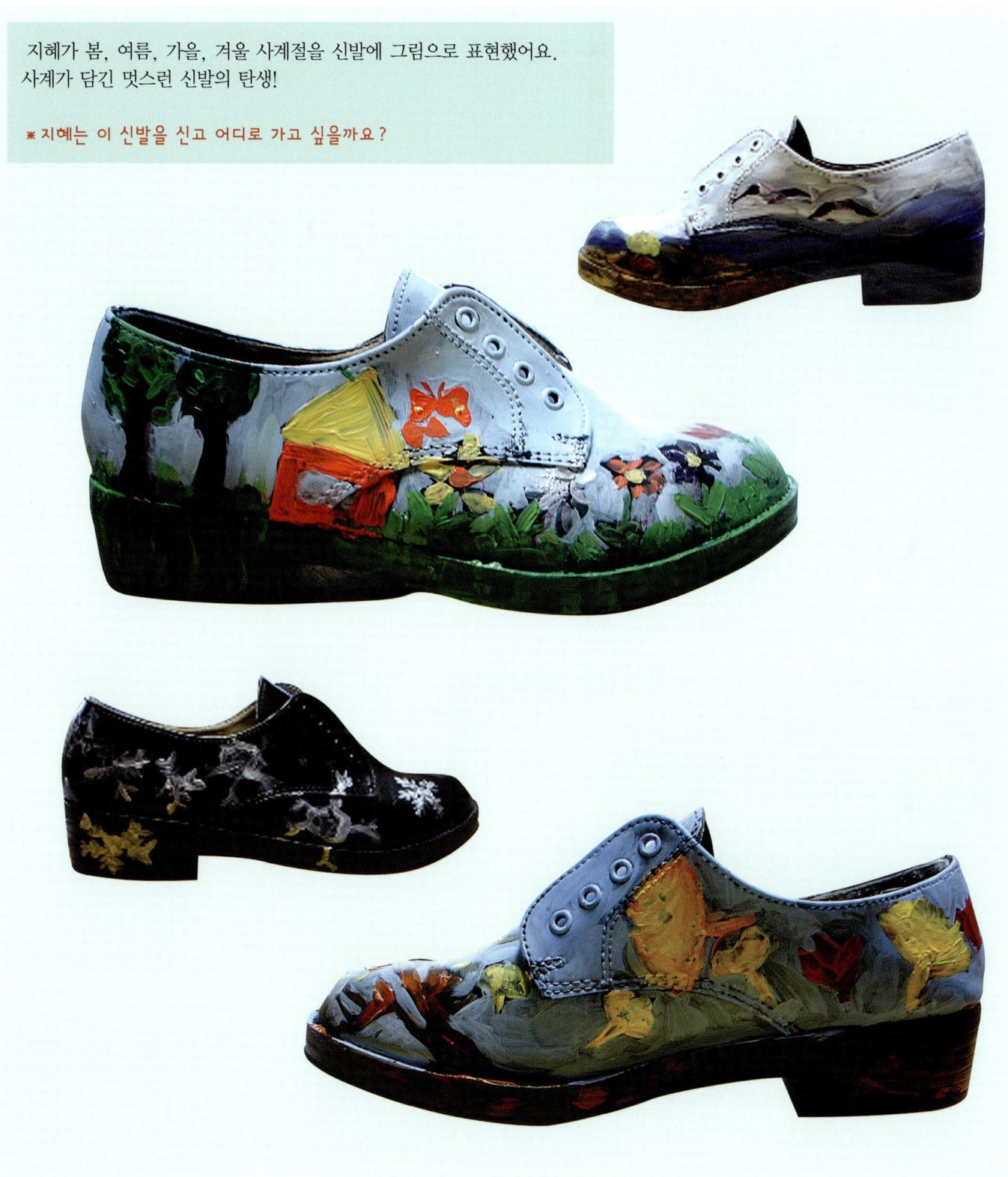

## 14. **가면**

▶ **탐색매체** 석고붕대, 물감

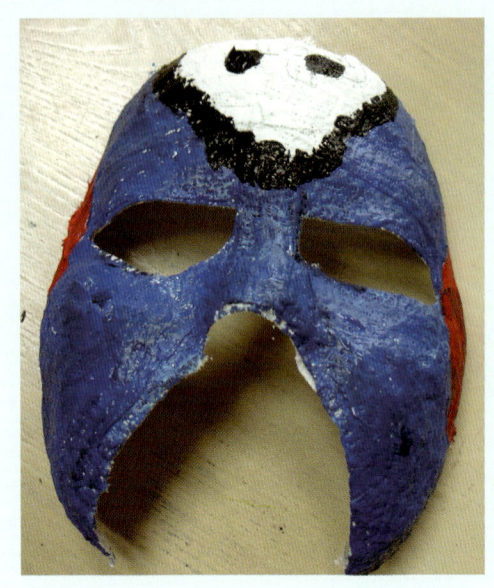

◀ 승범이가 푸른색의 가면을 만들었어요.
이 가면을 쓰면 승범이가 마치 영화 속 주인공처럼 보일 것 같은데요~

✱ 승범이는 가면을 쓰면 자기 얼굴이 안 보여서 좋을 거예요.

## 15. **카메라**

▶ **탐색매체** 종이상자, 전화 수화기, 플라스틱류, 기기판, 아크릴물감

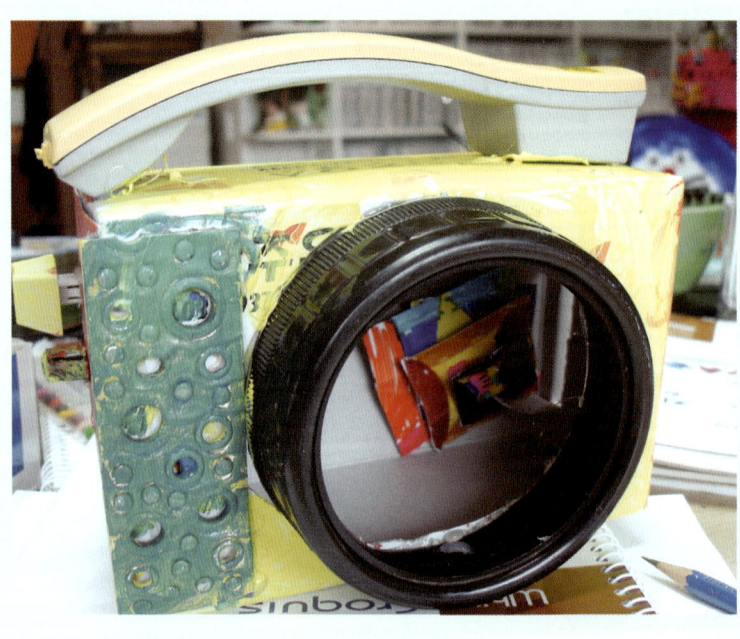

◀ 해림이가 렌즈가 큰 카메라를 만들었네요.
카메라로 한 컷! 찰칵!

✱ 해림이는 카메라 속에는 무엇을 담고 싶을까요?

# 16. 아빠 생일 케이크

▶ **탐색매체** 천사점토, 유성매직, 나무막대, 나무판

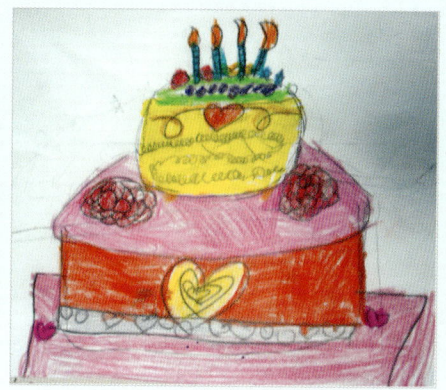

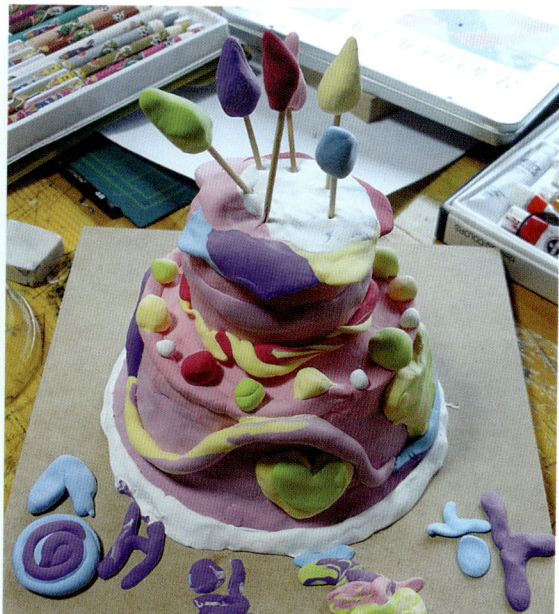

▶ 재희가 아빠 생일을 축하하는
  맛있는 케이크를 만들었어요.

※ 재희는 아빠를 참 좋아해요.

# 17. 바닷속 연필꽂이

▶ **탐색매체** 플라스틱류, 모루, 나무판, 유성매직, OHP필름지

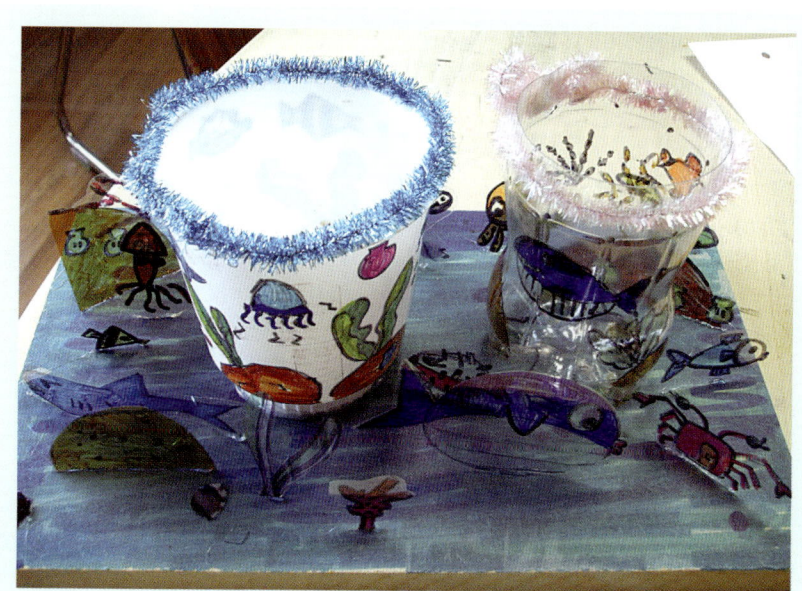

▶ 연주가 바닷속 연필꽂이를 만들었네요.
  여기에 연필을 꽂으면 연필도
  시원해질 것 같아요.

※ 연주와 친구들은 바다를 참 좋아해요.

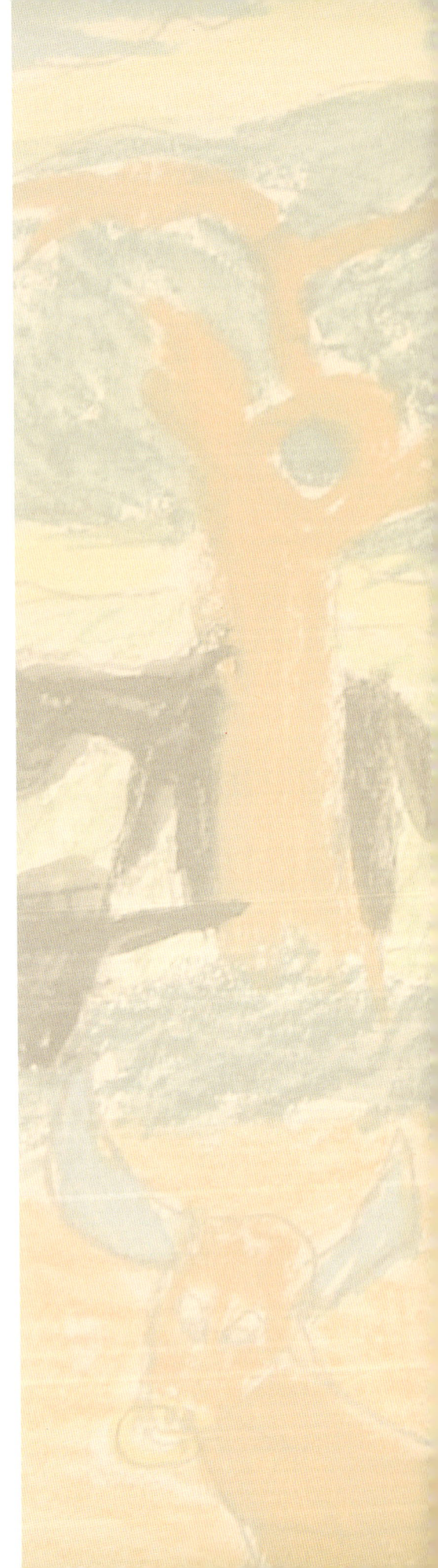

초등학교
저학년

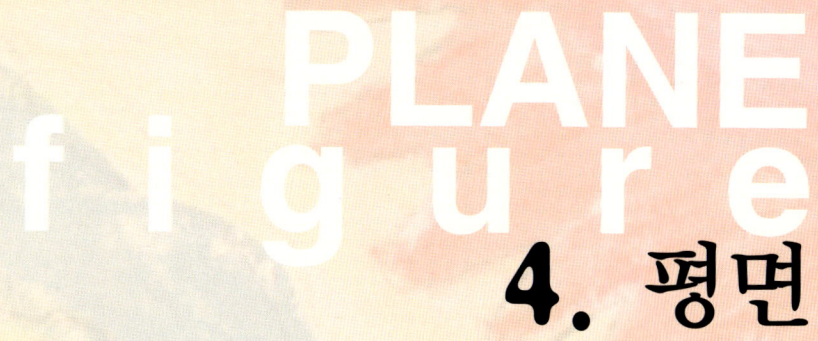

# PLANE
# figure

# 4. 평면

매체에 대한 기초 이해를 통해 표현하고자 하는 주제를 가지고 교사와 커뮤니케이션하면서 작품을 만드는 평면작업입니다.

# 1. 뭉크 패러디

| | |
|---|---|
| • 주제 | 뭉크 패러디 |
| • 학습 목표 | 원근에 대해 이해한다. |
| • 준비물 | 뭉크 그림, 도화지, 연필, 지우개, 아크릴물감 |
| • 동기유발 _아동 | 앞의 물체와 뒤의 물체에 대해 이야기한다. |
| _학습 시간 | 15분 |
| • 작업 과정 _교사 | 앞뒤의 크기차이(원근)에 대해 이해할 수 있도록 설명한다. |
| _아동 | 1. OHP필름을 가지고 원경, 중경, 근경을 그려 겹쳐본다.<br>2. 뭉크의 작품을 보며 이야기한다.<br>3. 뭉크 작품의 부분을 가지고 원하는 위치에 붙인다.<br>4. 원근에 맞게 이어서 스케치한다.<br>5. 아크릴물감으로 완성도 있게 채색한다.<br>6. 정리하고 사진 찍는다. |
| _작업 시간 | 75분 |
| _유의사항 | 뭉크의 작품을 준비한다.<br>〈절규〉, 〈칼 요한 거리의 밤〉, 〈병실에서의 죽음〉 등 |
| • 작품 보고 이야기하기 | 원근에 대해 이해하였는가 |
| • 발전 학습 | 콜라주 없이 직접 그릴 수 있다. |

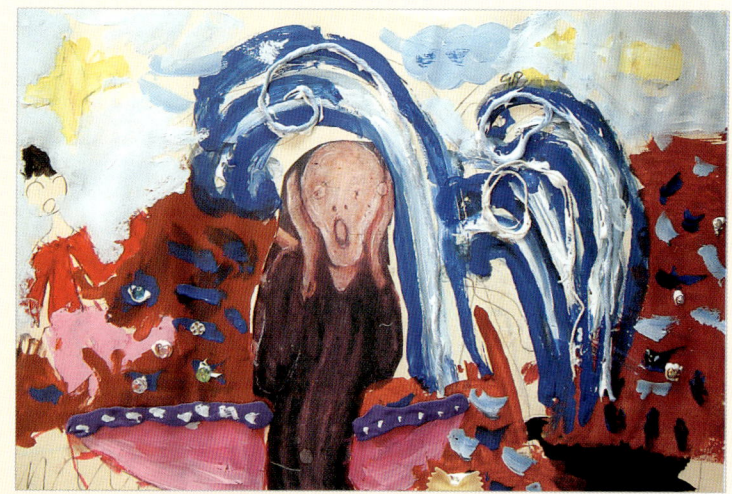

▶ 바다에서 파도에 놀라는 모습 초1 남

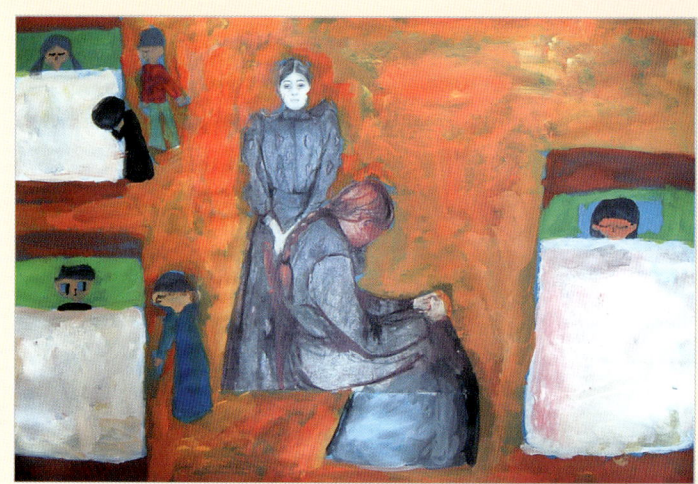

◀ 병원에서 기도하는 엄마 모습
초2 여

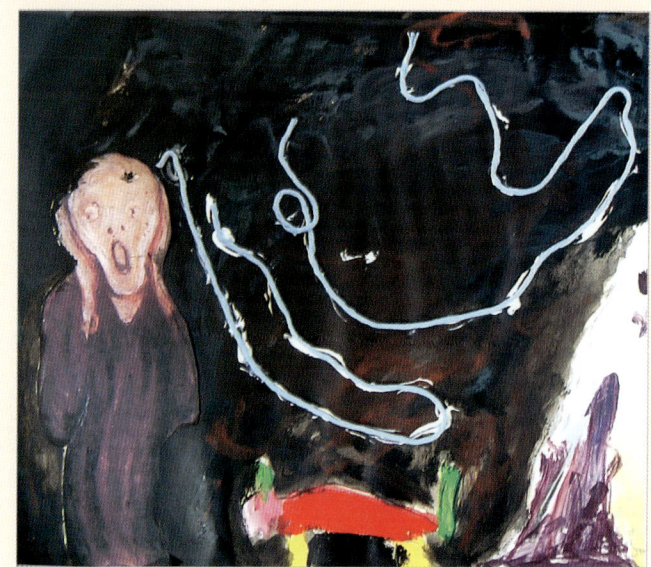

▶ 유령보고 놀라는 모습 초1 남

## 2. 1시간 후에 생긴 일

| | |
|---|---|
| • 주제 | 1시간 후에 생긴 일 |
| • 학습 목표 | 명화를 보고 1시간 후를 추측하여 스토리를 구성할 수 있다. |
| • 준비물 | 밀레의 작품, 스케치북, 크레파스, 사인펜, 오일 파스텔, 물감 |
| • 동기 유발 _교사 | 크로키하는 동안 밀레의 작품을 보여주고 어떤 그림인지 이야기한다. |
| _아동 | 크로키한다. |
| _학습 시간 | 30분 |
| _유의사항 | 크로키 사진 |
| • 작업 과정 _교사 | 1. 공통된 작품을 보고 어떤 생황에서 이런 그림이 나왔는지 서로 이야기해 본다.<br>2. 이 사건의 1시간 후 어떤 일이 생겼을지 돌아가면서 이야기한다. |
| _아동 | 1. 그림을 보고 어떤 일인지 이야기해 본다.<br>2. 1시간 뒤 어떤 일이 일어났을지 생각해서 이야기해 본다.<br>3. 배경과 인물의 옷을 같게 하고 인물의 동세를 변형시켜 스케치한다.<br>4. 여러 가지 채색도구를 이용해 색칠한다.<br>5. 스케치북 뒷면에 간단한 이야기를 적는다.<br>6. 정리한다. |
| _작업 시간 | 60분 |
| _유의사항 | 밀레의 작품 |
| • 작품 보고 이야기하기 | 자연스럽고 재미있게 스토리 구성이 되었는가 |
| • 발전 학습 | 그림을 보고 다른 계절로 바꿀 수 있다. |

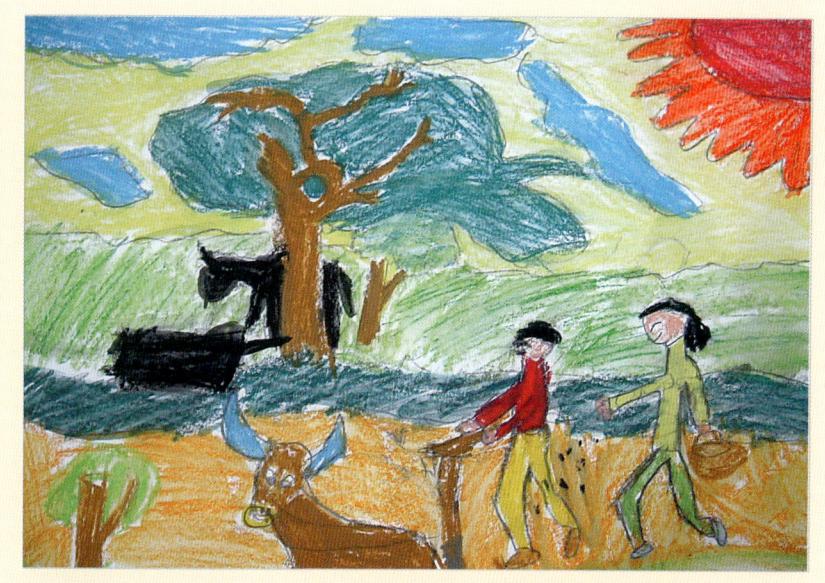

▲ 밀레 작품 한 시간 후 초1 남

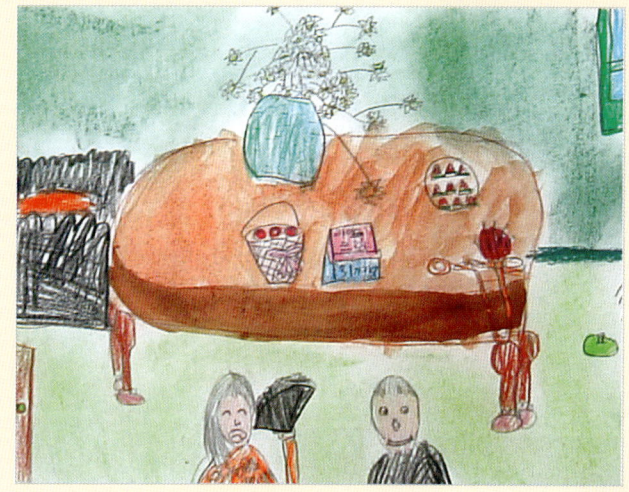

▲ 밀레 작품 한 시간 후 초1 여

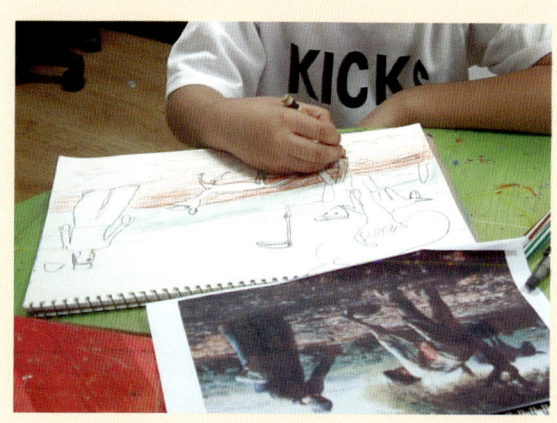

▶ 밀레 작품 한 시간 후 초3 남

# 3. 박수근 따라가기

- **주제**     박수근 따라가기

- **학습 목표**     화강암 같은 재질감을 표현 해 볼 수 있다.
  다양한 재료의 사용으로 창의력을 기를 수 있다.

- **준비물**     박수근의 그림 자료, MDF판, 젯소, 톱밥

- **동기 유발**
  **_교사**     크로키 하는 동안 박수근의 그림들을 보여 준다.

  **_아동**     돌처럼 울퉁불퉁한 화강암 같은 재질을 어떻게 표현할 수 있을지 이야기를
  나눈다.

  **_유의사항**     박수근의 그림 자료

- **작업 과정**
  **_교사**
  1. 박수근의 그림을 보여준 후 박수근에 대해 간단히 설명한다.
  2. 울퉁불퉁한 재질을 표현하려면 어떻게 해야 할지 이야기해 본다.

  **_아동**
  1. 접시에 톱밥과 젯소를 잘 섞어 MDF판에 평붓으로 칠한 뒤, 그늘에서
     하루 정도 잘 말린다(전 수업에 미리 해놓기).
  2. 박수근이 그린 나무나 사람을 보고 아이디어스케치를 한다.
  3. 연필이나 목탄으로 밑그림을 그린다.
  4. 오래 되어 닳은 느낌처럼 표현한다.
  5. 어두운 색의 크레파스나 목탄으로 외곽선이나 형태의 주변에 선을 그어서
     정리한다.

- **작품 보고 이야기하기**
  재료의 특성을 잘 이해하였는가

- **발전 학습**     톱밥과 젯소 외에 다른 재료로도 돌 같은 재질과 분위기를 표현해 볼 수 있다.

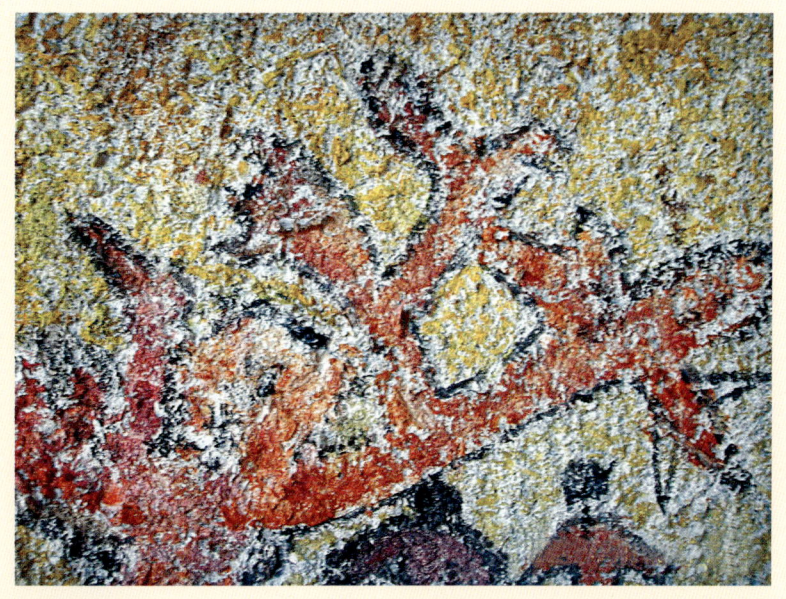

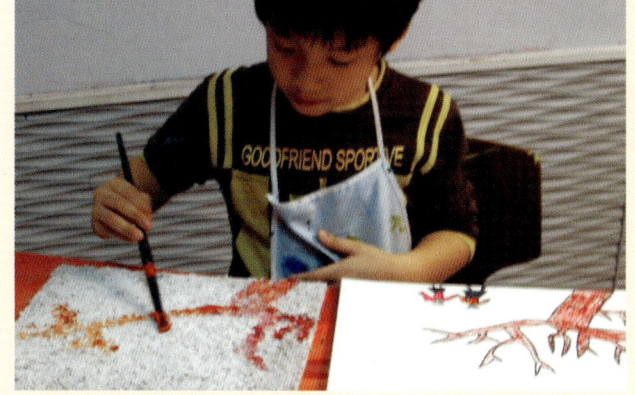

**▲▶ 나무와 두 여인** 초3 남

**▼ 책 읽는 소녀** 초2 여

▲ 작업 중인 모습, 초3 남

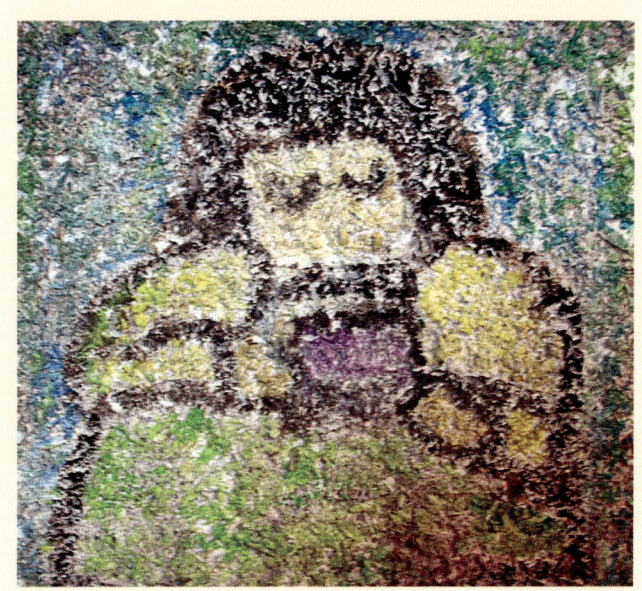

# 4. 민화 표현

| | |
|---|---|
| • 주제 | 민화 표현 |
| • 학습 목표 | 옛날 그림과 작가에 대해서 인지하고, 작품을 상상하여 표현할 수 있다. |
| • 준비물 | 민화 그림, 다양한 그리기 도구, 라이트박스 |
| • 동기 유발 _교사 | 1. 옛날 그림을 보여주고, 아이들이 그 내용을 생각해보고 이야기로 표현할 수 있도록 유도한다.<br>2. 민화에 대하여 이야기한다. |
| _아동 | 1. 옛날 그림을 보고 자기의 생각을 이야기로 표현한다.<br>2. 친구들의 이야기를 들어보고, 그에 따라 그림에 대한 다양한 이야기를 나눈다. |
| _학습 시간 | 10분 |
| _유의사항 | 김홍도의 풍속화 사진 준비 |
| • 작업 과정 _교사 | 1. 아이들이 표현을 자유롭게 할 수 있도록 유도한다.<br>2. 옛날 그림 민화에 대하여 알려주고 현대 그림과 상관관계를 찾도록 유도한다.<br>3. 옛날 그림들의 변화에 대하여 아동의 그림에서 찾아보면서 친구들과 이야기한다. |
| _아동 | 1. 옛날 그림을 보고 어떻게 그릴 것인지에 대하여 생각해 본다.<br>2. 민화 내용들이 어떻게 표현되었는지 관찰한다.<br>3. 옛날 민화를 라이트박스에 대고 그린다.<br>4. 그림을 완성 후 친구들끼리 이야기한다.<br>5. 부모님 앞에서 발표한다. |
| _작업 시간 | 80분 |
| _유의 사항 | 1. 민화 그림들의 표현이 들어 갈 수 있도록 유도한다.<br>2. 그림을 어려워하는 아동에게 쉽게 표현할 수 있도록 유도한다. |
| • 작품 보고 이야기하기 | 1. 공동 활동에 대하여 인지하는가<br>2. 그림을 자유롭게 표현하였는가 |
| • 발전 학습 | 스토리가 연결되는 방향에 따라 그림을 연결하여 표현할 수 있다. |

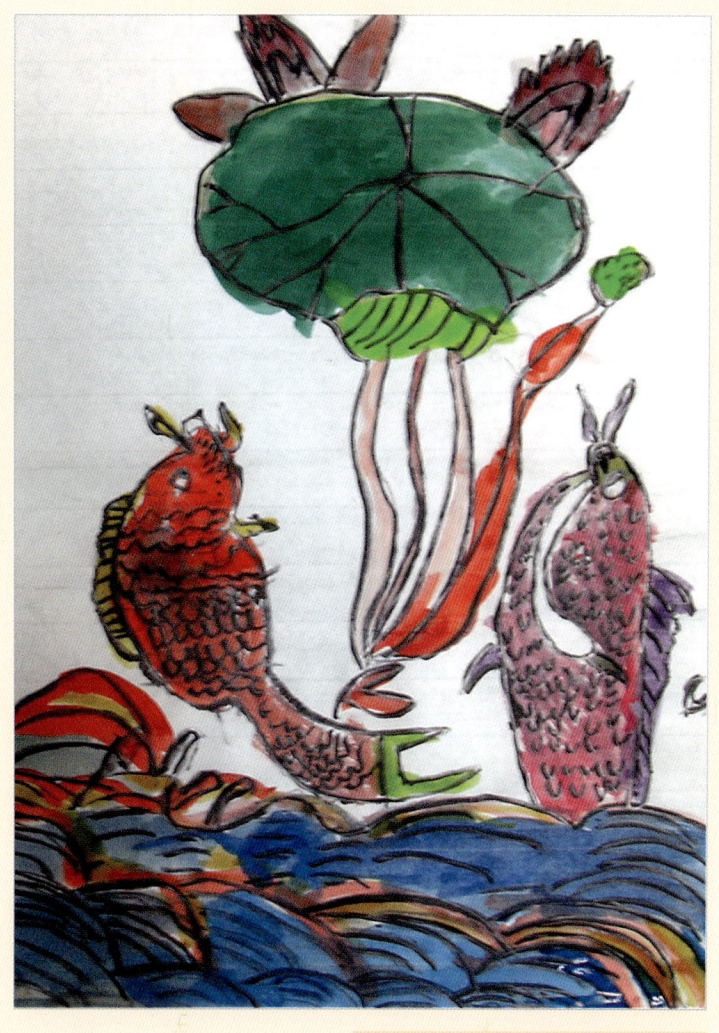

▲ **어해도** 초1 남

▼ 라이트박스에 대고
그리는 모습, 초1 여

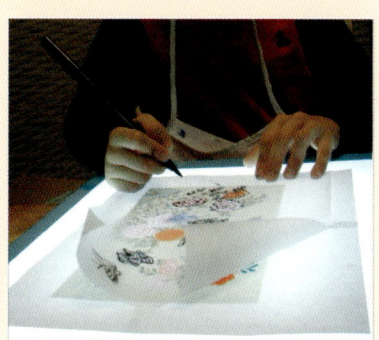

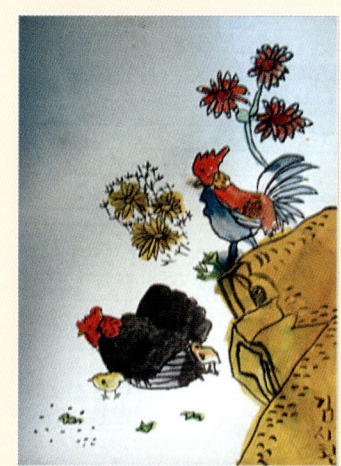

▲ **닭** 초2 남

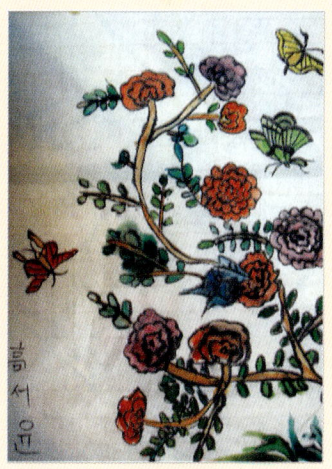

◀ **화조도** 초1 여

# 5. 포토릴레이

| | |
|---|---|
| • 주제 | 포토릴레이 |
| • 학습 목표 | 사진으로 연결되는 이미지를 표현하면서 화면 구성력과 이야기 전개력을 길러본다. |
| • 준비물 | 화지, 사진(인물이나, 풍경), 채색도구(오일 파스텔, 색연필, 유성매직) |
| • 동기 유발<br>_교사 | 스스로 준비한 사진에 대하여 이야기하면서 사진의 연결된 이미지가 자연스럽게 표현될 수 있도록 한다. |
| _아동 | 준비해 온 사진을 보면서 선생님과 사진 속 내용에 대하여 이야기한다. |
| _학습 시간 | 10분 |
| _유의사항 | 사진을 준비해 오지 못했을 경우 선생님이 준비해둔 사진에서 고른다. |
| • 작업 과정<br>_교사 | 1. 화면에서 사진을 붙일 위치를 이야기한다.<br>2. 사진과 전개되는 이미지가 자연스럽게 연결될 수 있게 자세한 설명을 한다. |
| _아동 | 1. 사진과 연결되는 부분의 그림이 자연스럽도록 표현한다.<br>2. 사진에 담겨 있지 않은 다른 부분의 화면을 연상하면서 표현한다.<br>3. 스케치가 완성되면 채색도구로 채색한다. |
| _작업 시간 | 70분 |
| • 작품 보고 이야기하기 | 1. 사진의 이미지와 화면에 표현한 이미지가 자연스럽게 연결되는가<br>2. 원근법에 대해서 잘 이해하였는가 |
| • 발전 학습 | 1. 사진과 다른 스토리로 연결되게 재구상 할 수 있다.<br>2. 그림이나 캐릭터를 붙여 이어그리기를 한다. |

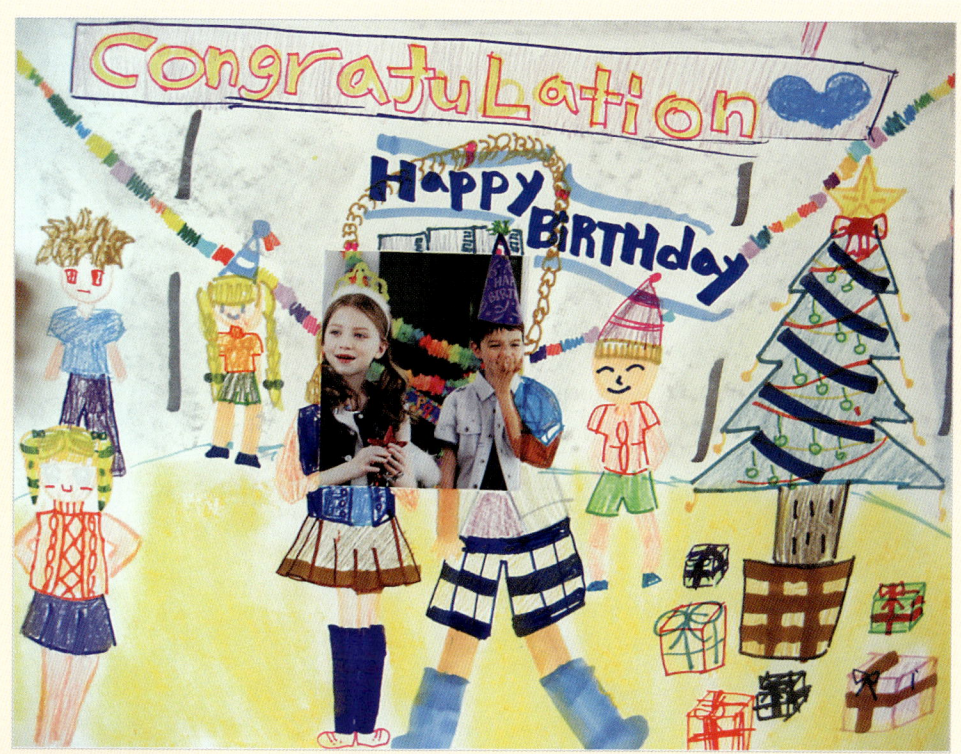

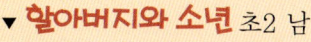
▲ 생일파티 초3 여

▼ 할아버지와 소년 초2 남

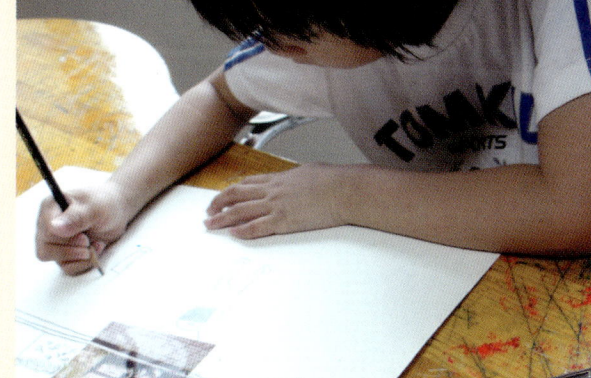

▲ 작업 중인 모습, 초1 남

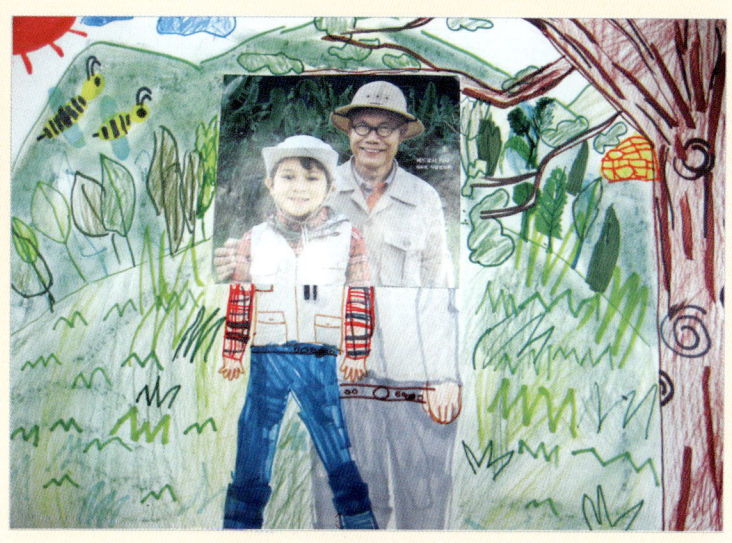

# 6. 흑백의 정물

| | |
|---|---|
| • 주제 | 흑백의 정물 |
| • 학습 목표 | 기본 도형, 정물의 연필 소묘와 다양한 색채 표현으로 소묘력과 표현력을 길러본다. |
| • 준비물 | 기본 도형, 화지, 연필, 마카, 유성매직, 섀도박스 |
| • 동기 유발 _교사 | 연필 소묘에 대한 설명을 충분히 해주고, 그림자에 대한 설명을 한다. |
| _아동 | 선생님의 설명을 자세히 경청한다. |
| _학습 시간 | 10분 |
| _유의사항 | 기본 도형과 간단한 정물을 배치해둔다. |
| • 작업 과정 _교사 | 1. 화지를 반으로 정확하게 구분한다.<br>2. 아이들이 어려워하는 부분은 정확하게 설명한다. |
| _아동 | 1. 종이의 반에는 연필로 정물 소묘를 한다.<br>2. 라이트박스에 대고 나머지 반에 라인만 그려준다.<br>3. 채색도구로 다양하게 색을 칠해주거나 무늬를 꾸며준다. |
| _작업 시간 | 70분 |
| _유의사항 | 연필 소묘 표현에 대하여 자세히 설명해주고, 세부적으로 관찰하면서 표현할 수 있도록 한다. |
| • 작품 보고 이야기하기 | 1. 연필을 이용한 소묘를 잘 하였는가<br>2. 명암에 대해서 잘 이해하였는가<br>3. 색을 적절히 잘 사용하였는가 |
| • 발전 학습 | 1. 면과 선으로 구분된 부분의 이해를 색과 라인으로 표현할 수 있다.<br>2. 한색, 난색으로 나누어서 채색할 수 있다.<br>3. 정물의 수를 늘여서 드로잉한다. |

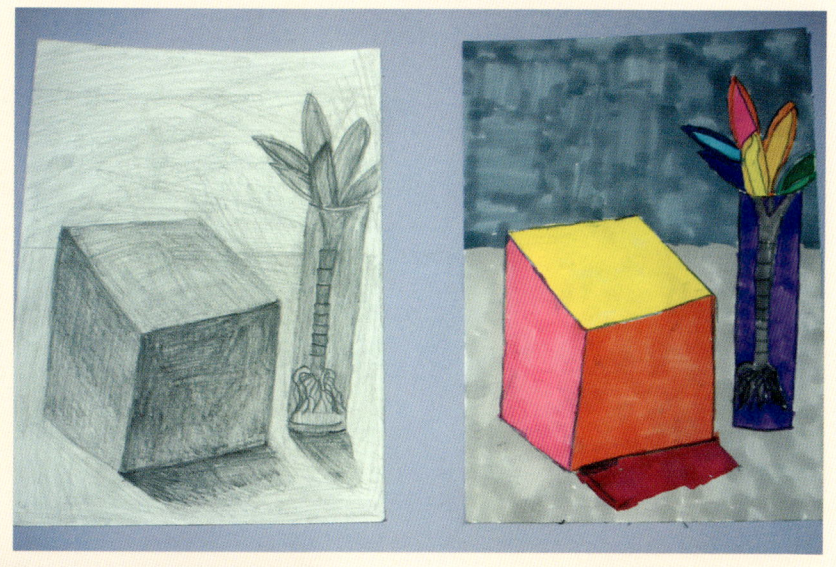

▲ 흑백 정물 초2 여

▲ 흑백 정물 초3 여

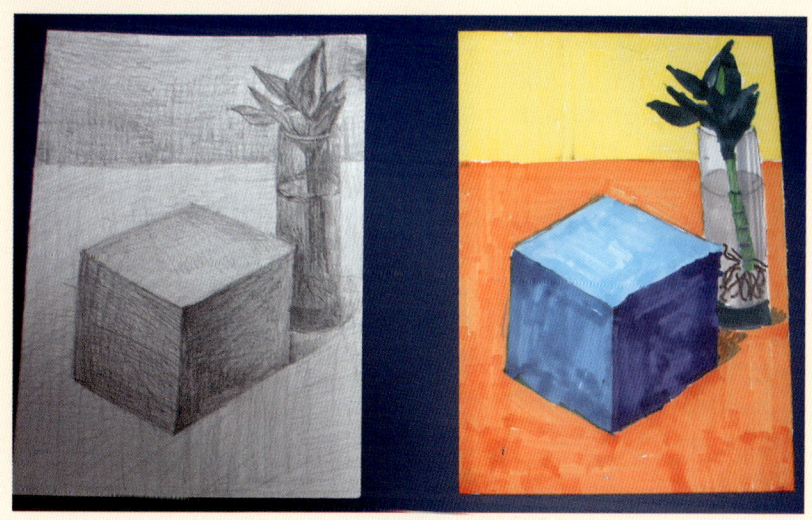

▶ 흑백 정물 초3 여

# 7. Paper shower

| | |
|---|---|
| • 주제 | Paper shower |
| • 학습 목표 | 먹물을 통한 재미있는 기법으로 명화를 표현할 수 있다. |
| • 준비물 | 여러 가지 명화, 도화지, 포스터물감, 수채도구, 먹물, 빽붓, 스프레이 |
| • 동기 유발<br>_교사 | 여러 가지 명화를 감상시키고 작업 과정에 대해 설명한다. |
| _아동 | 자신이 원하는 명화를 선택한다. |
| _학습 시간 | 10분 |
| _유의사항 | 아동의 수준에 맞는 명화를 선택하도록 유도한다. |
| • 작업 과정<br>_교사 | 1. 명화를 잘 모사 할 수 있도록 유도한다.<br>2. 포스터물감을 사용할 때에 유의점이나 조색 방법에 대해 잘 설명하여 준다.<br>3. 물감을 너무 얇게 바르지 않도록 주의한다.<br>4. 먹물을 바를 때에는 골고루 얇게 바를 수 있도록 한다.<br>5. 드라이기로 말린 뒤, 스프레이로 물을 뿌릴 때에 도화지가 찢어지지 않도록<br>　주의한다. |
| _아동 | 1. 선택한 명화를 모사한다.<br>2. 색지나 도화지를 이용하고 포스터물감으로 채색한다.<br>3. 색이 마른 후에, 먹물을 빽붓에 묻혀 그림 위에 모두 덮어 칠한다.<br>4. 드라이기로 말려준다.<br>5. 먹물이 마르면 스프레이를 이용해 화지 가까이에 대고 뿌려준다.<br>6. 그림이 다 나오면 드라이기로 다시 말린다.<br>7. 서로의 작품을 감상한다. |
| _작업 시간 | 80분 |
| _유의사항 | 1. 먹물이 옷에 묻지 않도록 주의한다.<br>2. 스프레이를 사용할 때에 도화지가 찢어지지 않도록 주의한다.<br>3. 스프레이 대신 샤워기를 사용하여도 좋다. |
| • 작품 보고 이야기하기 | 1. 명화를 잘 모사하였는가<br>2. 포스터물감을 잘 사용하였는가<br>3. 작업 과정을 잘 수행하였는가 |
| • 발전 학습 | 아동이 그리고 싶은 주제를 정하여 그림으로 작업할 수 있다. |

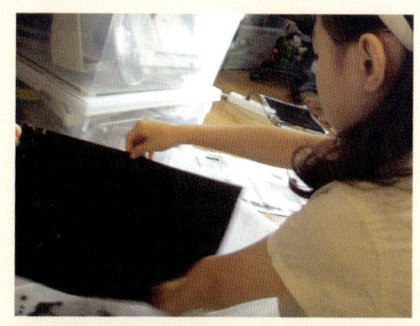

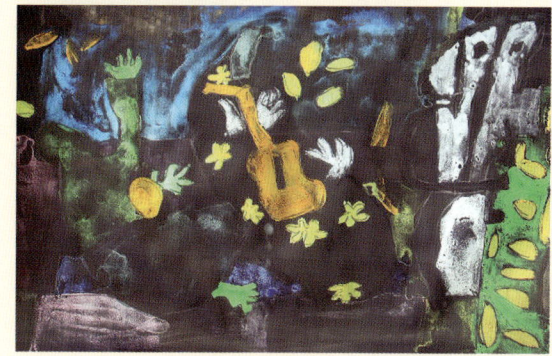

▲ **마티스** 초3 여

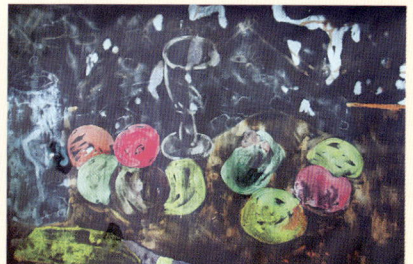

▲ **피카소** 초3 여

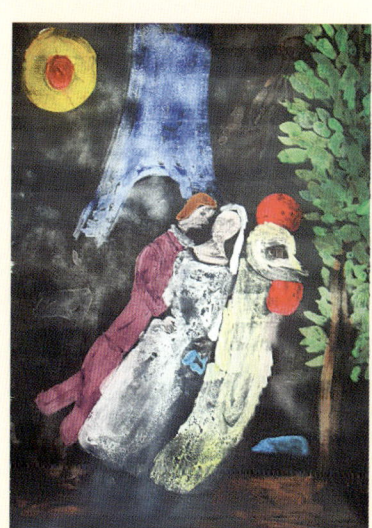

▲ **세잔** 초3 여

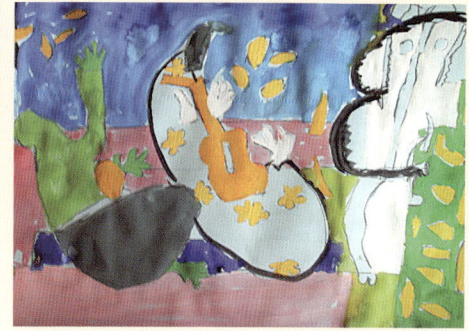

▲ **샤갈** 초3 여

▶ **마티스** 초3 여

| · 주제 | 색채탐구 |
|---|---|
| · 학습 목표 | 한색과 난색을 이해하고 자신의 생각대로 표현할 수 있다. |
| · 준비물 | 정사각형 도화지, 가위, 풀, 연필, 지우개, 오일 파스텔 |
| · 동기 유발<br>_교사 | 색채에 대하여 이야기 나눈다. |
| _아동 | 1. 자신이 좋아하는 색과 계절에 대하여 이야기 나눈다.<br>2. 준비된 종이로 교사의 지시에 따라 접는다. |
| _학습 시간 | 15분 |
| · 작업 과정<br>_교사 | 1. 아동이 잘 맞추어 작업하도록 유도하며, 한색과 난색에 대하여 이해하도록 한다.<br>2. 계절에 맞는 색을 선택하도록 유도한다. |
| _아동 | 1. 계절에 대하여 간단하게 이미지화 하며 색을 정한다.<br>2. 도화지를 맞추어 쌍배접기로 접어본 뒤에 미리 그려놓은 그림을 그린다.<br>3. 색연필이나 오일 파스텔을 이용하여 채색한다. |
| _작업 시간 | 75분 |
| · 작품 보고 이야기하기 | 1. 한색, 난색에 대하여 잘 이해하였는가<br>2. 색을 잘 맞추어 사용하였는가 |
| · 발전 학습 | 1. 아동이 좋아하는 4가지를 정하여 이미지화하여 그린다.<br>2. 보색대비, 한난대비 등 색채의 사용에 대하여 이해하고 작업한다. |

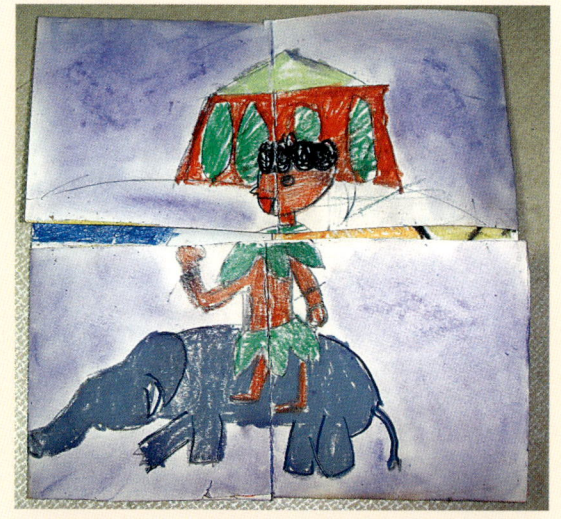
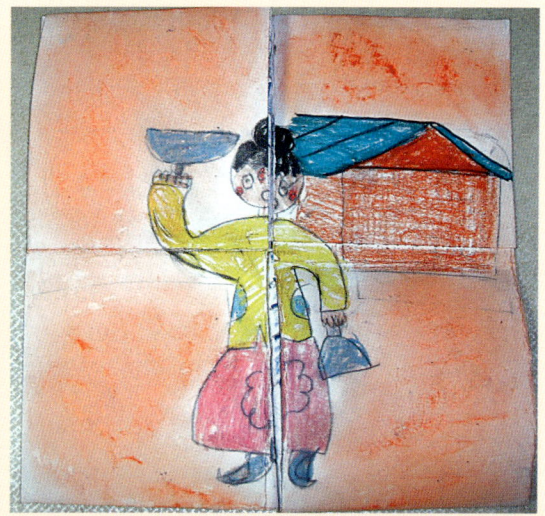
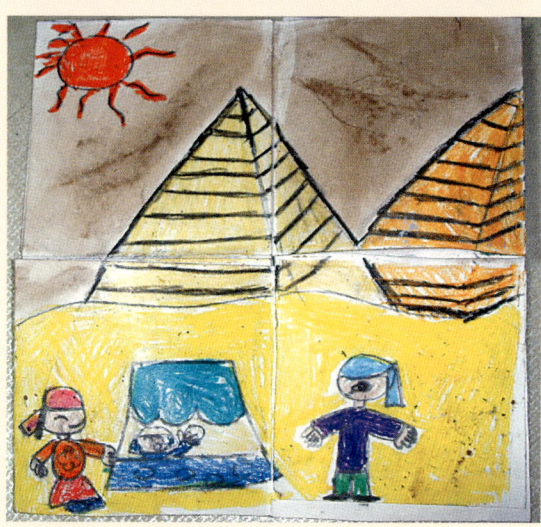
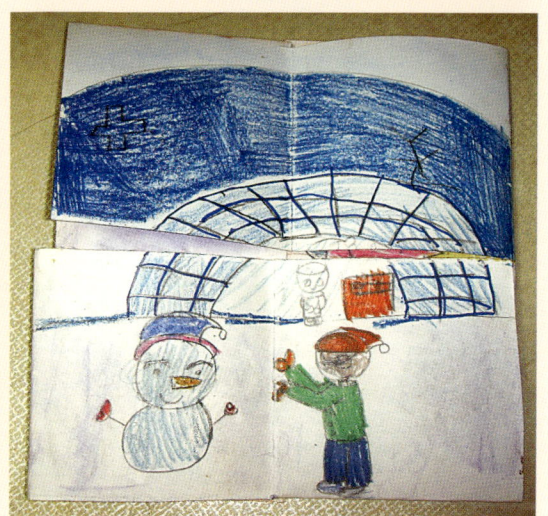

▲ **색채탐구 – 사계절** 초2 여

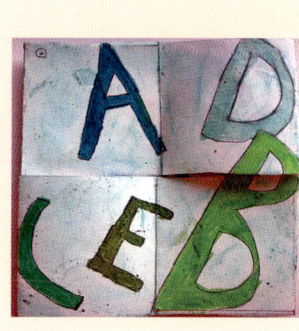
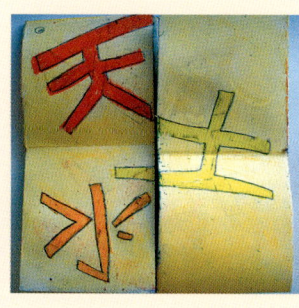
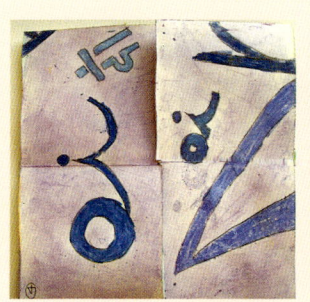
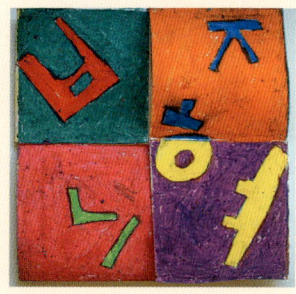

▲ **색채탐구 – 문자** 초2 여

# 9. 반 고흐 따라가기

PLANE figure

| | |
|---|---|
| • 주제 | 반 고흐 따라가기 |
| • 학습 목표 | 반 고흐 작품의 특징을 이해하고 경험해보기 |
| • 준비물 | 우드락, 핸디코트, 나이프, 칫솔, 물감, 참고 자료(반 고흐) |
| • 동기 유발 _고사 | 반 고흐 작품에 대해 설명하고 각 작품명과 특징 설명해주기 |
| _아동 | 반 고흐 작품의 다른 특징을 찾아본다. |
| _학습 시간 | 20분 |
| • 작업 과정 _고사 | 핸디코트라는 재료의 특성을 설명하고 반 고흐 그림을 이것으로 어떻게 나타낼지 설명한다. |
| _아동 | 1. 반 고흐 작품 가운데 그리고 싶은 것을 선택한다.<br>2. 우드락 위에 스케치를 한다.<br>3. 핸디코트와 물감을 혼합해서 원하는 색을 만든다.<br>4. 손가락이나 칫솔, 나이프를 이용해 터치를 만들어주며 채색한다.<br>5. 핸디코트가 완전히 굳도록 말려준다. |
| _작업 시간 | 70분 |
| _유의사항 | 핸디코트는 빨리 굳는 특징이 있으므로 손에 묻었을 경우 최대한 빨리 작업하도록 유도한다. |
| • 작품 보고 이야기하기 | 1. 반 고흐 작품의 특징인 터치를 잘 살렸는가<br>2. 색감을 잘 나타냈는가 |
| • 발전 학습 | 다른 명화나 작가들의 그림을 보고 특징을 찾아내서 작업해 본다. |

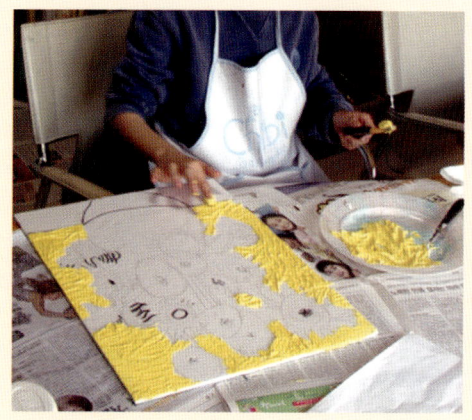

▲ 작업 중인 모습, 초2 남

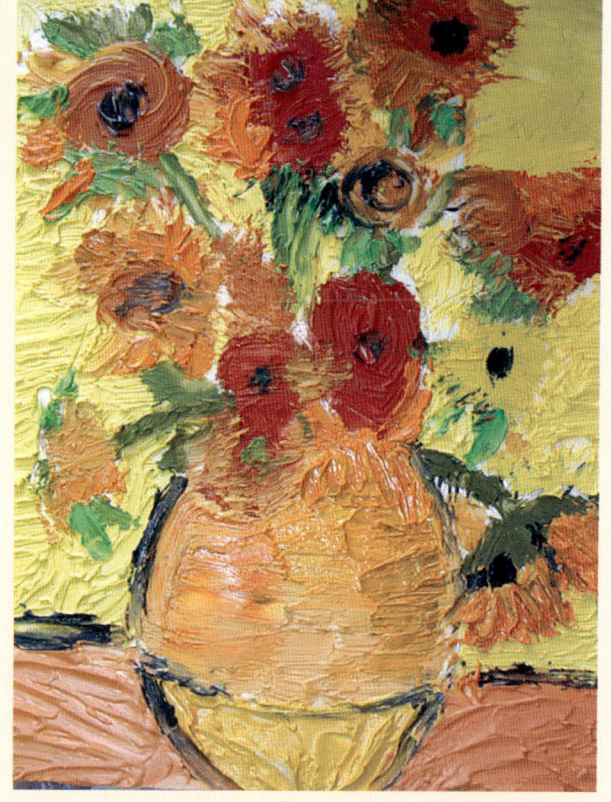

▲ 해바라기 완성작 초2 남

초등학교

저학년

# 5. 교과서 따라가기

학교에서 시행하고 있는 저학년 미술 교육 과정을
응용하는 프로그램입니다.

# 1. 나의 방 꾸미기

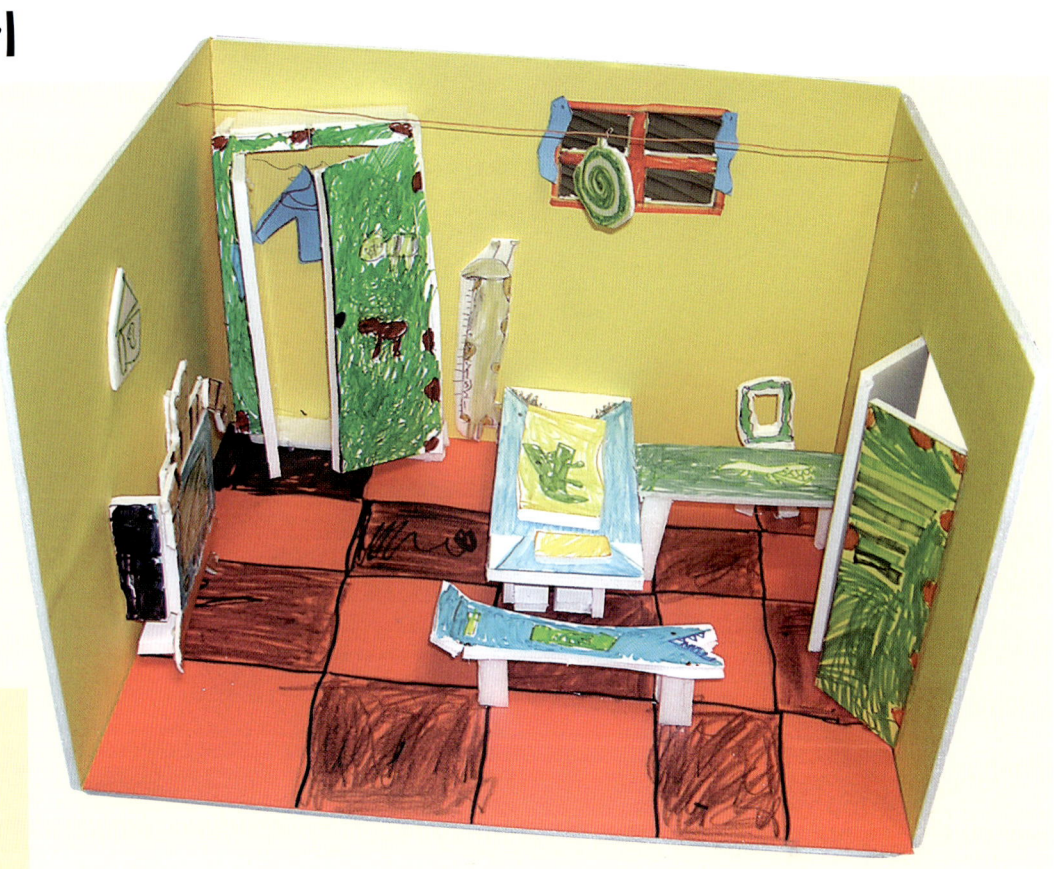

**동물탐험가의 방**

▶ 용균이가 만든 방에는 온통 동물과 관련된 무늬들이 보이네요.

# 2. 철사 인체탐구

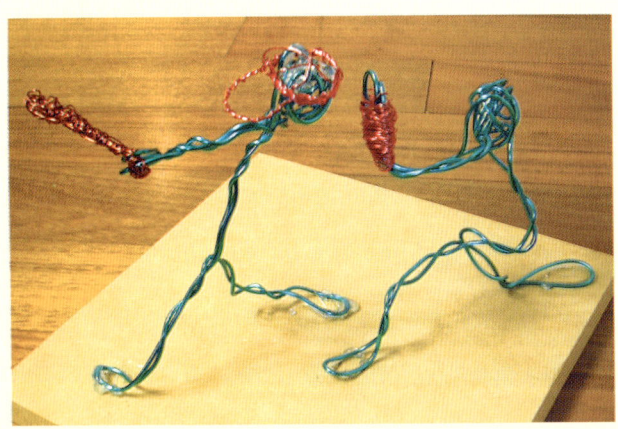

**물구나무**

▶ 승범이가 안정적으로 물구나무 서 있는 사람을 표현했네요.

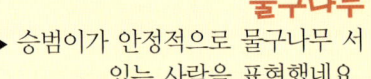

**야구-타자와 포수**

▲ 타자가 공을 치고 포수가 그 뒤에서 공을 지켜보고 있는 모습

**줄넘기**

▶ 굵고 얇은 철사로 줄넘기하는 동세를 표현했어요.

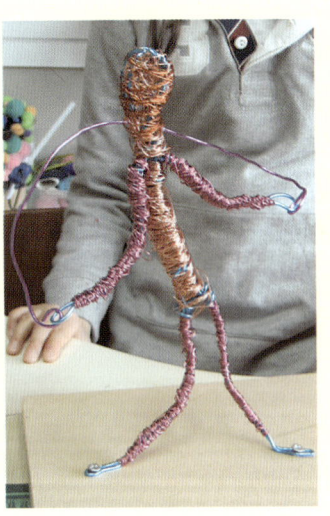

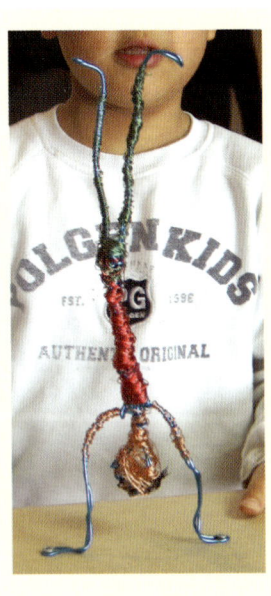

# 3. 포장 디자인

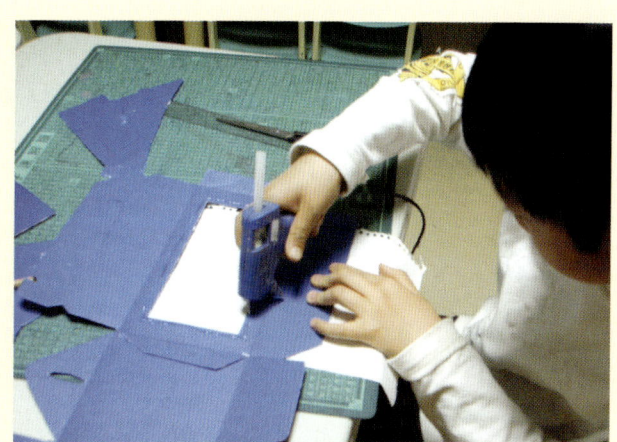

▶ 진섭이가 상자 전개도면에 글루건 작업을 하고 있네요.

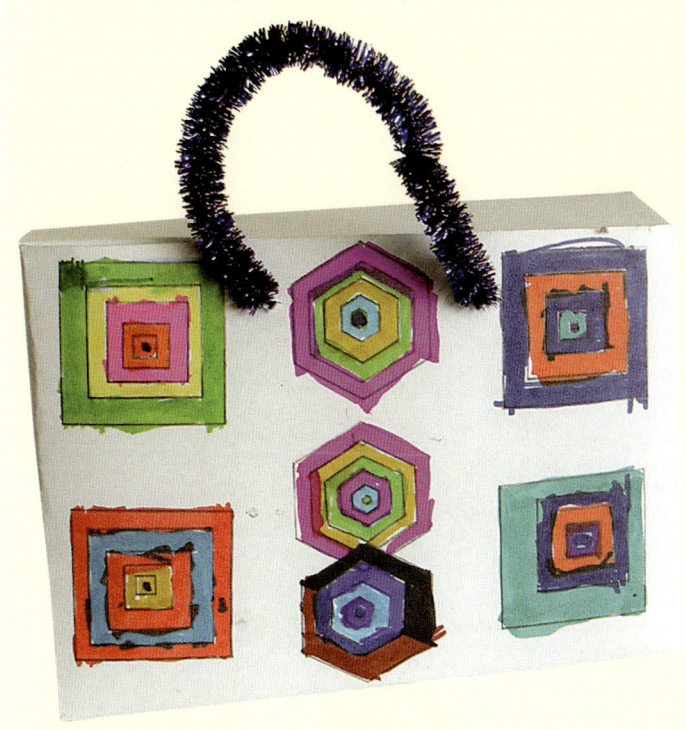

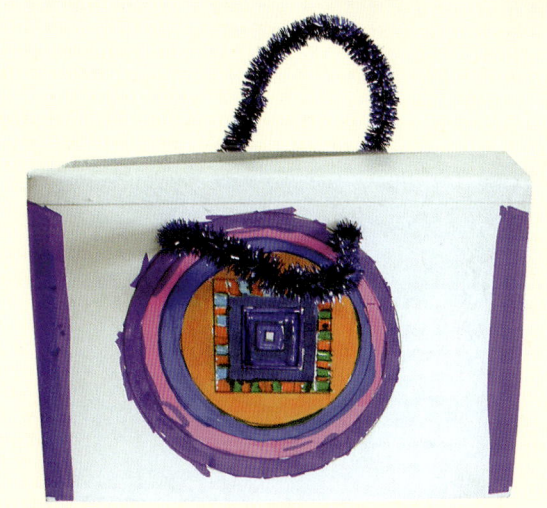

▲▶ 상자의 앞뒷면에 통일감 있는 무늬를 꾸며줬네요.

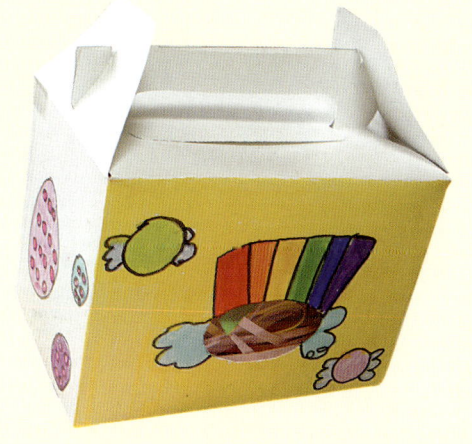

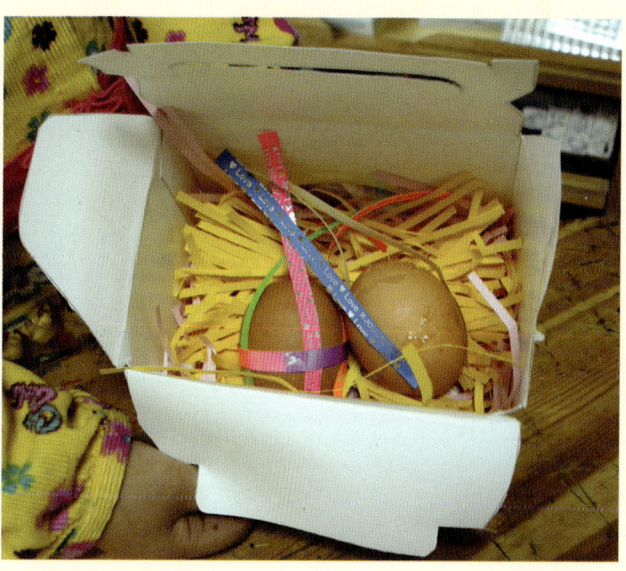

▲▶ 은경이가 만드는 계란포장 상자! 상자 속 계란이 깨지지 않도록 종이를 깔아줬어요.

# 4. 양초와 상감기법

## 바닷속

▶ 작업 전에 한 아이디어스케치

▼ 한지에 색이 들어간 그림이에요.
톱상어가 진짜 같죠.

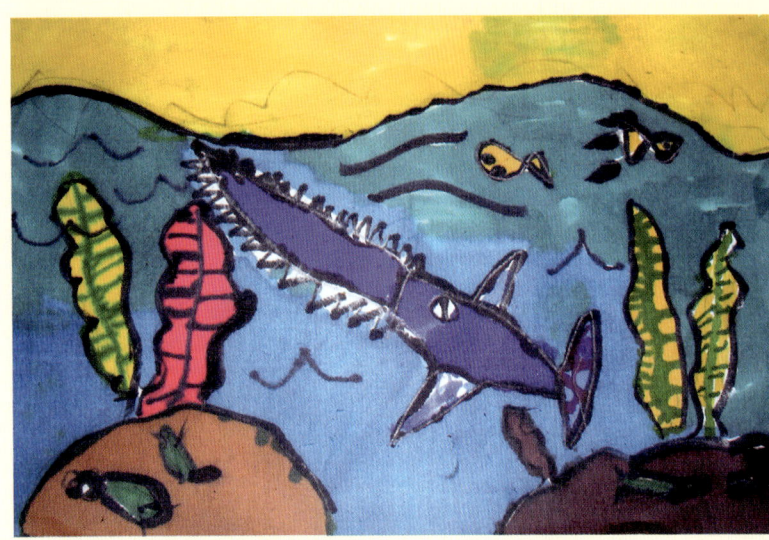

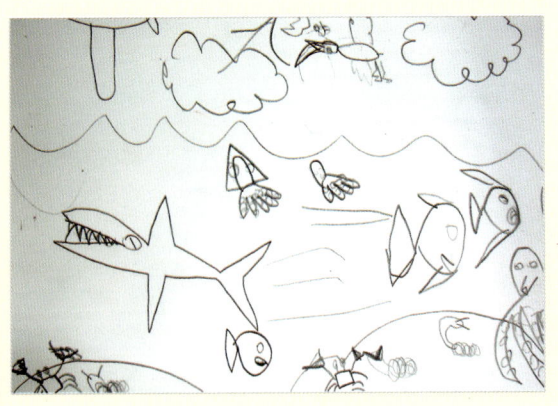

## 완성된 두 개의 양초

▶ 같은 그림이지만 한지에 색이 들어간 그림과 파내어
색을 넣은 느낌이 다른 양초 같네요.

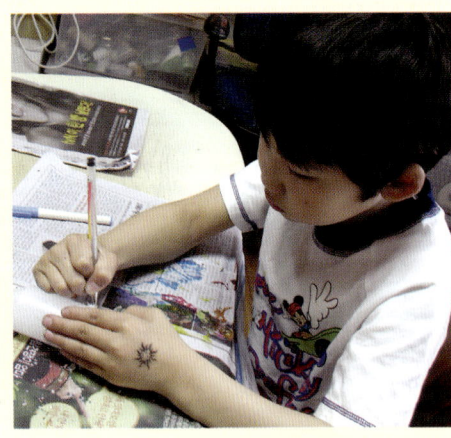

▲ 창근이가 양초에 그림을
새기고 있어요.

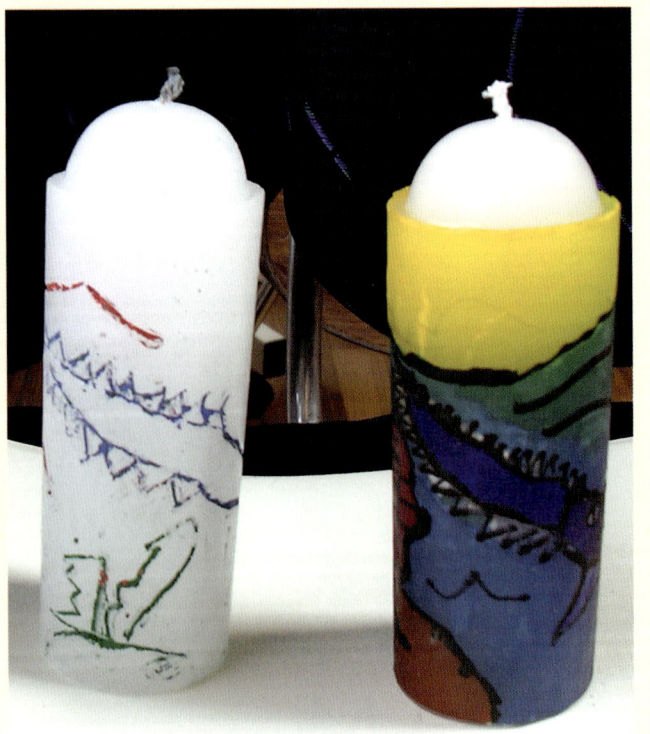

# 5. 찰흙 부조

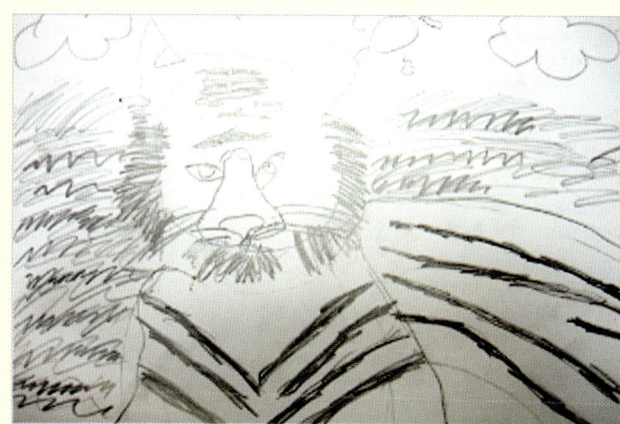

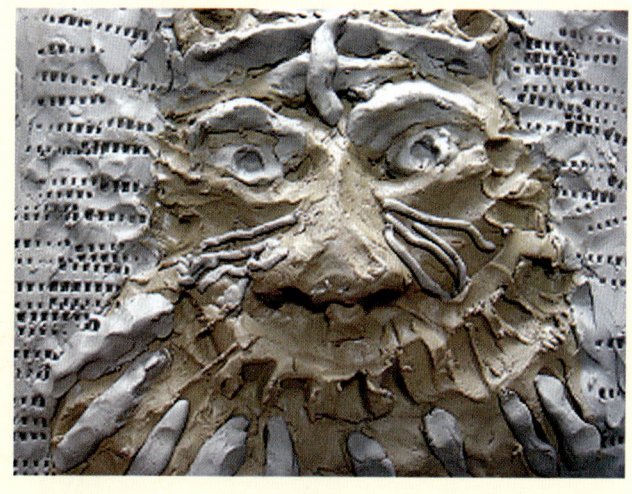

**호랑이**
용균이가 작업한 호랑이-아이디어스케치와 완성작

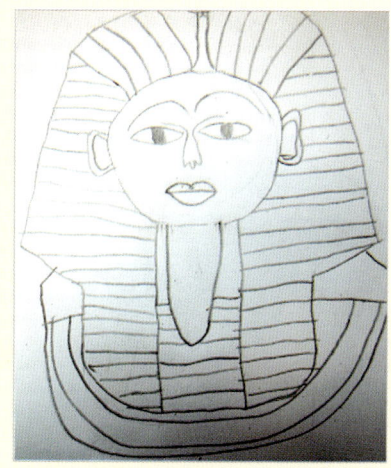

**파라오**
지환이가 작업한 파라오-완성작과 아이디어스케치

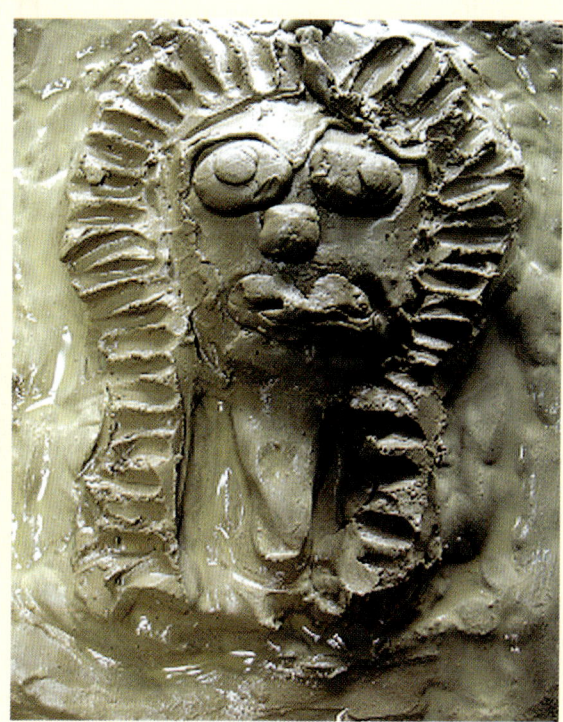

# 6. 다양한 표지판

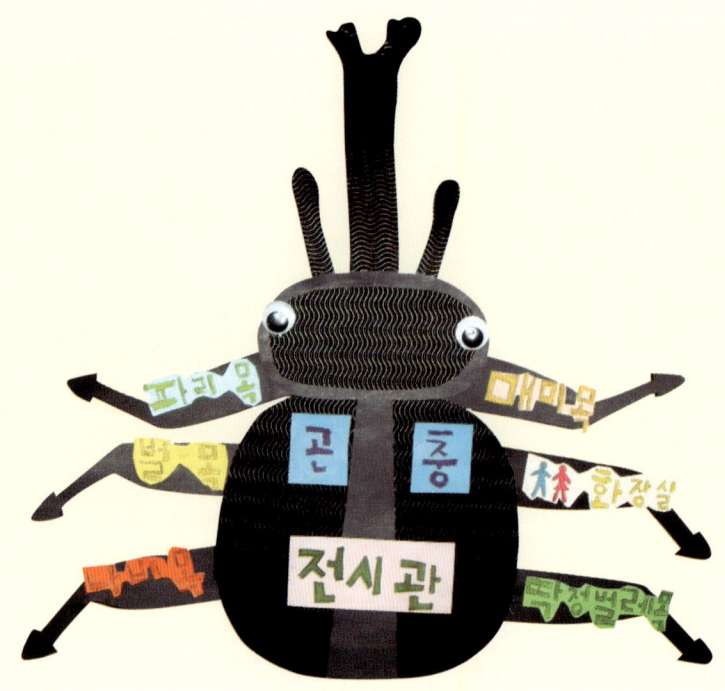

### 곤충 전시관 표지판
▲ 곤충 모양의 표지판이 확실하게 장소를 알려주네요.

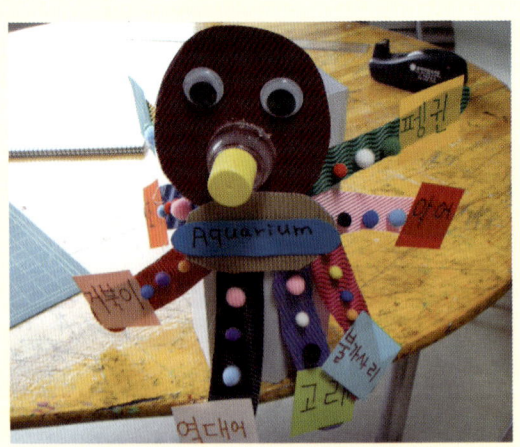

### 아쿠아리움 표지판
▲ 문어 다리에 아쿠아리움에 있는 어류들이 다 적혀 있어요.

## 7. 명암 5단계

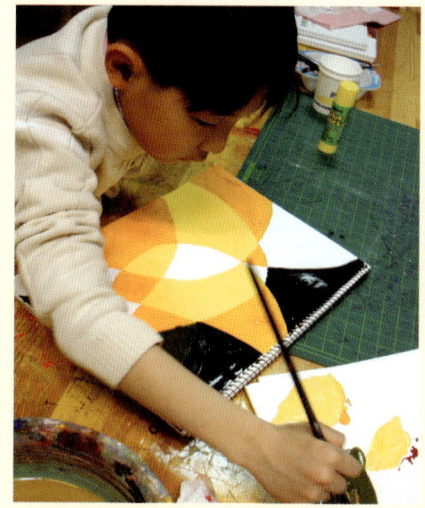

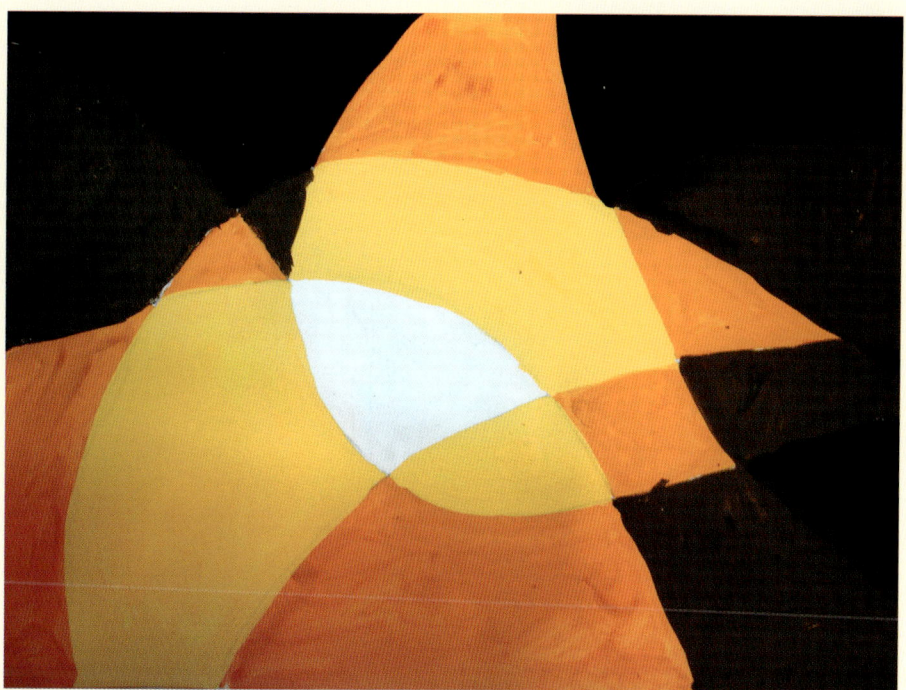

### 노란색 5단계
▲ 지환이가 색의 명암 단계를 맞추기 위해 색을 섞고 있네요.

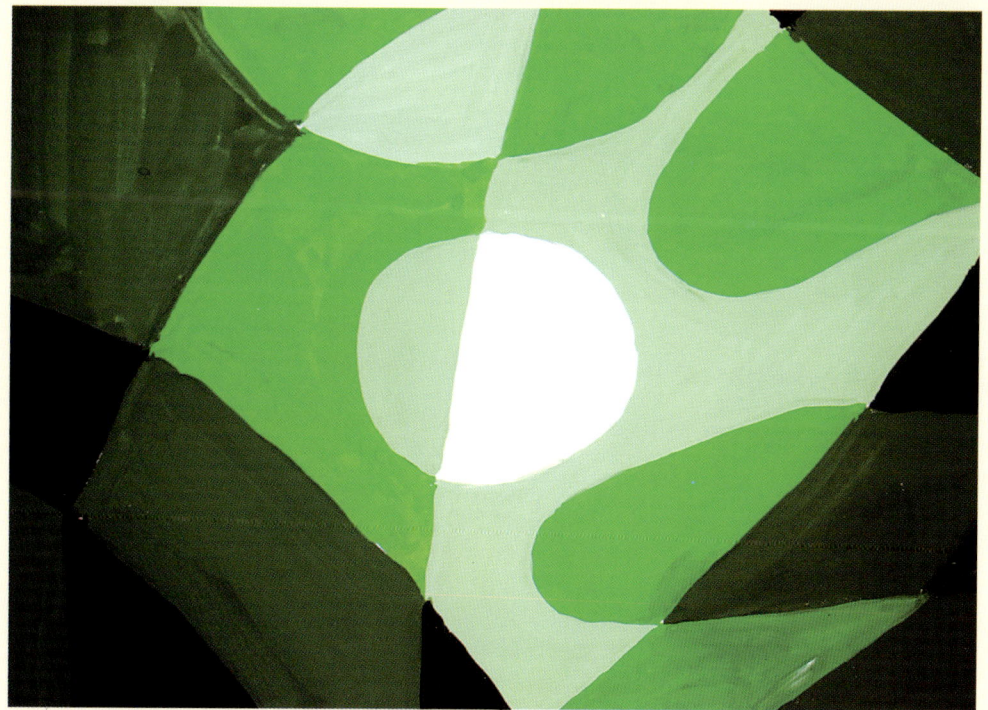

### 초록색 5단계
▲ 현주는 초록색으로 흰색과 검은색을 섞어 명암 단계를 나타냈어요.

## 8. 한색+난색 평면구성

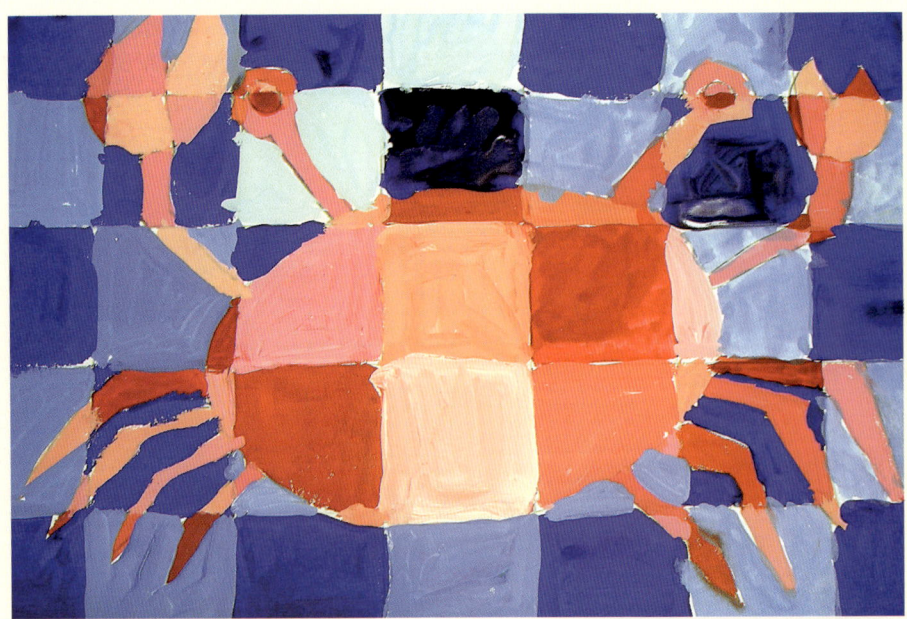

**게**

▲ 난색의 게와 배경의 한색이 색의 대비를
잘 이루네요.

**사자**

▶ 용균이는 사자를 한색과 난색으로 구성했어요.

▼ 승우가 난색을 섞고 있어요.

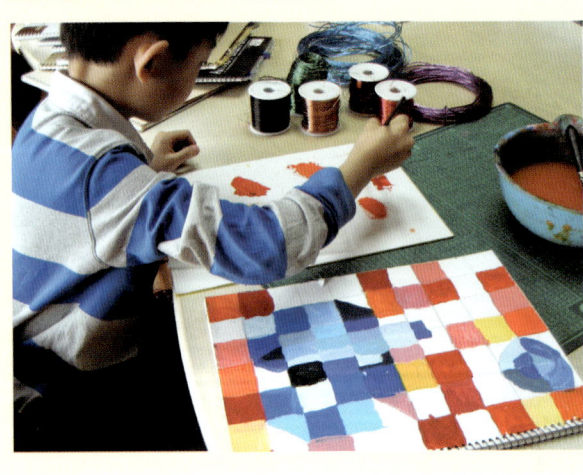

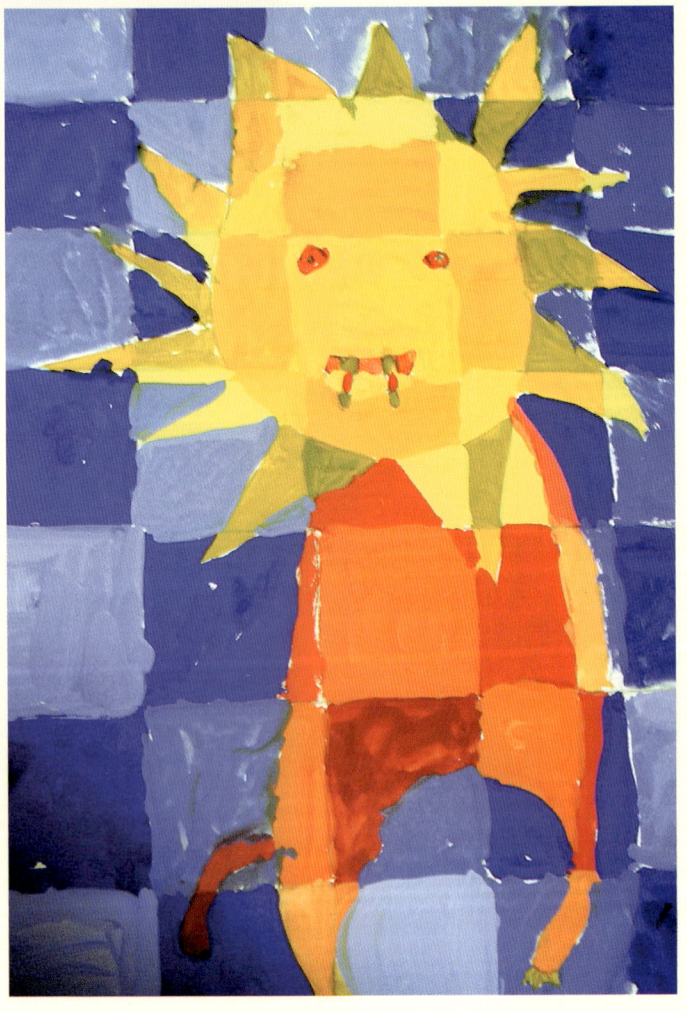

# 9. 석고 인체 조형

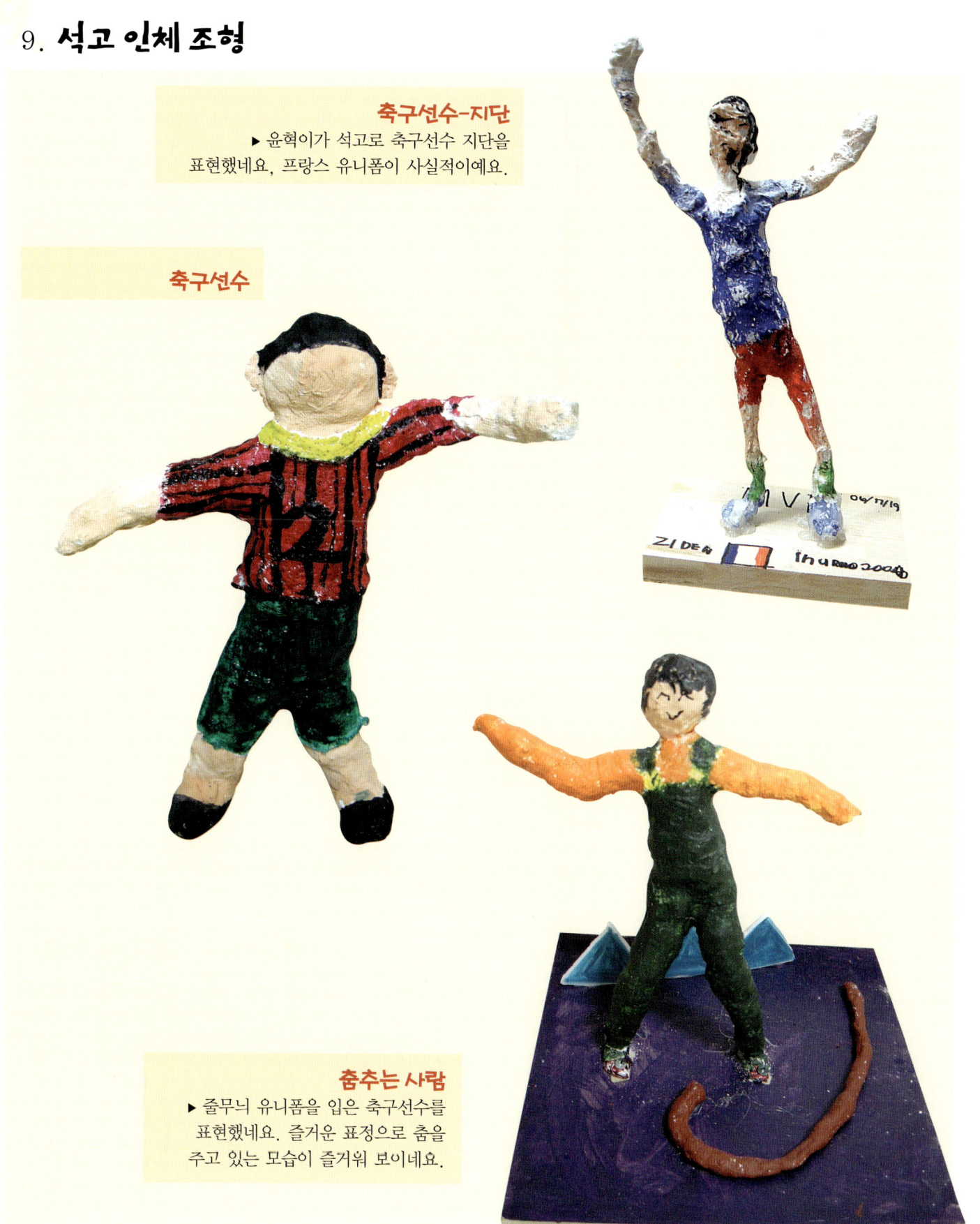

**축구선수-지단**

▶ 윤혁이가 석고로 축구선수 지단을 표현했네요, 프랑스 유니폼이 사실적이예요.

**축구선수**

**춤추는 사람**

▶ 줄무늬 유니폼을 입은 축구선수를 표현했네요. 즐거운 표정으로 춤을 주고 있는 모습이 즐거워 보이네요.

초등학교
저학년

# SPECIAL program

## 6. 특별 프로그램

# 1. 뚝딱뚝딱 나무이야기

▶ **준비물** 다양한 나뭇가지, 접착본드, 조각도

1. 준비된 나무를 보며 이야기한다.
2. 아이디어스케치한다.
3. 작품에 필요한 나무를 고른다.
4. 작품을 완성한다(조각도 사용에 주의한다).
5. 완성된 작품을 서로 감상하며 이야기한다.

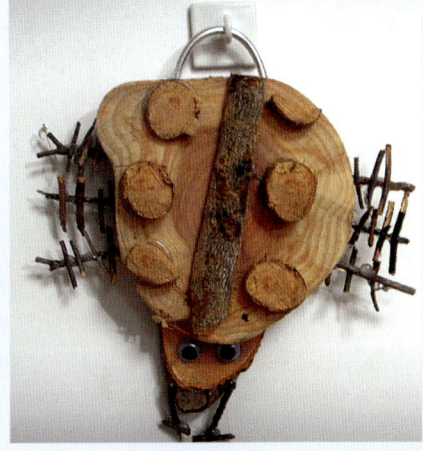

▼ **강아지** 초1 남

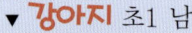
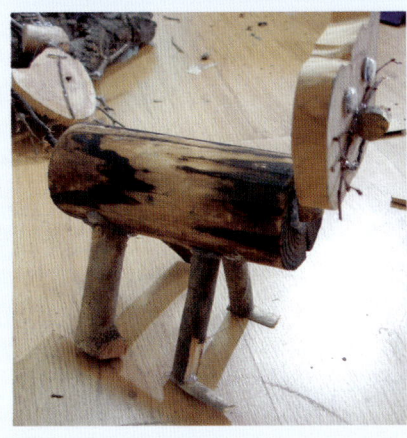

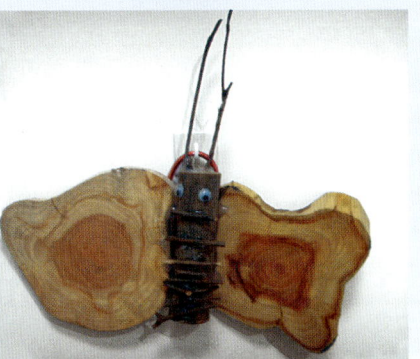

◀ **장승** 초2 남
▼ **장수하늘소 와 풍뎅이** 초2 남

▲▲ **무당벌레** 초1 남
▲ **나비** 초1 여

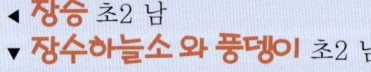
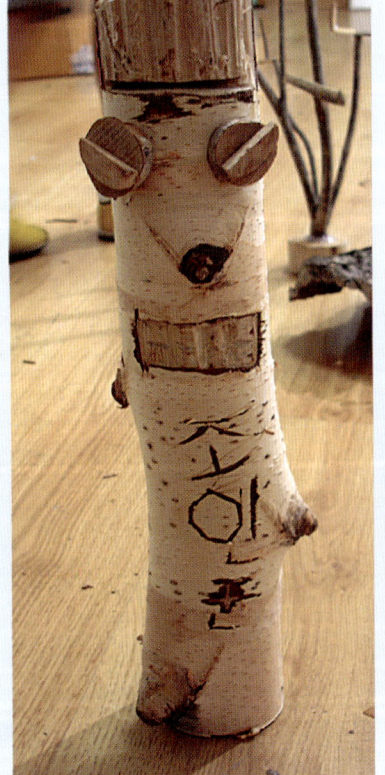
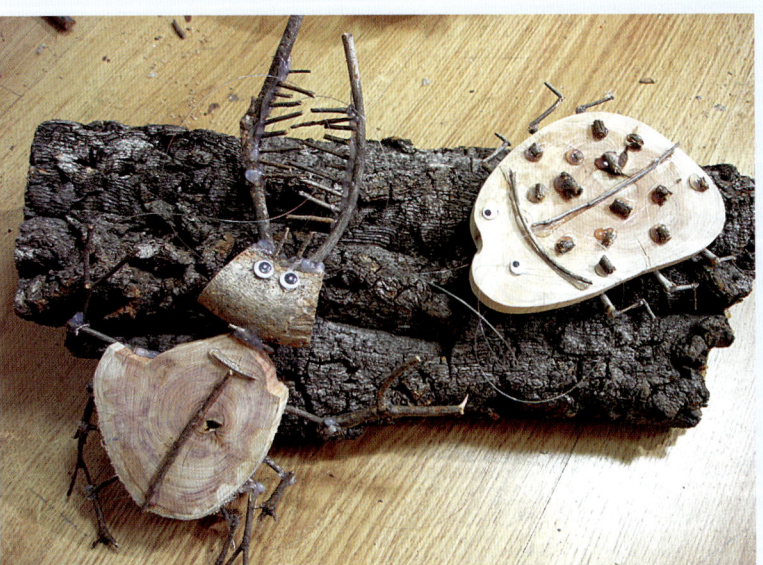

# 2. 마스크

▶ **준비물** 석고붕대, 검은색 우드락, 글루건, 5절 도화지, 다양한 채색도구

1. 얼굴에 로션을 바르고 랩을 쓴다.
2. 친구의 얼굴에 석고붕대를 붙여준다.
3. 석고붕대가 딱딱해지면 얼굴에서 떼어낸다.
4. 우드락에 붙이고 마스크를 꾸며준다.
5. 자신의 모습을 화지에 그림으로 그려준다.

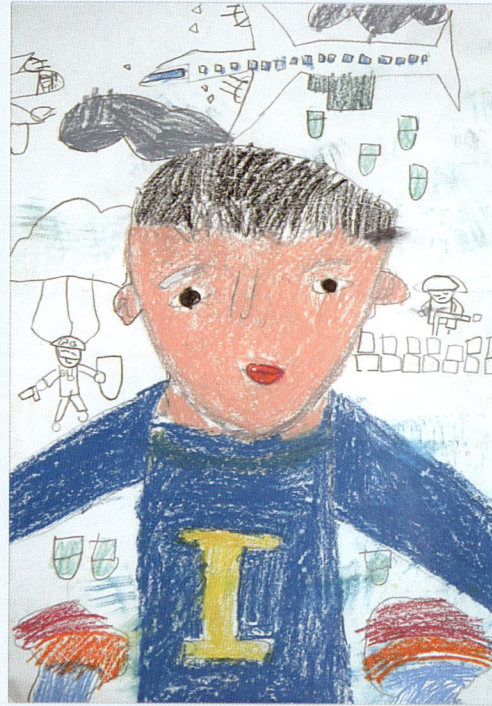

▲ **마스크 스케치** 초2 남

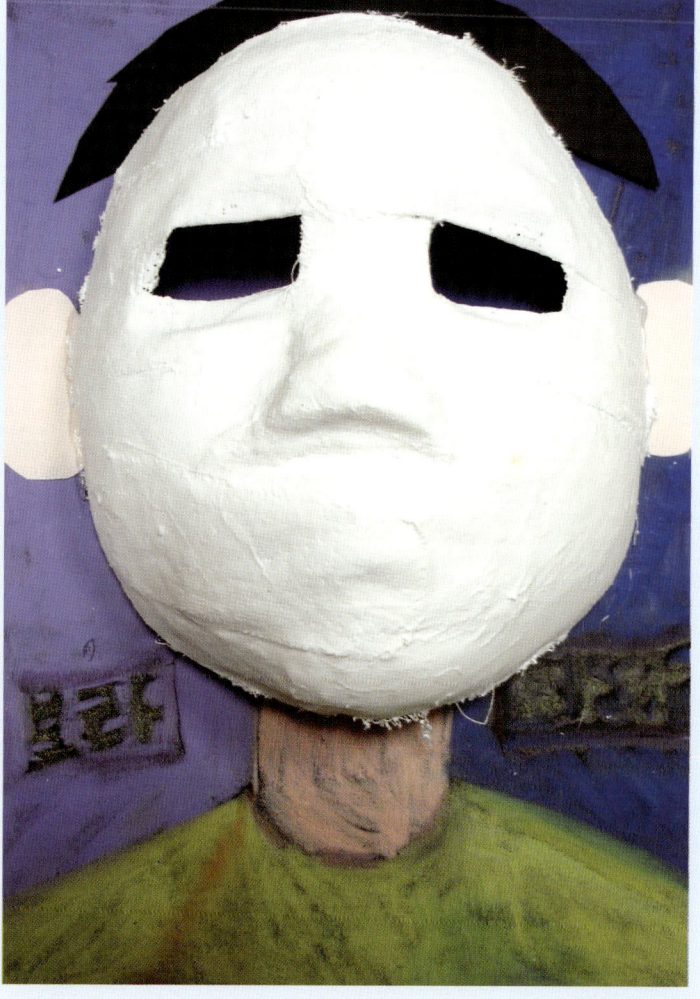

▶ **마스크** 초 2 남

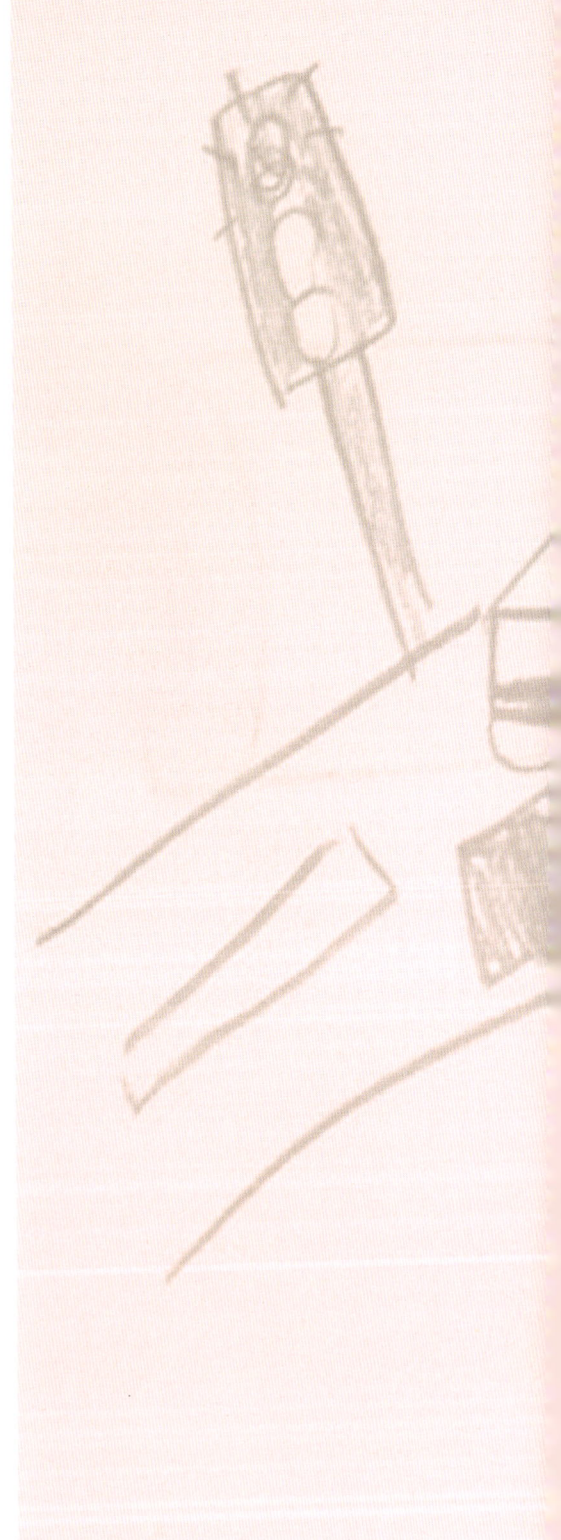

초등학교

고학년

# 1. 창작표현

**생활 속의 특별한 물체를 매체로 선택하여 응용하는 작업으로 두뇌계발과 창의력을 기우는 프로그램입니다.**

창작표현은 제시되는 매체를 자유롭게 탐색하면서 무엇을 만들 것인지 아동 스스로 생각하게 합니다. 탐색 과정에서 떠오른 아이디어를 스케치 한 후 다양한 매체들을 이용하여 완성합니다. 평면으로 작업한 아이디어스케치가 입체화 되는 과정에서 아동들은 공간감을 기르게 되며, 다양한 매체를 다루면서 유연성과 응용력도 키울 수 있게 됩니다.

# 1. **실내화**의 변신

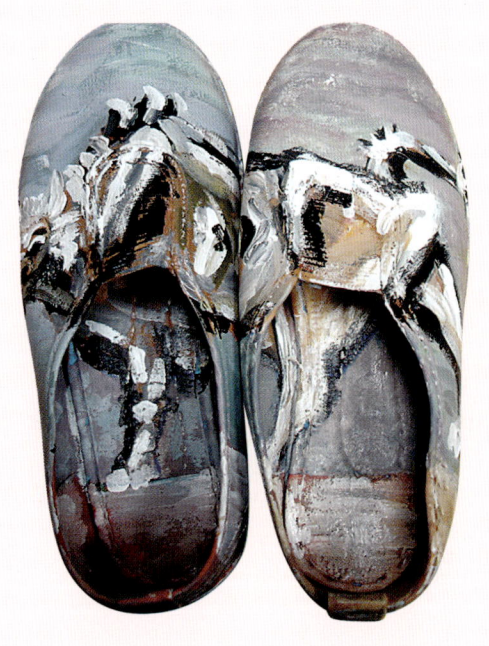

## 이중섭의 〈소〉
▲ 실내화가 이중섭 선생님의 작품으로 변신!

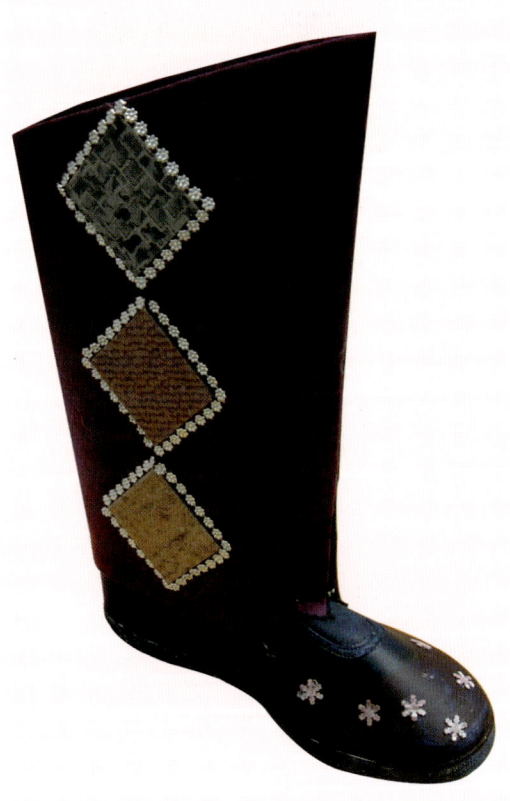

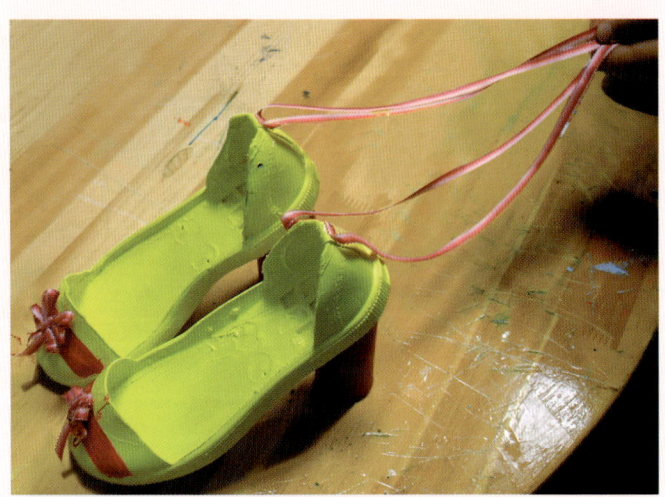

## 리본 달린 하이힐
▼ 실내화가 하이힐로 변신!

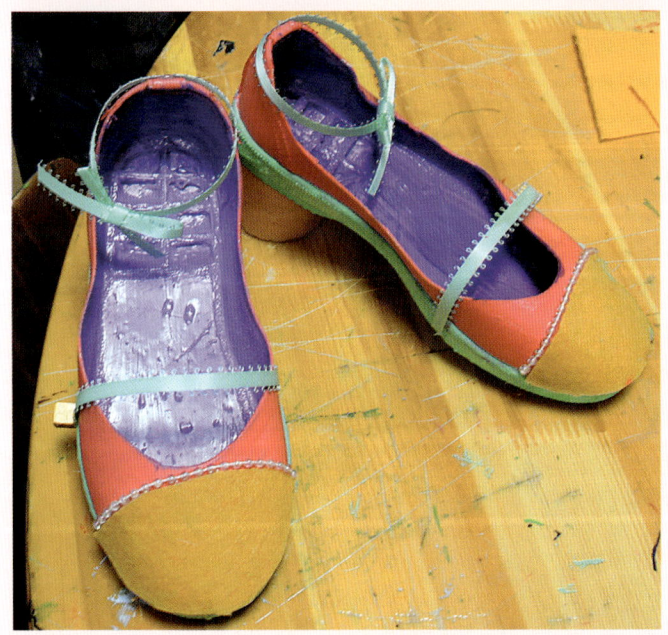

## 발레슈즈 같은 구두
▲ 발목과 발등에 달린 리본이 발레슈즈처럼 보이네요.

## 장식 달린 장화
◀ 동화에 나오는 장화 같아요. 장식 달린 장화로 변신!

## 2. **우산**의 변신

**빗속의 우산**

▼ 해인이가 빗속의 우산을 재미있게 표현했네요.
빗속에서 친구와 함께 우산을 쓰고 있는 해인이

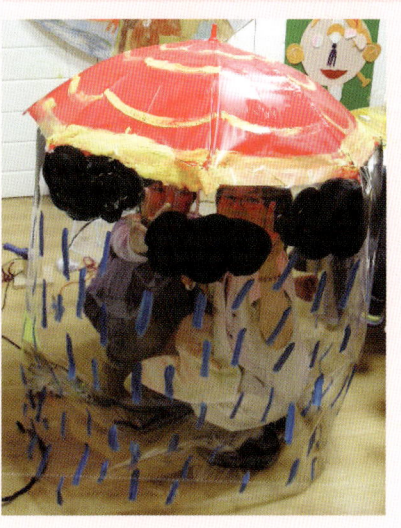

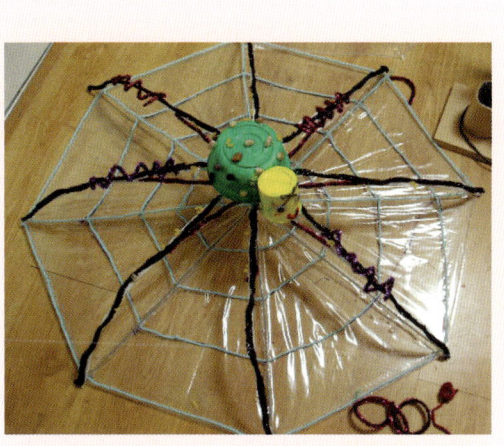

**거미**

▲ 설해의 우산은 거미로 변신!
우산이 진짜 거미줄처럼 보여요.

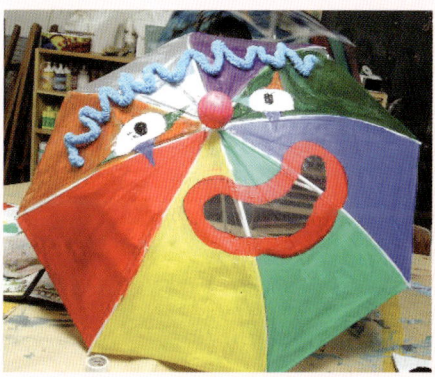

**삐에로 우산**

▲ 인영이의 삐에로 얼굴 우산!
웃는 입술이 진짜 삐에로 미소 같아요.

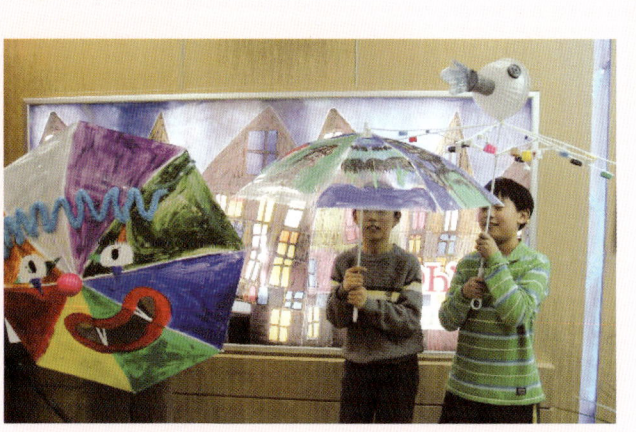

▲ 다 같이 모여 서로의 우산을 감상해요.

## 3. **석쇠**의 변신

### 난로

▼ 기영이는 석쇠로 따뜻한
난로의 안전망을 만들었어요.

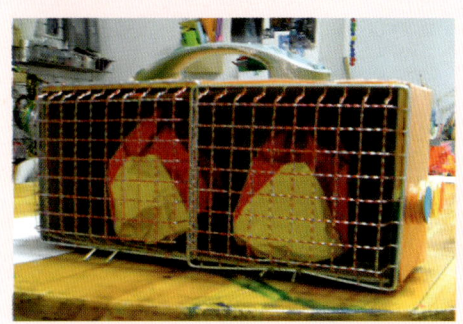

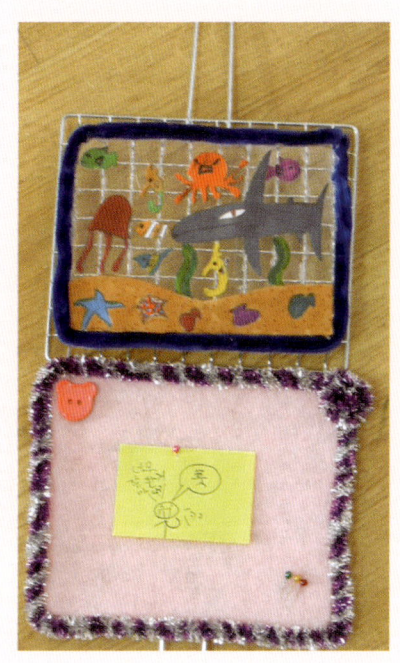

### 메모지 판

▶ 제성이는 벽에 걸어 메모지를 붙일 수 있는 메모판을 만들었어요.
윗부분에는 장식도 넣었네요.

## 4. 나무로 만들기

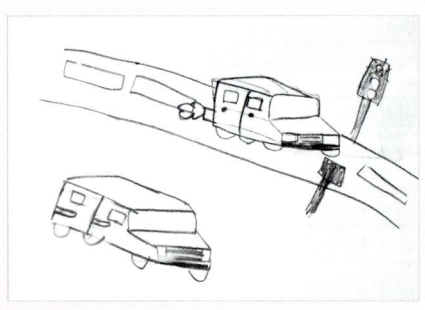

### 자동차

▲ 기영이는 자동차
아이디어스케치를 하고
작업을 했어요.

▶ 스케치한 모양과 똑같은
자동차가 만들어졌네요.

▶▶ 색을 칠하고 완성!

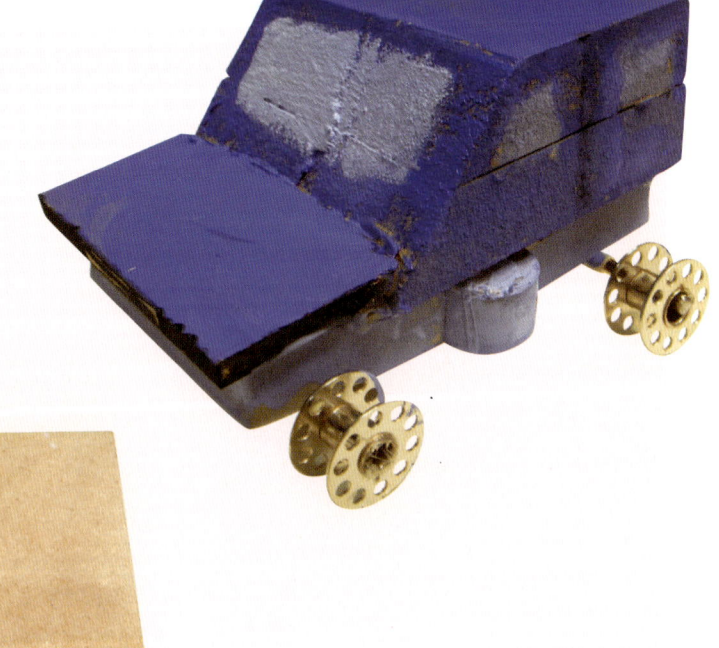

# 5. 박스 공동작업

### 가마
▶ 김치냉장고 박스가 공주님 가마로 변신했어요.

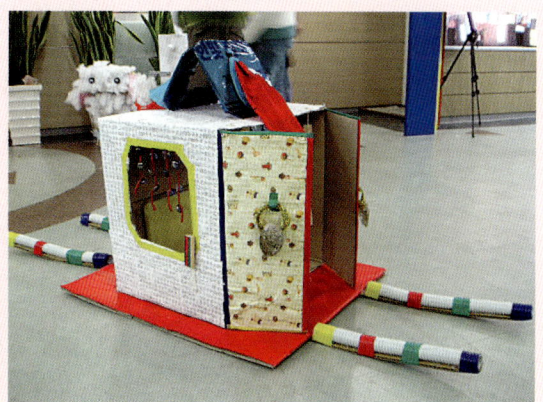

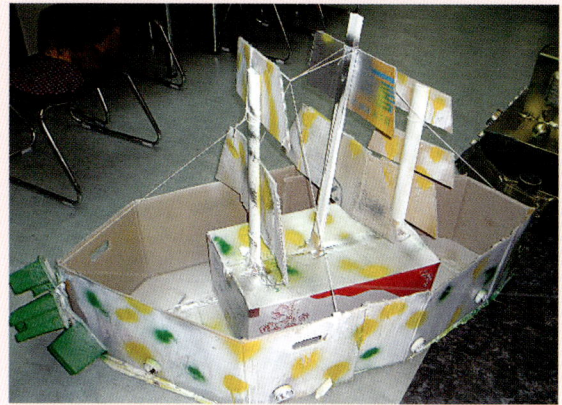

### 배
▲ 과자 박스가 모여 튼튼해 보이는 배가 됐어요.

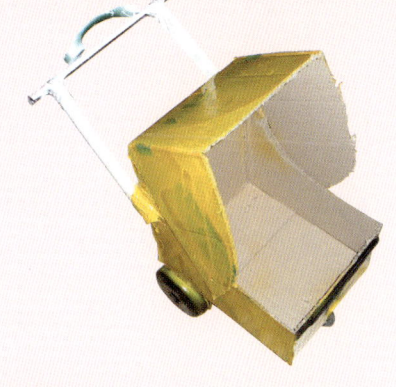

### 유모차
▲ 박스를 자르고 손잡이를 만들어
붙여서 유모차를 만들었어요.

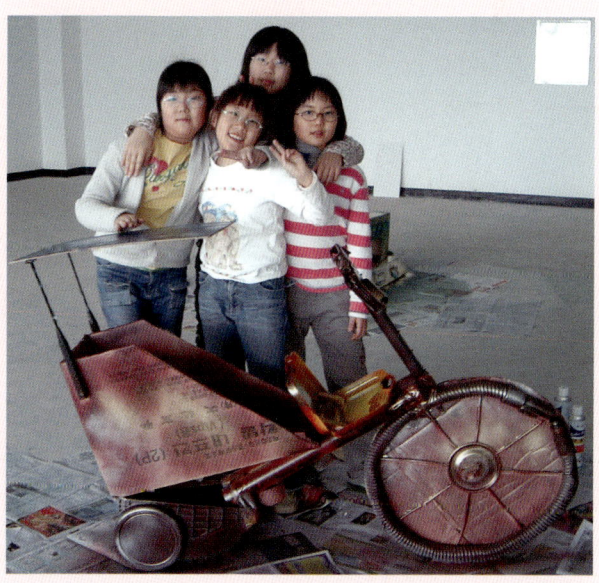

### 자전거
▶ 우리들이 만든 자전거 어떤가요?
인력거를 응용해서 만든 자전거예요.

초등학교 고학년

# 2. 반입체

조형에 대한 기초 이해를 바탕으로 표현하고자 하는 주제를 교사와의 커뮤니케이션을 통해 반입체 형식으로 작업하는 프로그램입니다.

# 1. 미니 병풍 만들기

| | |
|---|---|
| • 주제 | 미니 병풍 만들기 |
| • 학습 목표 | 병풍이 어떠한 것이고 어디에 쓰이는 물건인지 정확하게 알며, 민화에 대해 이해한다. |
| • 준비물 | 한지, 붓 펜, 수채도구, 민화의 그림 자료, 검정색 우드락판, 검정색 마스킹테이프 |
| • 동기 유발 _교사 | 병풍의 뜻과 병풍의 용도에 대해 설명한다. 민화가 어떠한 것이고 특징이 무엇인지 그리고 어떠한 종류가 있는지 설명한다. |
| _아동 | 자신이 알고 있는 병풍과 민화에 대해 이야기한다. |
| _학습 시간 | 5분 |
| • 작업 과정 _교사 | 1. 민화의 그림 자료를 보여주며 자신의 마음에 드는 작품을 선택할 시간을 준다. 2. 알맞게 잘려진 한지를 주며 연필로 밑그림을 그릴 수 있도록 한다. 3. 연필선을 따라 붓펜으로 강, 약을 주며 밑그림을 완성할 수 있도록 한다. 4. 수채화로 채색할 수 있도록 도와준다. |
| _아동 | 1. 마음에 드는 그림 4장을 골라 4등분하여 접힌 한지의 한 면 한 면에 연필로 밑그림을 그린다. 2. 붓펜으로 연필선을 따란 그린 후 수채화로 채색한다. 3. 가위로 오린 후 우드락판에 마스킹테이프를 이용하여 붙여준다. |
| _작업 시간 | 85분 |
| _유의사항 | 1. 민화 그림 자료 준비 2. A4사이즈로 잘려진 우드락판과 한지 준비 |
| • 작품 보고 이야기하기 | 재미있는 이야기 구성이 되었는지 자신의 생각을 발표해 본다. |
| • 발전 학습 | 사군자, 문방사우 등으로 병풍을 꾸며줄 수 있다. |

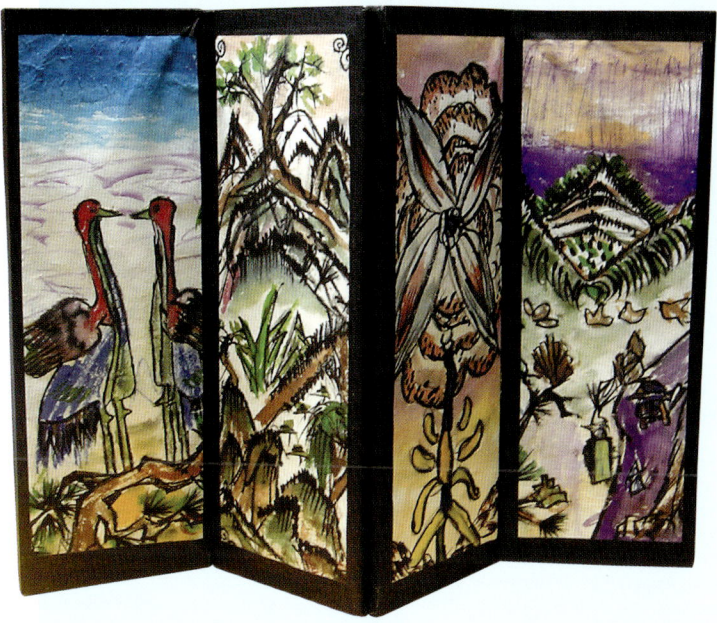

▲ **미니 병풍** 초5 남

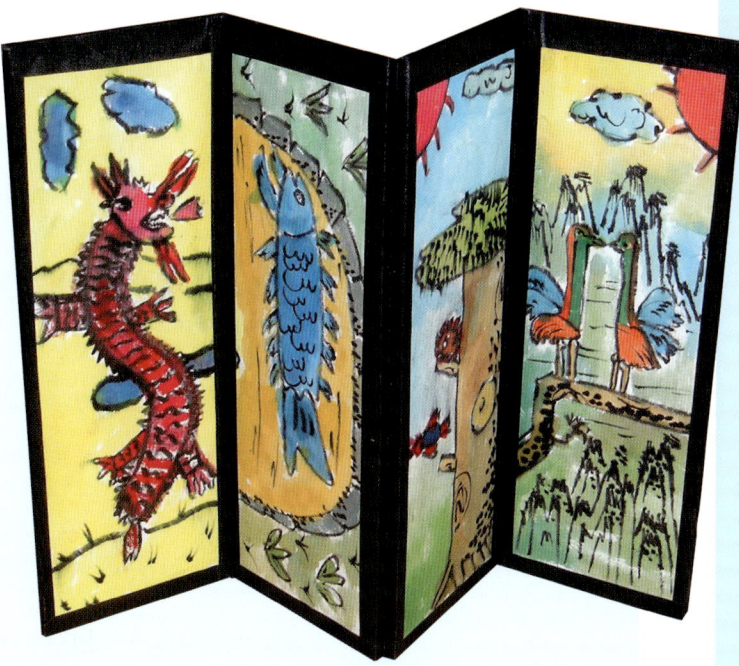

▲ **미니 병풍** 초4 남

▶ **미니 병풍** 초5 여

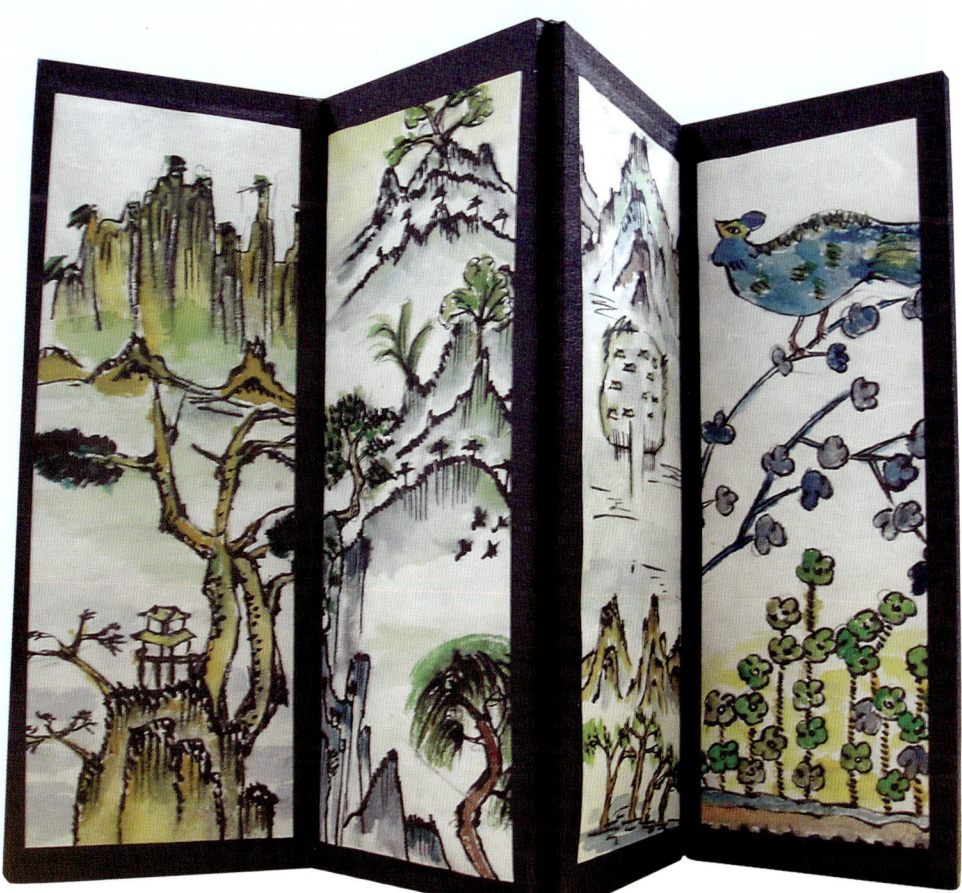

# 2. 원뿔 콜라주

| | |
|---|---|
| • 주제 | 원뿔 콜라주 |
| • 학습 목표 | 원뿔을 데생과 콜라주로 표현하는 과정에서 빛과 그림자에 대해 이해하고, 도형의 원근감을 익힐 수 있다. |
| • 준비물 | 원뿔석고 조형, 5절 스케치북, 연필, 이젤, 다양한 콜라주 매체들 (작은 돌, 천, 실), 본드 |
| • 동기 유발 _교사 | 빛의 방향에 따라 생성되는 그림자에 대하여 설명한다. |
| _아동 | 빛과 그림자의 관계를 이해한다. |
| _학습 시간 | 10분 |
| • 작업 과정 _교사 | 1. 원뿔을 연필로 데생할 수 있도록 빛과 그림자가 정확하게 형성되도록 한다. 2. 원뿔에 콜라주할 매체들의 특성을 이해하고 적절하게 사용할 수 있도록 설명한다. |
| _아동 | 1. 원뿔을 연필로 데생한다. 2. 데생한 원뿔 위에 콜라주를 시작한다. (어두운 덩어리와 그림자가 콜라주에서 표현될 수 있도록 고려하며 작업한다.) 3. 완성된 작품을 서로 감상하면서 빛과 그림자가 제대로 표현되었는지 살펴본다. |
| _작업 시간 | 80분 |
| _유의사항 | 다양한 콜라주 매체들을 준비 |
| • 작품 보고 이야기하기 | 콜라주한 매체들이 빛과 어두움, 그림자에 적절하게 사용되었는가 |
| • 발전 학습 | 정육면체, 원기둥 등의 기본 석고도형에도 콜라주를 사용할 수 있다. |

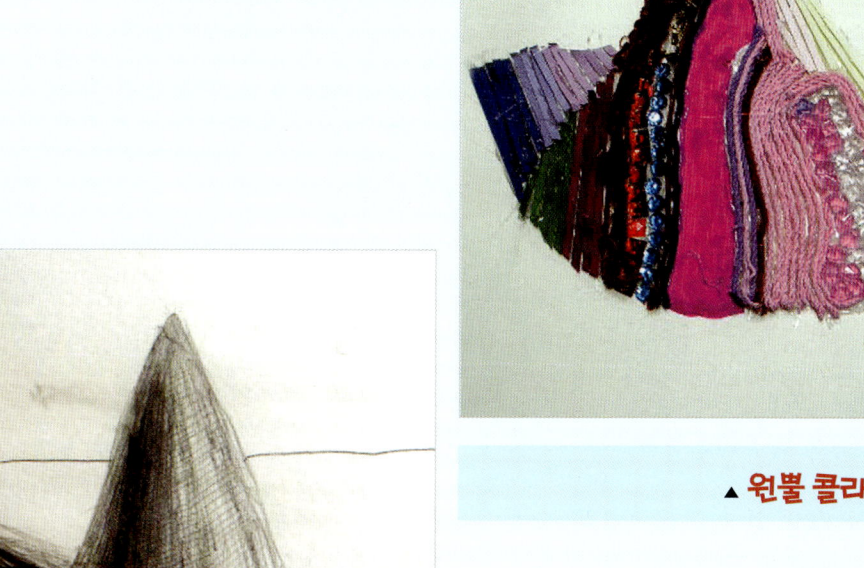

▲ **원뿔 콜라주** 초5 여

▲ **원뿔 데생** 초5 여

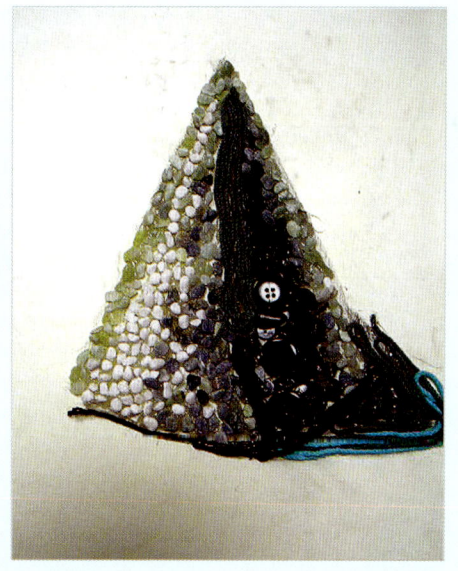

▲ **원뿔 콜라주** 초5 남

# 3. 이야기 속 장면 표현하기

| | |
|---|---|
| • 주제 | 이야기 속 장면 표현하기 |
| • 학습 목표 | 알고 있는 동화나 이야기 속 한 장면을 표현함으로서 사고를 구체화 해 본다. |
| • 준비물 | 화지, 유성매직, 다양한 매체들, 우드락, 폼보드, 스펀지, 다양한 종이류, 가위, 칼 |
| • 동기 유발<br>_교사 | 좋아하는 동화 속 내용이나, 만화 이야기 등을 한다. |
| _아동 | 좋아하는 동화나 만화 속 이야기를 하면서 어떤 장면을 표현할지 생각한다. |
| _학습 시간 | 10분 |
| • 작업 과정<br>_교사 | 1. 동화 속 장면을 표현할 때 주인공이나 동화의 특징이 잘 나타날 수 있도록 유도한다.<br>2. 다양한 매체의 사용으로 반입체적인 표현이 이루어질 수 있도록 돕는다.<br>3. 이야기를 진행하면서 움직임이 이루어질 수 있도록 한다. |
| _아동 | 1. 선택한 동화나 이야기 속의 한 장면을 선택하여 어떤 식으로 작업할지 간단하게 아이디어스케치해 본다.<br>2. 주인공을 표현한다.<br>3. 기타 배경요소들을 다양한 매체들을 사용하여 표현한다.<br>4. 주인공의 움직임이 가능하도록 생각해 본다.<br>5. 배경의 요소들 중 움직임이 필요한 것들도 생각하고, 표현해 본다.<br>6. 완성된 작품을 발표하며 이야기를 진행한다. |
| _작업 시간 | 80분 |
| _유의사항 | 반입체적인 표현이 나올 수 있도록 한다. |
| • 작품 보고 이야기하기 | 표현하고자 하는 동화의 내용이 제대로 구현되었는가 |
| • 발전 학습 | 주제에 맞는 무대 디자인도 할 수 있다. |

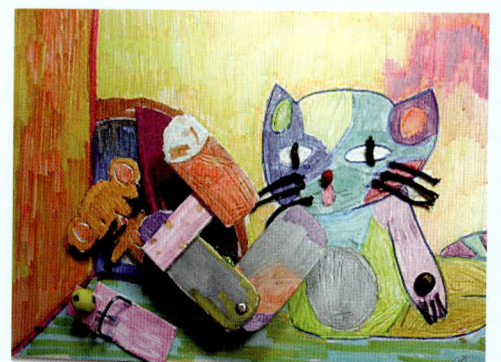

▲ **톰과 제리** 초5 여

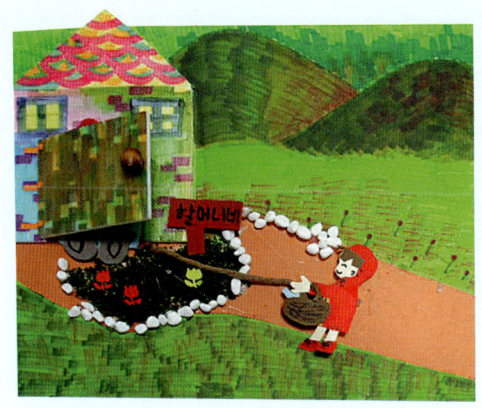

▲ **빨간 모자** 초6 여

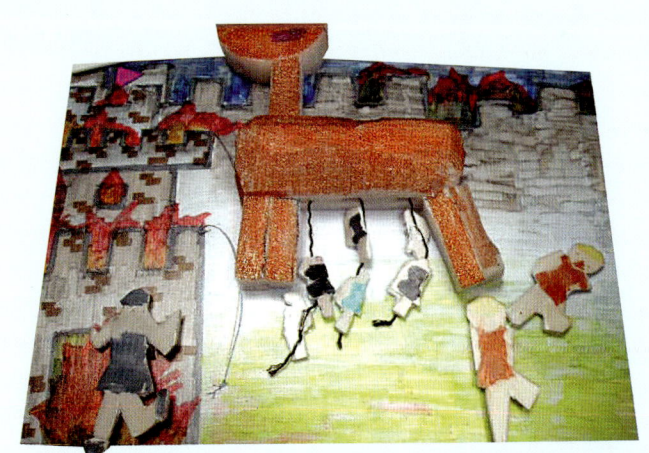

▲ **트로이의 목마** 초5 여

# 4. 정물 표현하기

| | |
|---|---|
| • 주제 | 정물 표현하기 |
| • 학습 목표 | 원근감과 중첩에 대해 자연스럽게 익히기 |
| • 준비물 | 여러 정물들, 채색도구, 도화지, 연필, 지우개, 가위 |
| • 동기 유발 _교사 | 1. 큰 형태를 관찰할 수 있게 도와준다.<br>2. 원근감에 대해 간단하게 설명한다. |
| _아동 | 선생님의 설명을 잘 듣는다. |
| _학습 시간 | 15분 |
| • 작업 과정 _교사 | 1. 테이블에 놓인 여러 정물의 위치를 설명하며 어떠한 정물들을 선택하여 표현할 것인지 정할 수 있는 시간을 준다.<br>(이때, 주제군과 부주제군을 동시에 선택할 수 있도록 한다.)<br>2. 흰 도화지에 선택한 정물을 자신이 원하는 크기로 그린 후 여러 채색도구를 활용하여 채색하도록 한다. (이때, 원근감을 되새기며 멀리 있는 정물과 가까이 있는 정물에 차이를 두도록 지도한다.)<br>3. 표현한 정물들을 가위로 오린 후 또 다른 도화지에 위치를 다르게 하여 고정시킨다. 아이들은 중첩과 원근에 대해 자연스럽게 배울 수 있다.<br>4. 마무리로 배경을 채색한다. |
| _아동 | 1. 설명을 들으며 어떠한 정물을 선택할 것인지 생각한다.<br>2. 다시 한 번 원근에 대해 생각하며 채색한다.<br>3. 가위로 정물을 오린 후 풀을 이용하여 고정한다.<br>4. 배경을 채색한다. |
| _작업 시간 | 75분 |
| • 작품 보고 이야기하기 | 1. 원근감이 잘 표현되었는가<br>2. 정물이 자신의 의도대로 표현되었는가<br>3. 표현이 조화롭게 이루어졌는가 |
| • 발전 학습 | 정물수채화를 완성한다. |

CONCEPT program

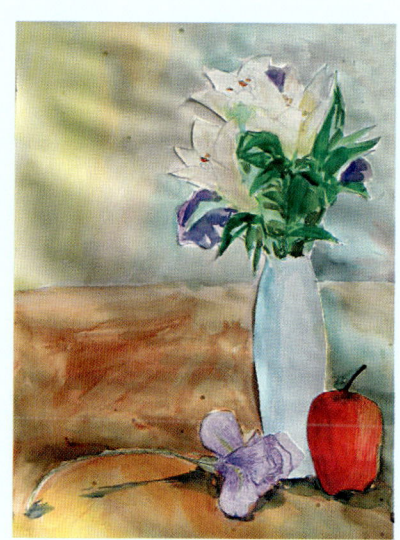

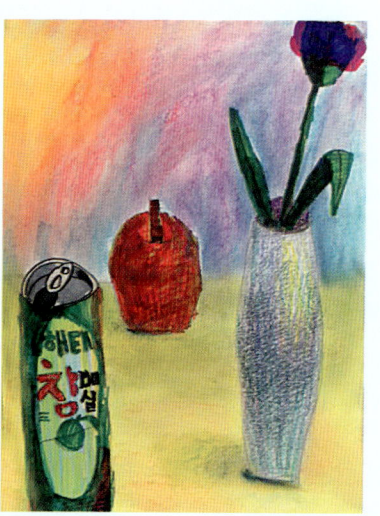

▲ **정물화** 초4 남

▲ **정물화** 초6 여

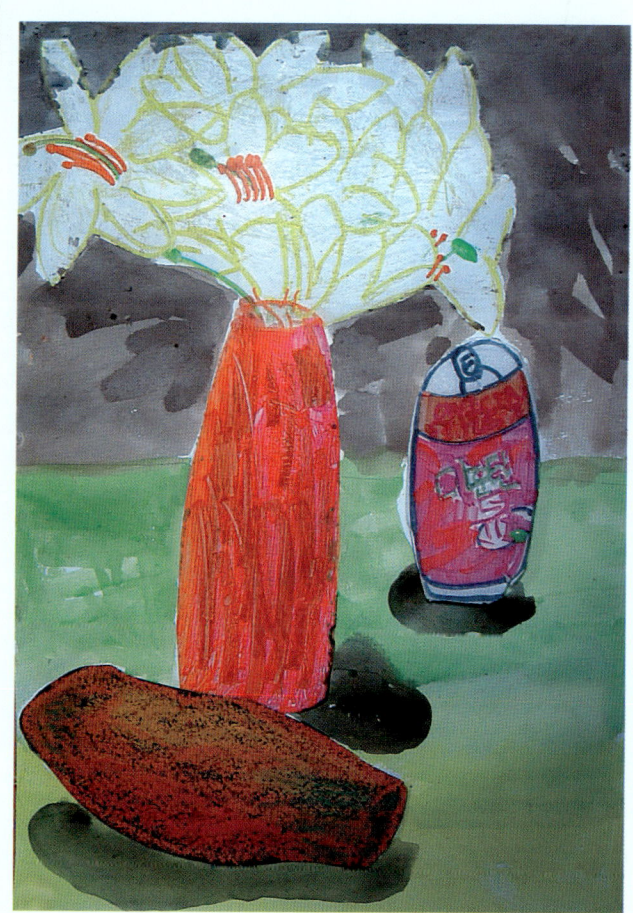

▶ **정물화** 초4 여

# 5. 건축물 부조 만들기

| | |
|---|---|
| • 주제 | 건축물 부조 만들기 |
| • 학습 목표 | 조소의 특징을 알고 표현할 수 있다. |
| • 준비물 | 종이죽, 보드롱판, 다양한 조소도구, 수채화물감, 니스, C.M.C(합성풀) |

**• 동기 유발**

_교사
1. 기성작품을 보여준다.
2. 유명한 건축물 사진을 보여준다.

_아동
기성 작품 감상 및 아름다운 건축물 사진 감상

_유의사항
조소 이론 알려주기

**• 작업 과정**

_교사
1. 소조의 종류와 조소의 표현요소 등 부조에 관하여 알려준다.
2. 여러 작가 작품 및 유명한 건축물 사진을 보여준다.
3. 제작과정을 알려준다.
4. 실물사진과 같도록 스케치한다.
5. 종이죽이 잘 붙도록 C.M.C 섞는 방법을 알려준다.
6. 완성 후 발표한다.

_아동
1. 작품 및 사진을 감상한다.
2. 제작 과정을 이해한다.
3. 자기가 선택한 건축물을 보드롱 위에 스케치한다.
4. 종이죽에 C.M.C를 섞어 본다.
5. 스케치한 부분에 종이죽으로 양감, 질감 표현이 잘 나타나도록 살을 붙인다.
6. 마른 후 실물사진처럼 또는 독창적으로 채색한다.

_유의사항
1. 스케치를 할 때는 하얀색 크레파스나 오일 파스텔을 사용한다.
2. 종이죽에 C.M.C를 섞는 과정에서 물 조절을 잘 해야 한다.
3. 마르는 과정에서 종이죽이 울지 않도록 무거운 책이나 물건을 올려 놓는다.

**• 작품 보고 이야기하기**
종이죽으로 조소의 표현요소(양감, 공간, 동세, 구조, 균형, 질감)들이 잘
나타나도록 표현한다.

**• 발전 학습**
환조 제작을 할 수 있다.

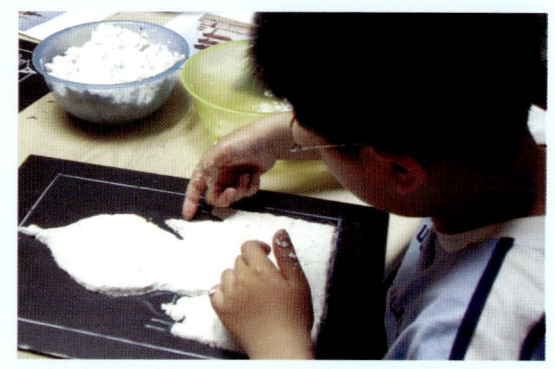

▲ 작업 중인 모습, 초4 남

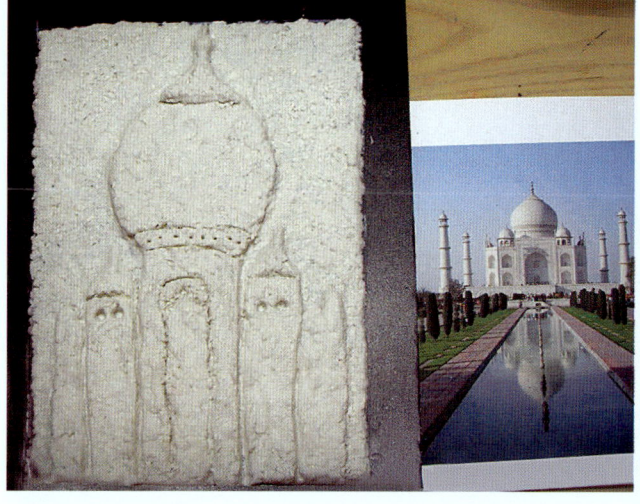

▲ **타지마할 궁전** 초4 남

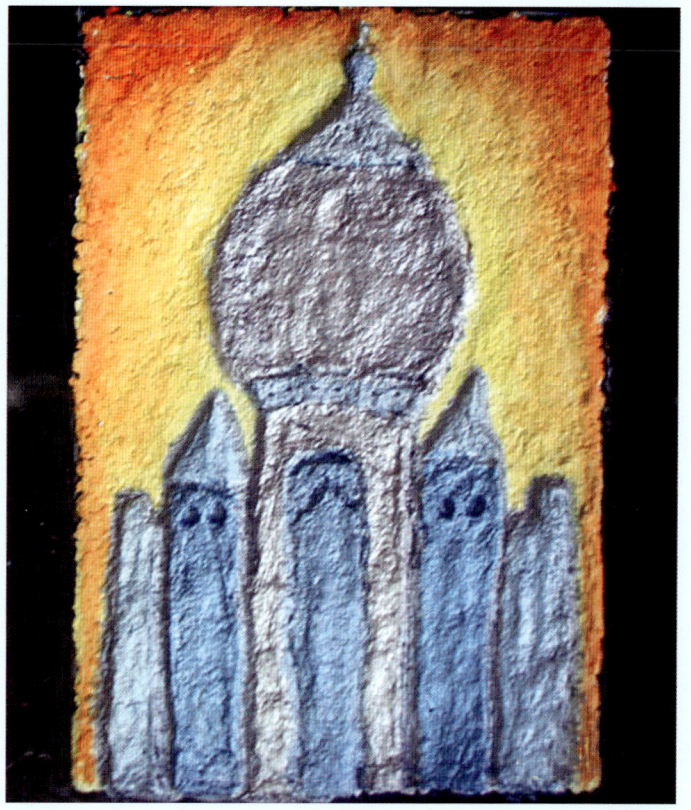

▲ **타지마할 궁전** 초4 남

# 6. 동판화

| | |
|---|---|
| • 주제 | 동판화 |
| • 학습 목표 | 동판화의 기법을 이해하고 알 수 있다. |
| • 준비물 | 동판화, 골핀, 부식액, 붓, 사포, 연필, 지우개 |
| • 동기 유발<br>_교사 | 판화의 기법에 대해 이야기한다. |
| _아동 | 판화의 기법에 대해 인지하고, 표현할 것을 생각한다. |
| _학습 시간 | 10분 |
| • 작업 과정<br>_교사 | 1. 동판화의 원리에 대해 설명한다.<br>2. 동판의 끝이 날카롭기 때문에 다치지 않도록 주의시킨다.<br>3. 골핀으로 두드리는 것을 돕는다. |
| _아동 | 1. 동판에 새길 그림을 아이디어스케치한다.<br>2. 동판에 옮겨 그린다.<br>3. 골핀으로 두드린다.<br>4. 부식액으로 부식시킨다.<br>5. 사포로 문지른다.<br>6. 흐르는 물에 가루를 씻어낸 후 말린다.<br>7. 서로의 작품을 감상한다. |
| _작업 시간 | 80분 |
| _유의사항 | 부식액을 바를 때 환기를 잘 시킨다. |
| • 작품 보고 이야기하기 | 판화의 특징을 이해하는가 |
| • 발전 학습 | 여러 가지 판화를 체험해 본다. |

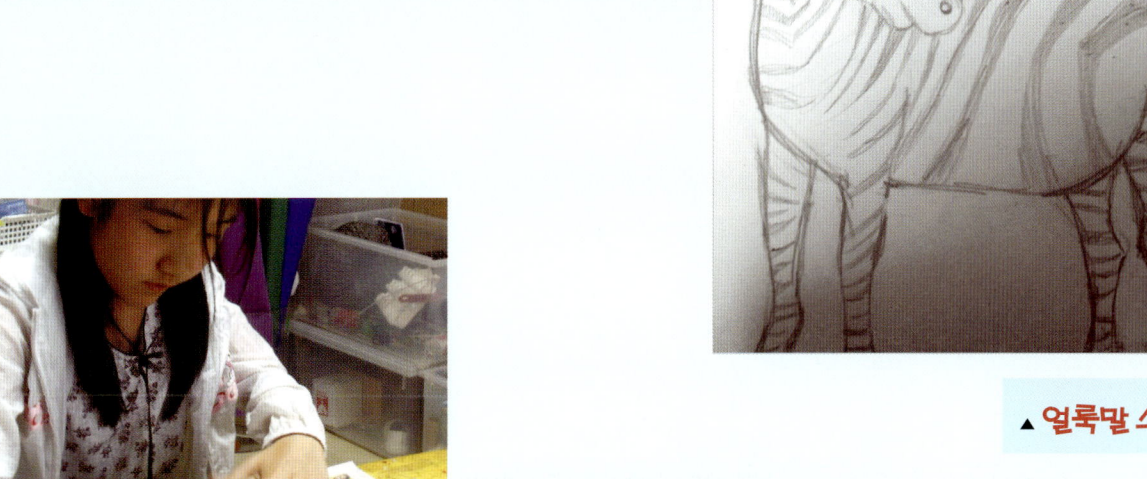

▲ **얼룩말 스케치** 초4 여

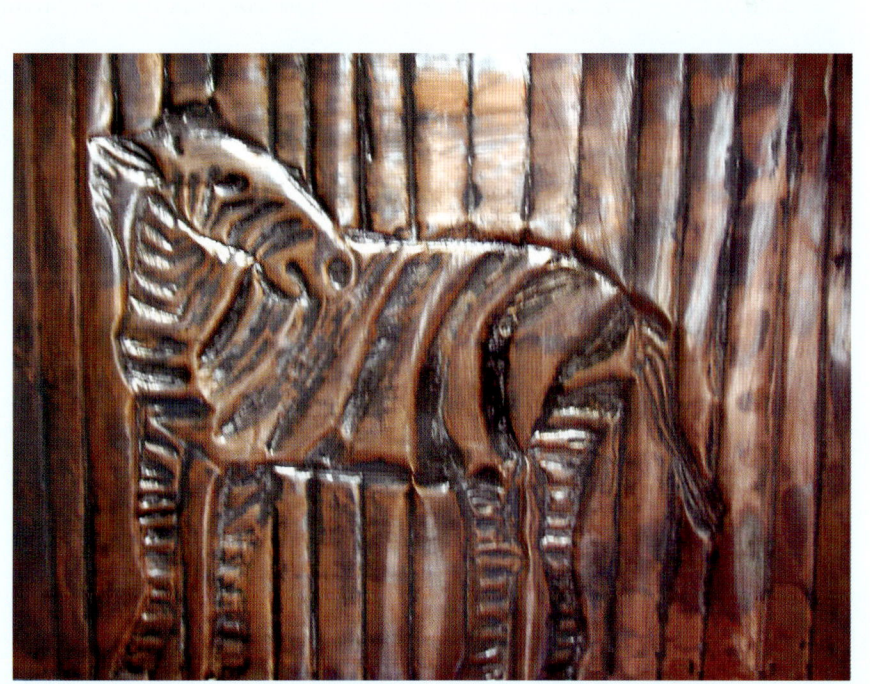

▲ 작업 중인 모습, 초4 여

▲ **얼룩말** 초4 여

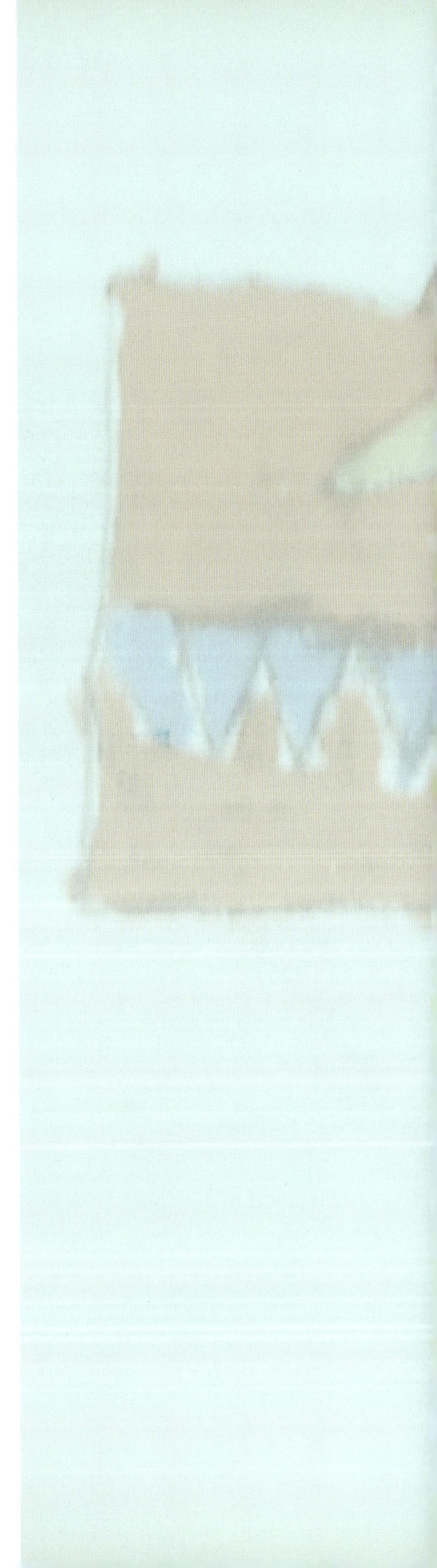

초등학교
고학년

# 3. 자유창작

**내맘대로 만들어요.**

재활용 물품들과 여러 가지 매체의 미술재료를 자유롭게 경험하게 하여 입체와 평면을 넘나드는 융통성을 기를 수 있으며 아동의 미술적 재능을 파악할 수 있는 프로그램입니다.

아이들 스스로 주제를 정하고, 구상하고, 모든 작업을 스스로 하도록 하는 과정에서 결과물에 대한 만족감과 성취감을 기를 수 있도록 합니다.

* 아동들이 선택한 재료로 작품을 만드는 과정에서 나타나는 상징들을 통해 아이들의 심리를 읽어낼 수 있는 프로그램입니다.

## 1. UFO

▶ **탐색매체** 바구니, 호스, 일회용 숟가락, 박스종이, 금색 락카

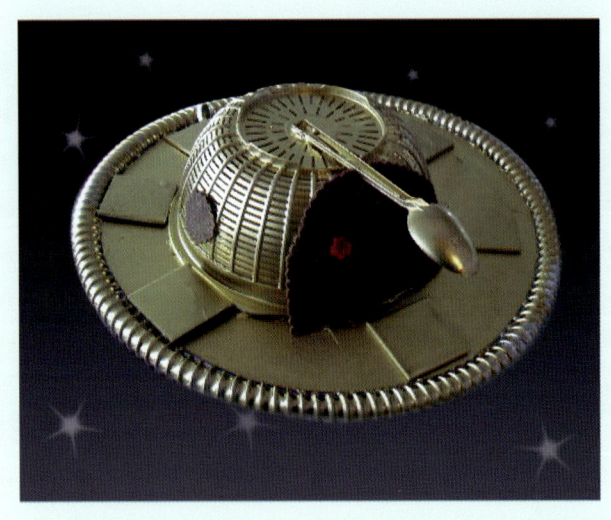

◀ 준혁이는 UFO를 만들었어요.

＊UFO를 타고 가고 싶은 세계는 어디일까요?

## 2. 장구

▶ **탐색매체** 기계판, 컴퓨터 부품, 나무젓가락, 청소솔, 플라스틱 바구니, 전선, 반짝이모루

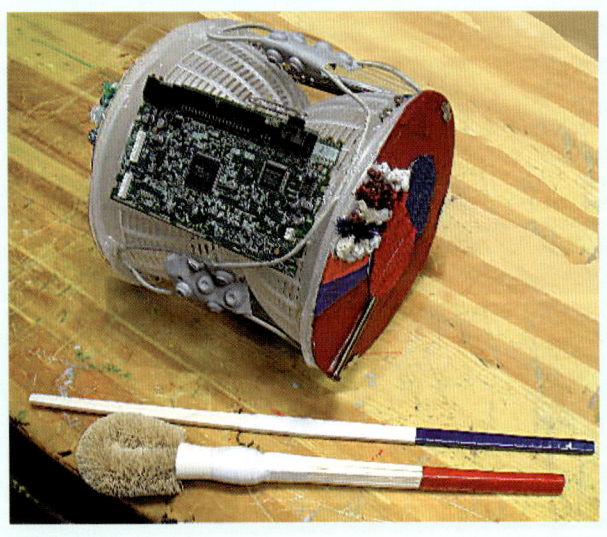

◀ 인영이는 바구니 두 개를 이어 장구를 만들었네요.
장구채가 인상적이예요.

＊장구채로 두드리면 뭔가 해소되는 느낌이 들 거예요.

OPENstudio

210  미술로 행복해지는 아이들

## 3. 새 종족 탄생

▶ **탐색매체** 플라스틱 병, 일회용 포크, 호스, 빨래집게, 은색 락카

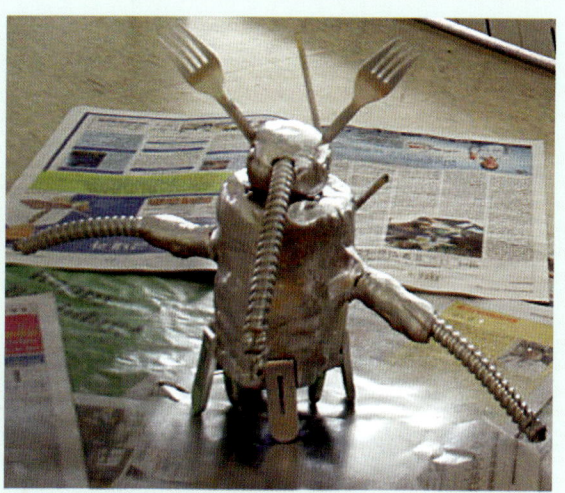

▶ 제성이가 만든 새로운 새 종족의 탄생! 어떤가요?

✱ 새롭게 탄생된다는 것은 즐거운 일이죠.

## 4. 들판에 앉은 양 두 마리

▶ **탐색매체** 철사류, 작은 돌, 합판, 니퍼

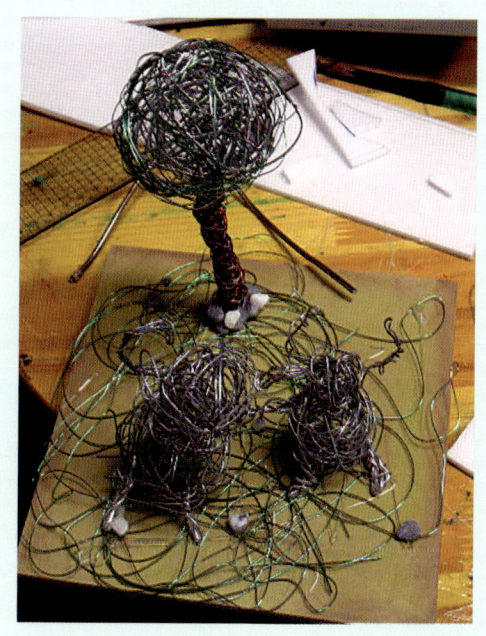

▶ 해인이는 철사류로 들판에 앉은 양 두 마리를 만들었어요.
양 뒤편의 나무가 튼튼해 보이죠.

✱ 나무 한 그루에 두 마리의 양이 서로 바라보고 있네요.

## 5. 로봇 개

▶ **탐색매체** 나무토막, 크레파스, 톱, 글루건

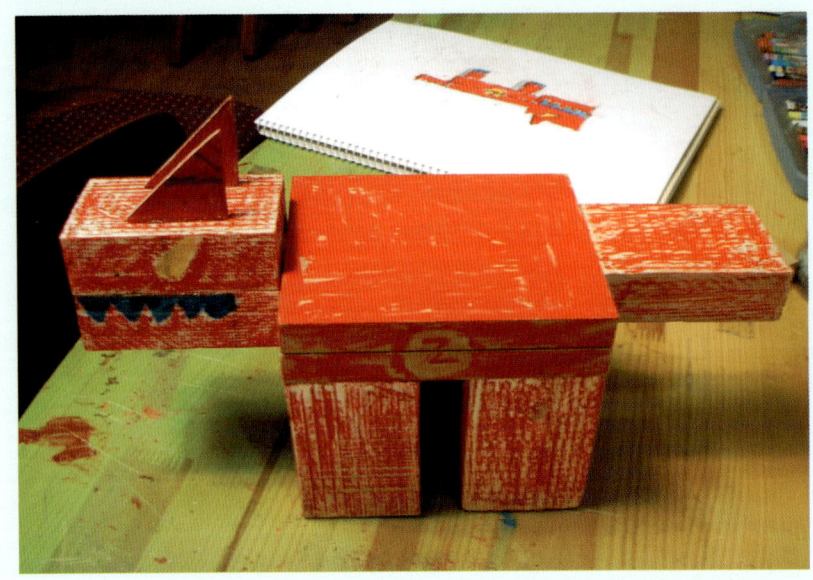

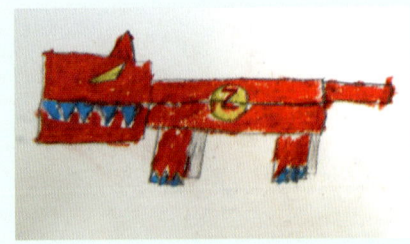

### 로봇 개

▲ 아이디어스케치

◀ 아이디어스케치랑 똑같이 완성된 로봇개 이빨이 너무 무서워 보이네요.

✳ 로봇개는 자유로울까요?

## 6. 경비행기

▶ **탐색매체** 나무토막, 은색 락카, 이쑤시개, 플라스틱 포크, 글루건, 톱

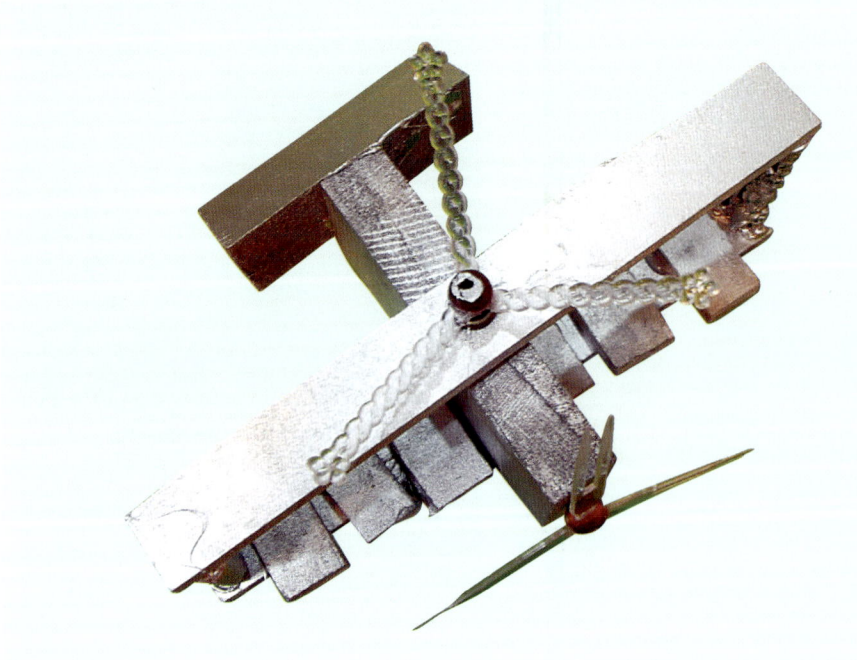

◀ 앞의 프로펠러를 돌리면서 하늘로 날 아오를 것 같아요.

✳ 높은 하늘을 나는 갈매기의 꿈이 생각나네요.

## 7. 표주박 장식

▶ **탐색매체** 표주박, 마카

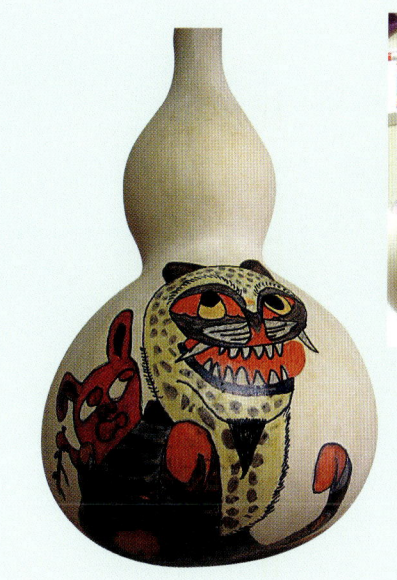

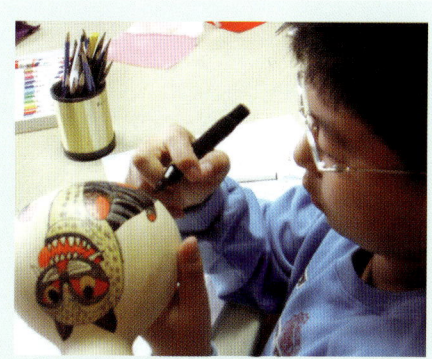

▶ 제성이가 표주박에
호랑이 민화를 그렸어요.
토끼가 호랑이를 쳐다보네요.

✳ 민화 속의 호랑이 표정이
재미있네요.

## 8. 꽃

▶ **탐색매체** 합판, 배포장지, 페트병 윗부분, 팥, 나무토막, 글루건, 작은 돌멩이

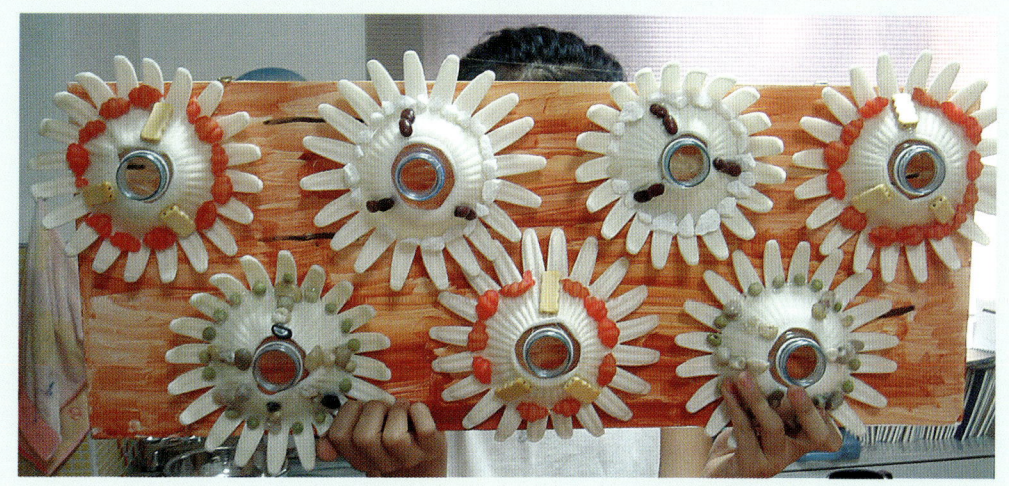

▲ 인영이가 배 포장껍데기로 다양한 꽃들을 만들었어요.

✳ 7개의 꽃송이가 참 예쁘네요.

# 9. 꽃다발

▶ **탐색매체** 색철사, 단추, 리본, 셀로판지, 주름지, 부직포

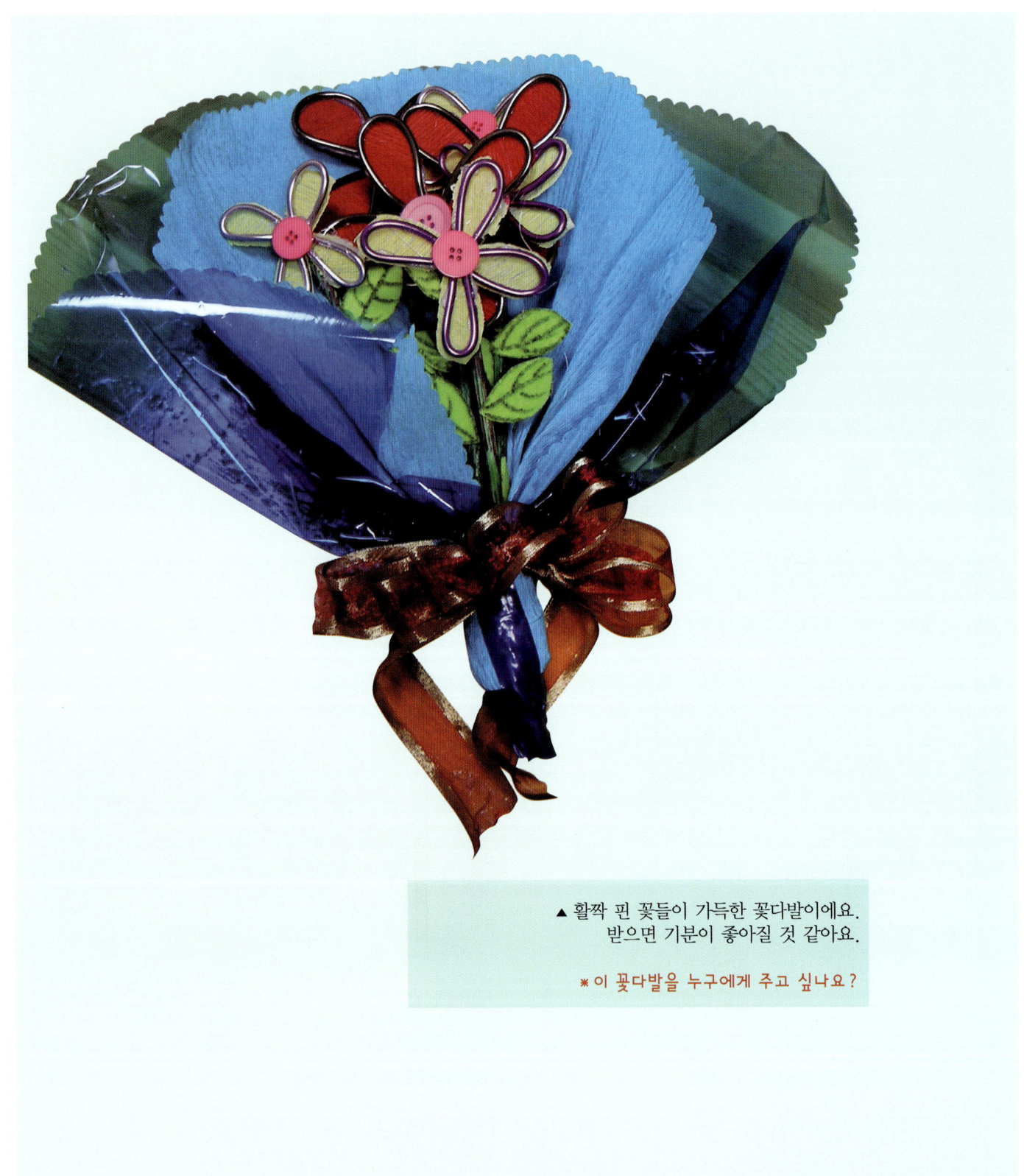

▲ 활짝 핀 꽃들이 가득한 꽃다발이에요.
받으면 기분이 좋아질 것 같아요.

✽ 이 꽃다발을 누구에게 주고 싶나요?

# 10. 아파트 앞 도로

▶ **탐색매체** 도화지, 우드락, 마카, 테이프

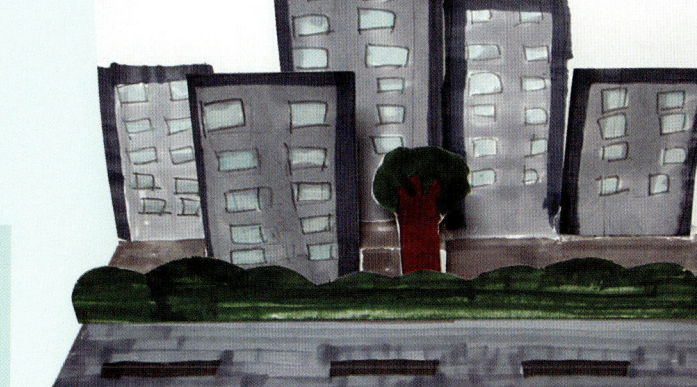

▶ 앞의 나무 한 그루가 조용한 도로와
　적막한 도시 풍경을 보여주네요.

✻ 차는 안 보이네요.

# 11. 눈 오는 날

▶ **탐색매체** 신발상자, 천사점토, 스티로폼볼, 스팽글, 반짝이모루, 낚시줄

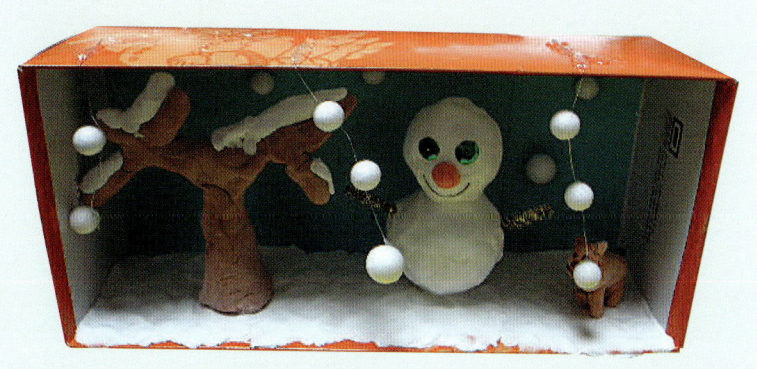

▶ 준혁이가 눈이 내리는 겨울 풍경을 표현했네요.
　바닥과 나무에 쌓인 눈이 한겨울 같아요.

✻ 네모상자 안에 들어 있는 눈사람과 강아지는
　안전해 보이네요.

## 12. 당구대

▶ **탐색매체** 상자, 나무젓가락, 스티로폼볼, 전기테이프, 마카

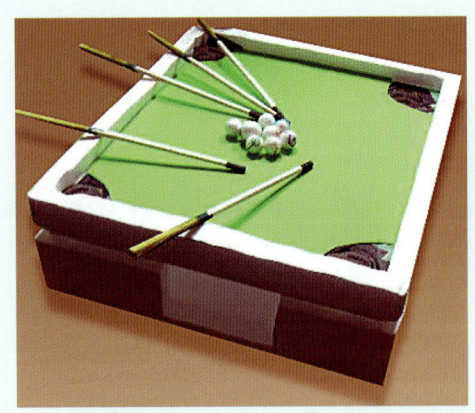
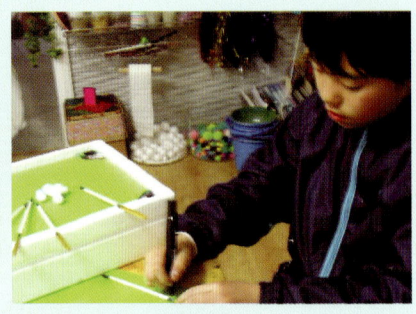

◀ 상현이가 상자로 당구대를 만들었어요.
바로 당구를 쳐도 될 것 같은데요.

＊당구볼을 칠 때 소리가 나서 신나겠네요.

## 13. 놀이공원

▶ **탐색매체** 주름호스, 요구르트병, 수수깡, 색종이, 모루, 모루볼, 글루건

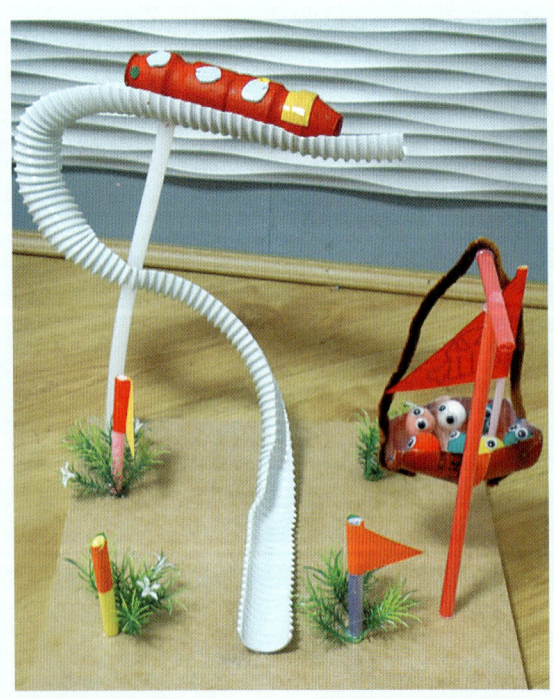

◀ 제성이가 롤러코스터가 있는
놀이공원을 만들었어요.

＊모험심이 좋아요.

# 14. 팥빙수

▶ **탐색매체** 유리컵, 점토, 작은 돌멩이, 팥, 반짝이모루, 솜

▶ 과자도 올라간 시원한 팥빙수네요.
바로 먹어도 될 것 같은 진짜 같은 팥빙수!

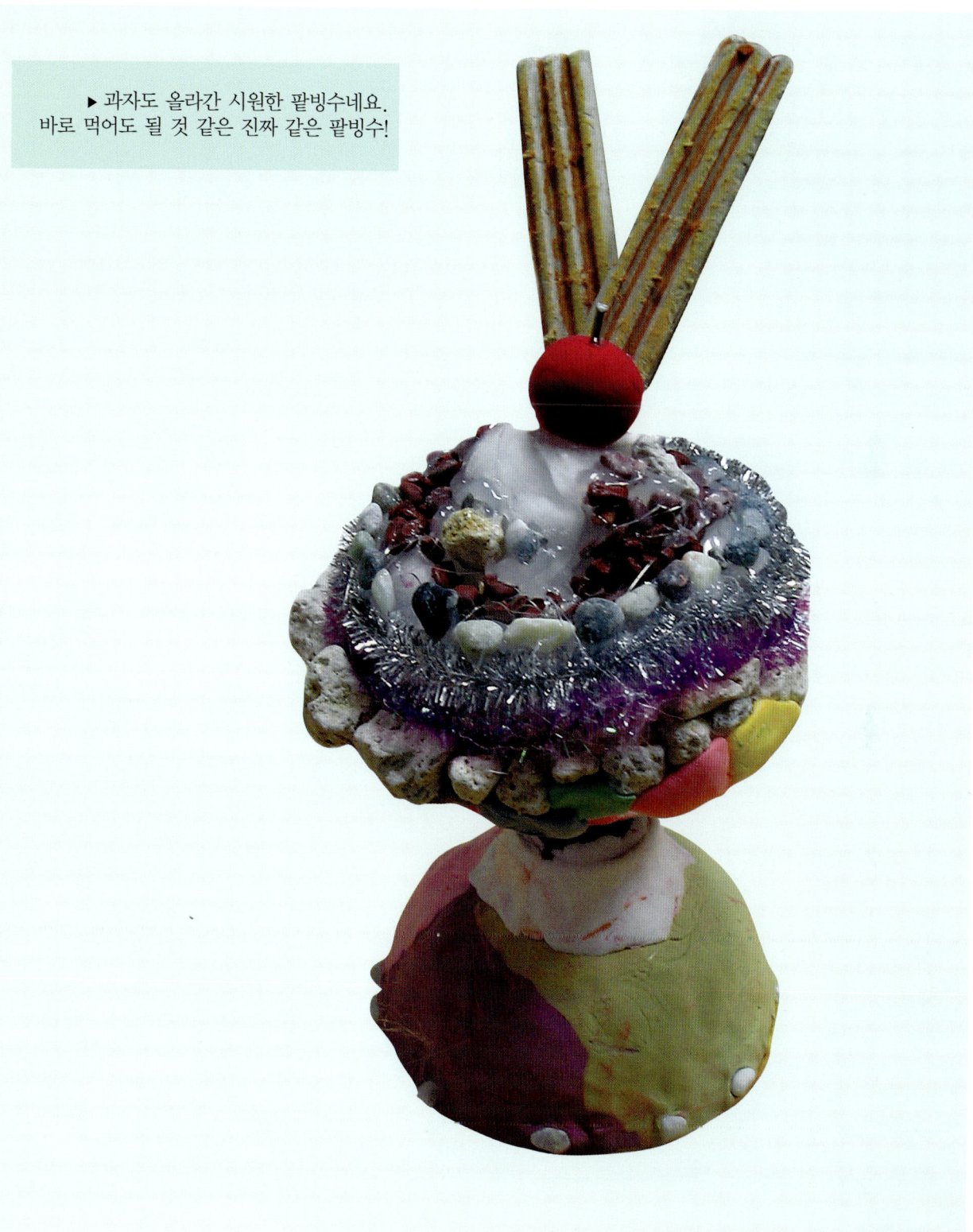

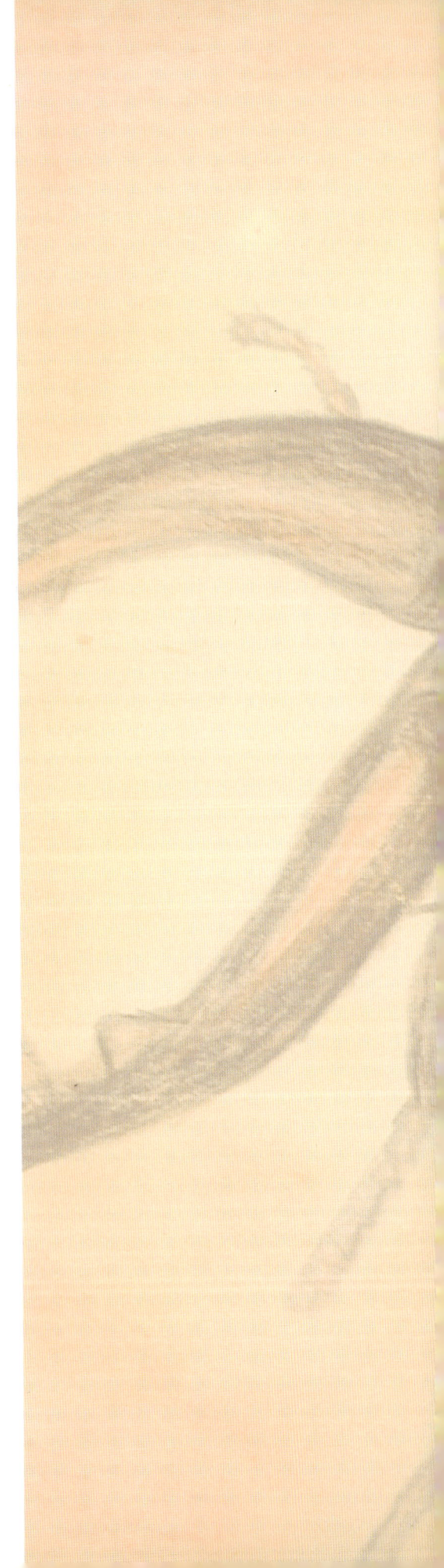

초등학교
고학년

# 4. 평면

매체에 대한 기초 이해를 통해 표현하고자 하는
주제를 가지고 교사와 커뮤니케이션하면서 작품
을 만드는 평면작업입니다.

# 1. 자화상 소묘

| | |
|---|---|
| • 주제 | 자화상 소묘 |
| • 학습 목표 | 초상화와 자화상을 구별할 수 있다. |
| • 준비물 | 스케치북, 4B연필, 지우개, 수채화구, 손거울(선생님이 준비) |
| • 동기유발<br>_교사 | 1. 초상화와 자화상에 대해 미리 설명한다.<br>2. 자신의 얼굴 등을 관찰할 수 있도록 한다. |
| _아동 | 1. 서로의 얼굴 등을 관찰한다.<br>2. 자신의 얼굴의 특징을 어떤 것이 있는지 파악한다.<br>   (다른 사람과의 다른 점_ 예 : 코가 크다. 눈이 쌍꺼풀이 없다 등) |
| _학습 시간 | 20분 |
| _유의사항 | 손거울로 자신의 얼굴의 특징을 파악할 수 있도록 한다. |
| • 작업 과정<br>_교사 | 1. 얼굴의 특징 등이 나타날 수 있도록 하려면 어떻게 하는지 설명한다.<br>2. 관찰을 잘 할 수 있도록 설명을 유도한다.<br>3. 스케치 할 때 연필 잡는 법등을 바르게 알려준다. |
| _아동 | 1. 나의 얼굴의 특징이 바르게 나타나도록 관찰하고 표현한다.<br>2. 관찰을 잘하여 스케치를 완성한다.<br>3. 완성된 스케치에 수채화로 표현한다.<br>4. 자화상과 초상화의 특징과 이해를 서로 공유한다.<br>5. 작품을 통한 느낀 점 등을 말해 본다. |
| _작업 시간 | 70분 |
| _유의사항 | 1. 서로의 얼굴의 특징 등을 잘 모를 때 교사가 특징 등을 설명한다.<br>2. 데생으로 마무리할 것인지 수채화까지 할지를 교사가 판단한다. (시간 조절) |
| • 작품 보고 이야기하기 | 1. 관찰한 특징이 잘 표현되었는가<br>2. 데생과 투명 수채화의 바른 사용법을 알았는가 |
| • 발전 학습 | 자화상을 수채화나 아크릴화로 표현할 수 있다. |

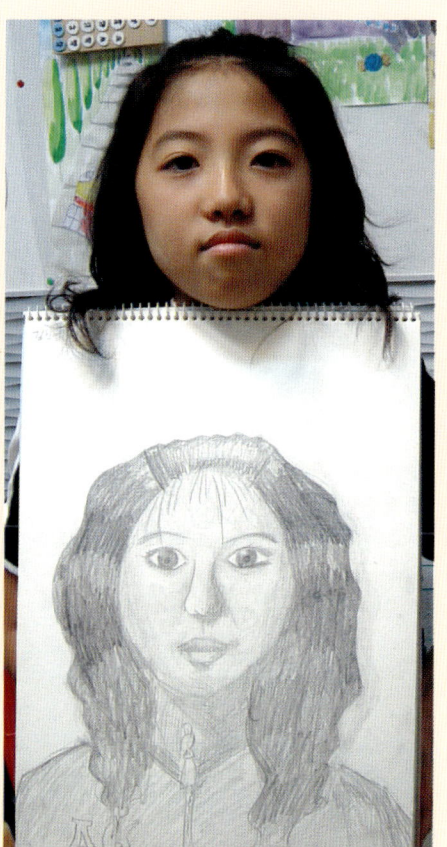

▲ **자화상** 초4 여

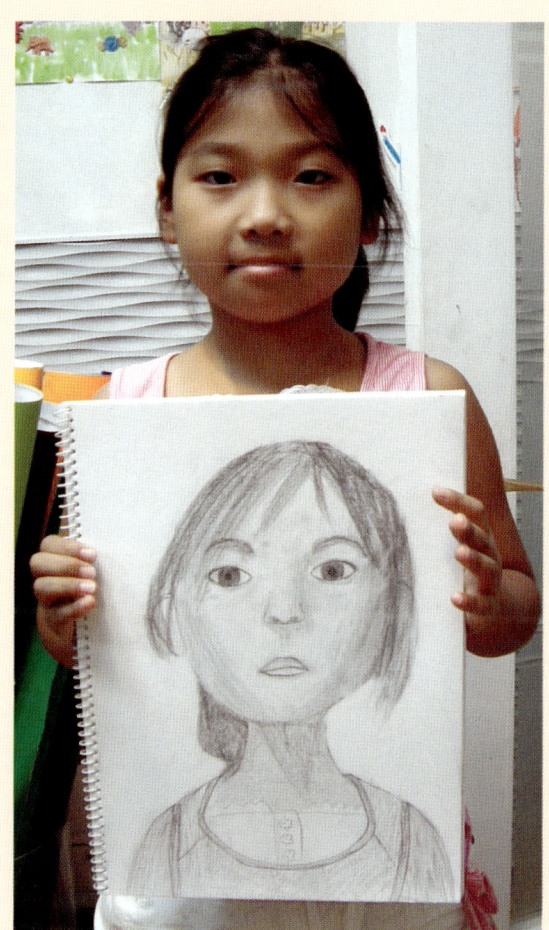

▲ **자화상** 초4 여

▶ 자화상 작업하는 모습, 초4 여

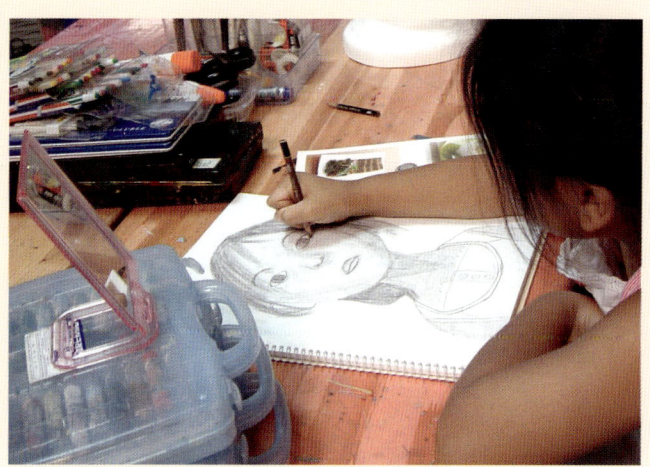

# 2. 붓펜 소묘

| | |
|---|---|
| • 주제 | 붓펜 소묘 |
| • 학습 목표 | 사물을 관찰하여 붓펜으로 소묘하는 과정에서 관찰력과 표현력이 생긴다. |
| • 준비물 | 흑백으로 된 사물 사진, 붓펜, 화지 |
| • 동기 유발 _교사 | 사물을 관찰하여 자세하게 표현할 수 있도록 한다. |
| _아동 | 미리 준비된 흑백사진을 보면서 표현할 것을 고른다. |
| _학습 시간 | 10분 |
| _유의사항 | 흑백 사물 사진 |
| • 작업 과정 _교사 | 1. 먹물과 붓펜을 사용해보고 차이점을 알아본다.<br>2. 붓펜의 사용이 익숙하게 이루어질 수 있도록 사용법을 충분히 설명한다. |
| _아동 | 1. 선택한 사진을 보면서 종이에 바로 붓펜으로 그려준다.<br>2. 가는 선은 붓펜을 길게 세워 표현하고, 굵은 선은 힘을 주어 눌러 표현한다.<br>3. 명암과 그림자 표현도 한다.<br>4. 완성된 작품과 원본 사진을 비교해 본다. |
| _작업 시간 | 80분 |
| • 작품 보고 이야기하기 | 사물의 표현이 자세하게 이루어졌는가 |
| • 발전 학습 | 펜을 이용한 정밀묘사가 가능하다. |

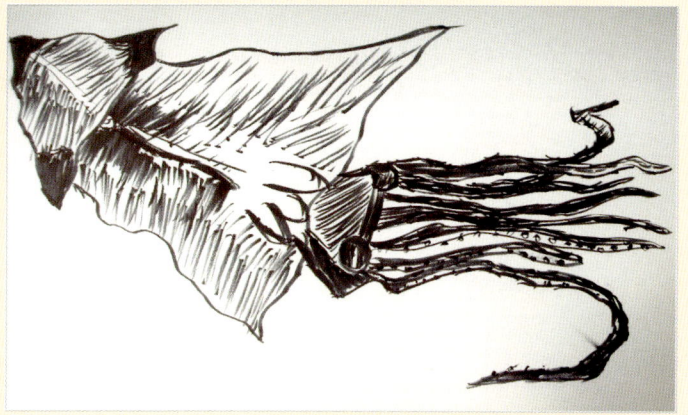

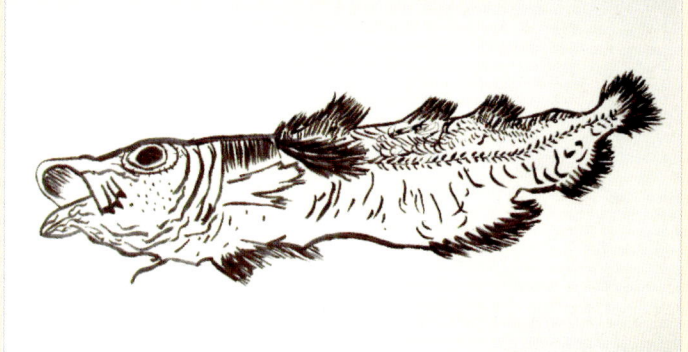

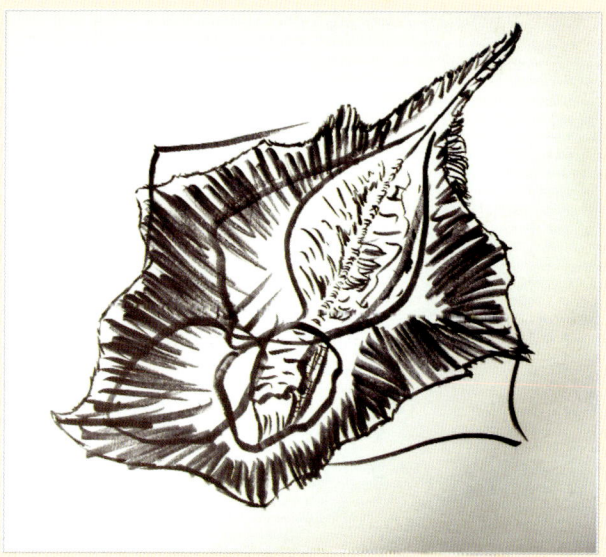

## 3. 색연필화

- **주제**   색연필화

- **학습 목표**   곤충도감을 통해 자세한 곤충의 모습을 표현하면서, 관찰력과 표현력을 기른다.

- **준비물**   곤충도감, 색연필, 파스텔, 화지

- **동기 유발**
  _교사   곤충도감을 보면서 곤충의 특징에 대하여 이야기한다.

  _아동   곤충도감을 보면서 곤충의 특징을 관찰하고, 표현할 곤충사진을 선택한다.

  _유의사항   곤충도감 준비

- **작업 과정**
  _교사   1. 날카롭게 깎은 색연필로 자세한 표현이 이루어질 수 있도록 한다.
  2. 자세하게 표현될 수 있도록 관찰을 계속하게 한다.

  _아동   1. 그려줄 곤충사진을 고른다.
  2. 흐린 색연필로 먼저 자세하게 스케치한다.
  3. 색을 입히며 완성한다.
  4. 배경은 파스텔로 마무리한다.

- **작품 보고 이야기하기**
  1. 재료의 특성을 잘 이해하였는가
  2. 자세한 관찰을 통한 표현이 이루어졌는가

- **발전 학습**   식물이나 인체의 세부 표현도 가능하다.

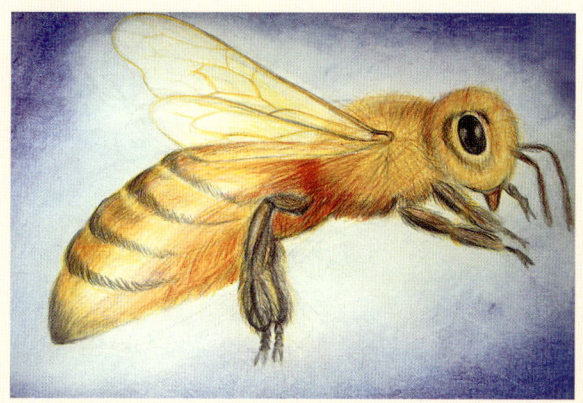

▲ **벌** 초5 남

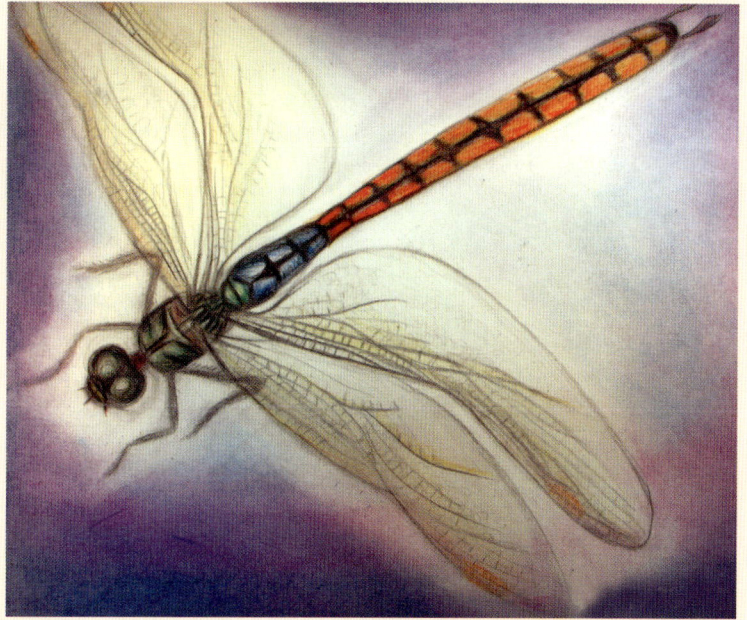

▲ **잠자리** 초4 남

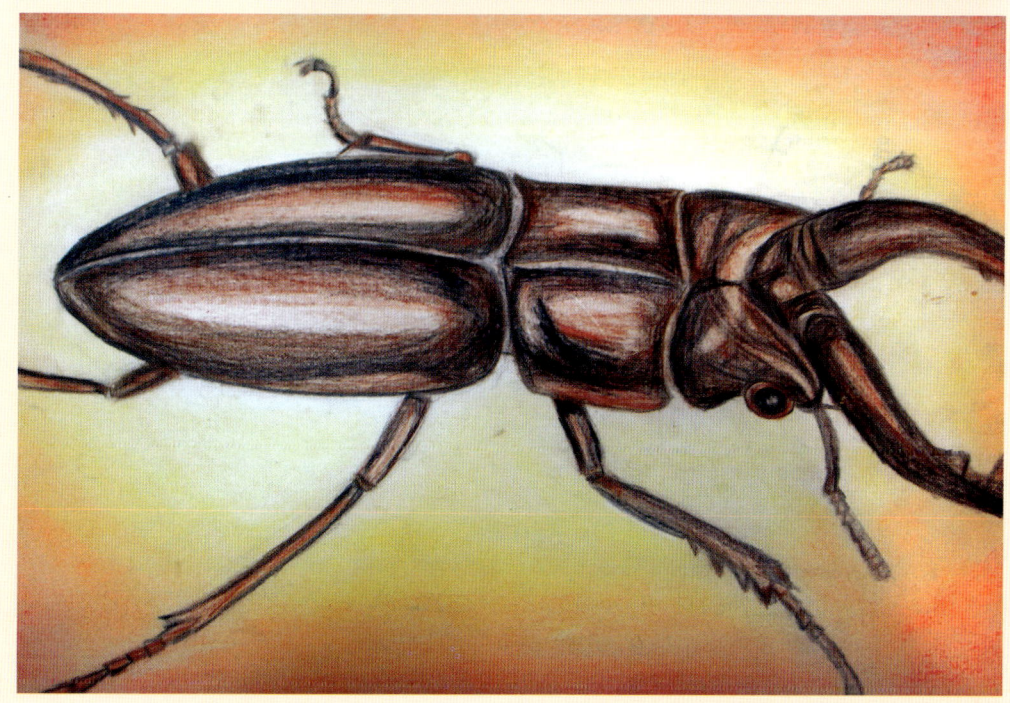

▲ **장수풍뎅이** 초4 남

# 4. 내 모습 캐리커처

| | |
|---|---|
| • 주제 | 내 모습 캐리커처 |
| • 학습 목표 | 자신의 모습을 관찰하며 특징을 살려 캐리커처화 하는 과정에서<br>자아존중감이 생긴다. |
| • 준비물 | 거울, 채색도구, 연필, 화지 |
| • 동기 유발<br>_교사 | 1. 캐리커처에 대하여 설명해주고, 자신의 모습을 관찰하도록 한다.<br>2. 유명인 캐리커처 자료를 보여주면서 인물의 특징에 대하여 이야기해 본다. |
| _아동 | 거울을 보면서 자신의 특징을 이야기하고 어떤 식으로 캐리커처화 할지<br>생각한다. |
| _학습 시간 | 10분 |
| _유의사항 | 거울, 유명인 캐리커처 자료 준비 |
| • 작업 과정<br>_교사 | 자신만의 특징이 과장되게 표현될 수 있도록 유도한다. |
| _아동 | 1. 거울을 보면서 자신의 특징을 찾아본다.<br>2. 특징을 과장되게 표현하여 자신의 특성이 나오도록 그려준다.<br>3. 다양한 채색도구로 채색한다.<br>4. 완성된 캐리커처와 자신을 비교해 본다. |
| _작업 시간 | 80분 |
| • 작품 보고 이야기하기 | 자신의 모습이 캐리커처 되었는가 |
| • 발전 학습 | 1. 자신을 캐릭터화하여 상품처럼 만들 수 있다.<br>2. 가방이나 책 등에 캐릭터화 한 자신의 모습을 그릴 수 있다. |

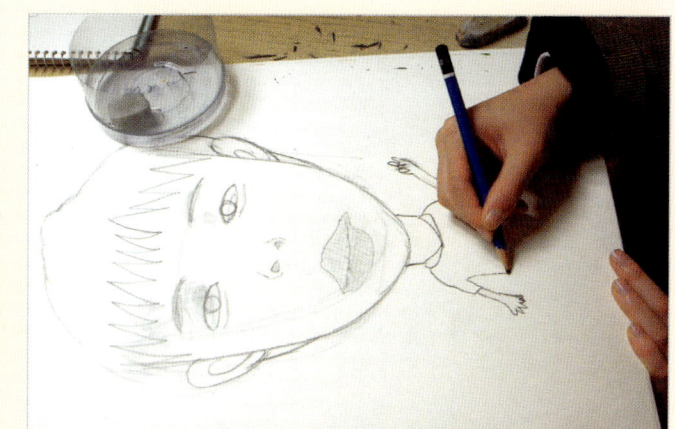

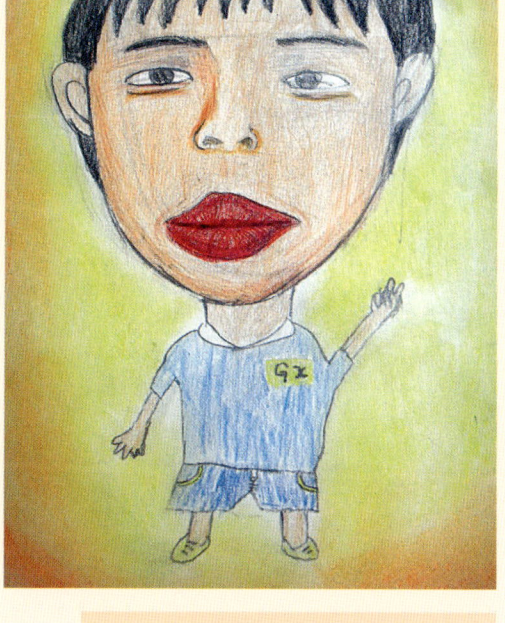

▲ 내 모습 캐리커쳐 초5 남

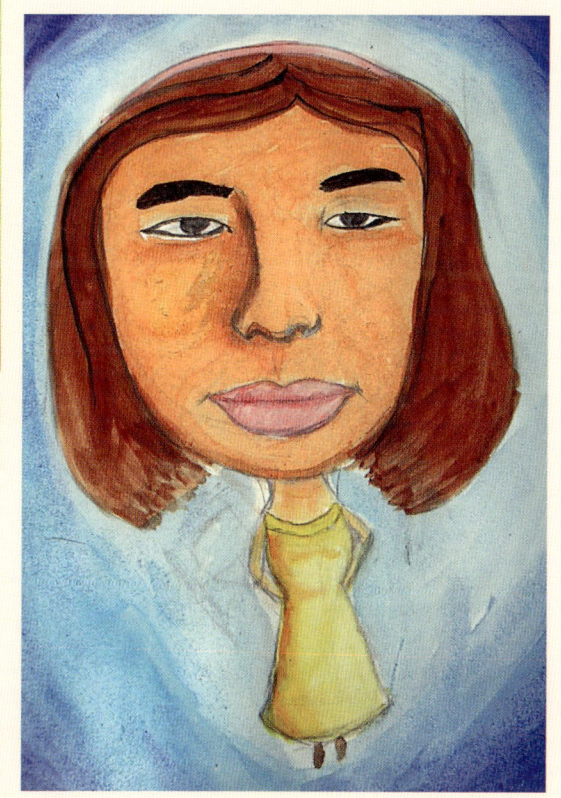

▶ 내 모습 캐리커쳐 초5 여

# 5. 문자 디자인

- **주제**    문자 디자인

- **학습 목표**    언어적인 작품의 감상을 통해 새로운 단어를 창출해 내고 문자의 아름다움과 소중함도 알아보자.

- **준비물**    문자 디자인 작품, 도화지, 연필, 마카 등 채색도구

- **동기 유발**
  _고사
  1. 각자 한자 이름이나 영문 이름을 적어 와도 좋다.
  2. 뜻이나 음도 같이 알아오도록 한다.
  3. 민화의 유래나 의미에 대해서도 이야기한다.

  _아동
  1. 자유롭게 그림에 대해 이야기한다.
  2. '문자도' 속 그림에 대해서도 이야기한다.

- **작업 과정**
  _고사
  1. 나타내고자 하는 문자의 변형을 유도해 본다.
  2. 각 글자의 의미를 이해하고 하나의 글자도 의미 전달이 될 수 있도록 한다.

  _아동
  1. 문자의 크기나 두께에 변화를 주어 그림으로 나타내본다.
  2. 문자 속에 문자 대신 들어갈 그림이 어떤 것이 있는지 생각해 본다.
  3. 연필 스케치한다.
  4. 마카로 채색한다.
  5. 다른 친구들의 작품도 함께 감상한다.

- **작품 보고 이야기하기**
  1. 같은 글씨를 다르게 표현하였는가
  2. 다른 글씨를 같은 의미를 두고 표현하였는가
  3. 각각의 글의 의미를 얼마나 잘 나타내었나

- **발전 학습**
  1. 그림 속에 글씨를 숨겨 숨은 글씨 찾기를 할 수 있다.
  2. 자신이 좋아하는 단어나 교훈 등을 문자 디자인 할 수 있다.

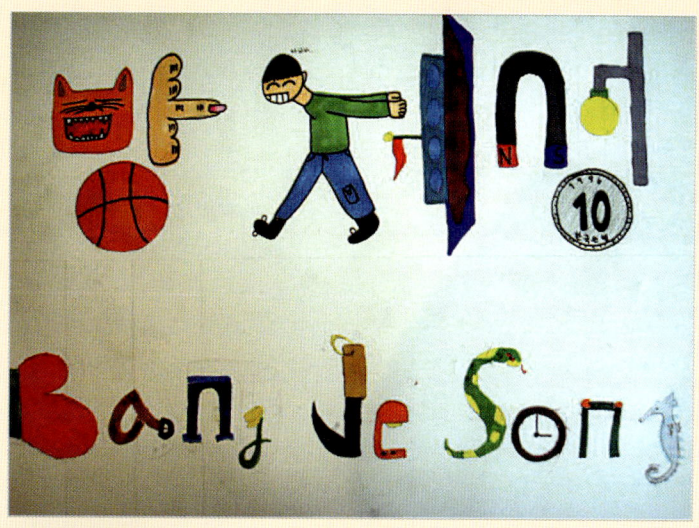

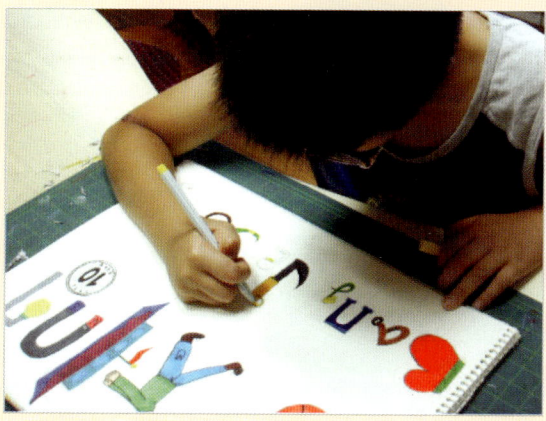

◀ 작업 중인 모습, 초5 남

# 6. 친구의 반쪽 얼굴

| | |
|---|---|
| • 주제 | 친구의 반쪽 얼굴 |
| • 학습 목표 | 친구의 특징을 관찰하고 특징을 잘 살려 표현해보자. |
| • 준비물 | 거울, 이젤, 연필, 지우개, 도화지, 색연필, 파스텔 |
| • 동기 유발<br>_교사 | 학생의 얼굴을 A4 사이즈에 출력한다. |
| _아동 | 작품 속 인물의 기분이나 상황에 대해 상상해 본다. |

• 작업 과정

_교사

1. 왼손으로 또는 오른손으로만 그릴 수 있도록 주의를 준다.
2. 지시사항에 맞추어 작업할 수 있도록 유도한다.

_아동

1. 상대방의 얼굴을 붓펜으로 그린다.
2. 습작으로써 친구의 얼굴을 보면서 화지를 보지 않은 상태로 화지에서 손을 떼지 않고 그린다.
3. 내가 원하는 쪽의 이미지를 드로잉한다.
4. 맘에 드는 친구와 내 얼굴과 친구의 얼굴을 바꿔 친구가 생각하는 나의 반쪽 이미지를 드로잉 한다.
5. 각자가 맘에 드는 이미지를 각자가 원하는 재료로 채색한다.

• 작품 보고 이야기하기

1. 내가 생각하는 나의 이미지와 친구가 생각하는 나의 이미지는 어떻게 다른가
2. 친구에 대한 이해로 이미지와 특성을 잘 살렸는가
3. 교사의 지시에 잘 따라 이행하였는가

• 발전 학습   친구의 초상화 그리기– 반쪽은 드로잉, 반쪽은 콜라주로 나타낼 수 있다.

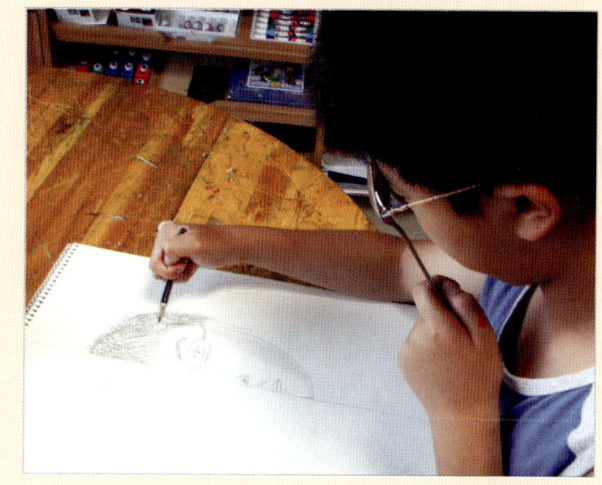

▶ 작업 중인 모습, 초5 남

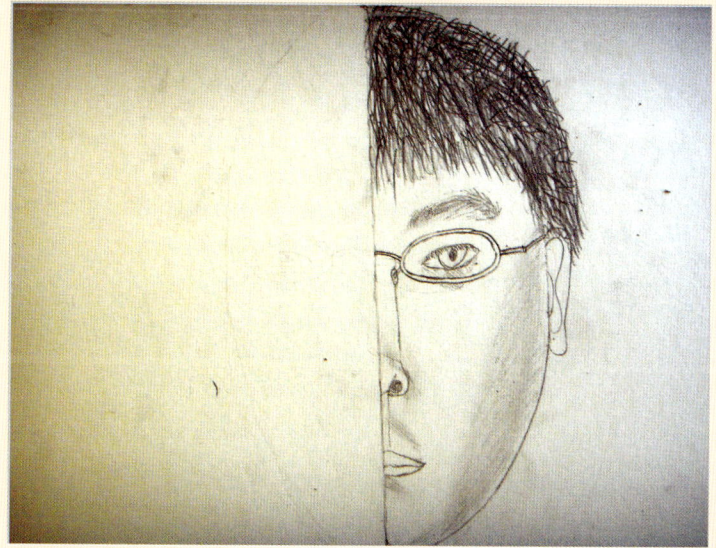

▲ **자신의 반쪽 모습** 초5 남

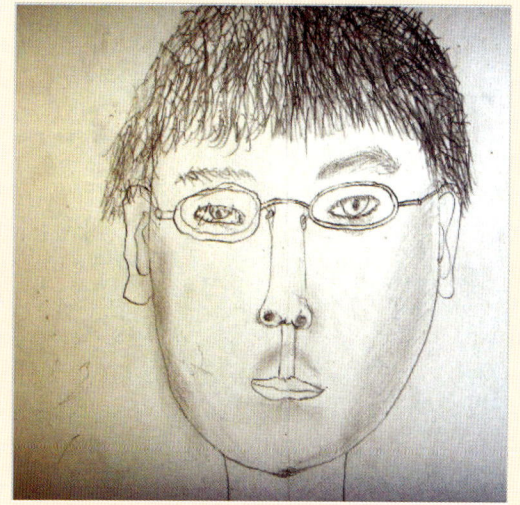

▲ **친구가 마무리한 반쪽** 초5 남, 초4 여

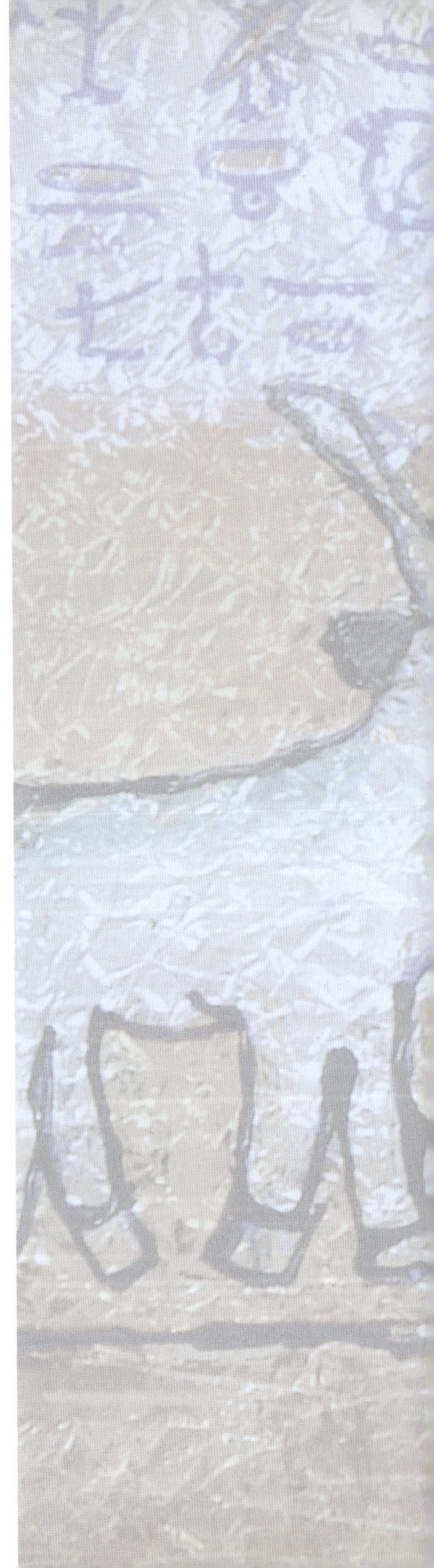

초등학교
고학년

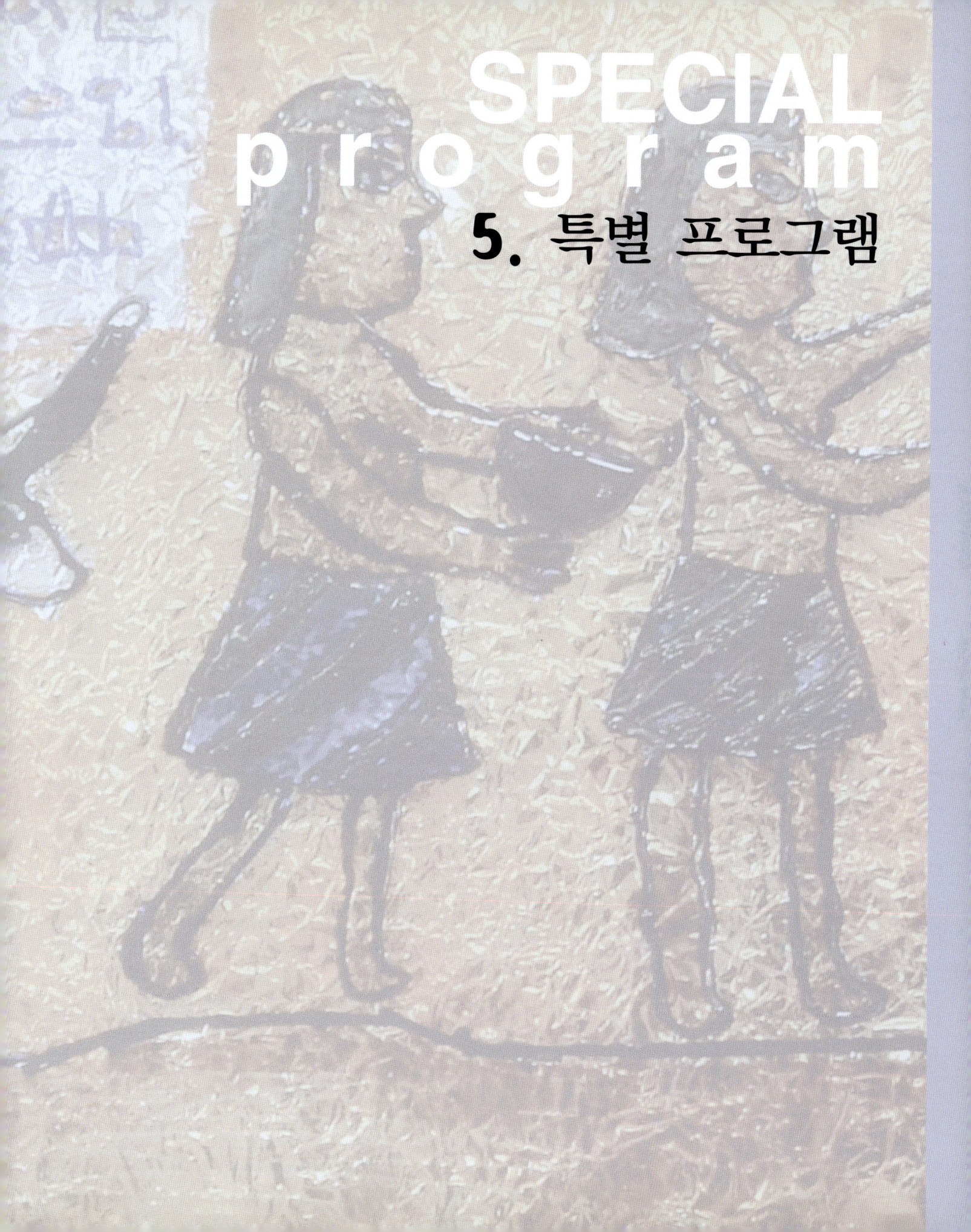

# SPECIAL program

## 5. 특별 프로그램

# 1. 스테인드글라스

▶ **준비물** 이집트 벽화 자료, 나무합판, 호일, 투명 아크릴판, 스테인드글라스 물감, 유성펜, 붓, 팔레트

1. 투명 아크릴판에 유성펜으로 밑그림을 그린다.
2. 스테인드글라스 물감으로 채색한다.
3. 나무합판에 호일을 씌운다.
4. 약간의 간격을 두고 그림이 그려진 아크릴판을 호일판 위에 붙여준다.
5. 완성된 작품을 서로 감상하며 이야기한다.

▶ **이집트 벽화**

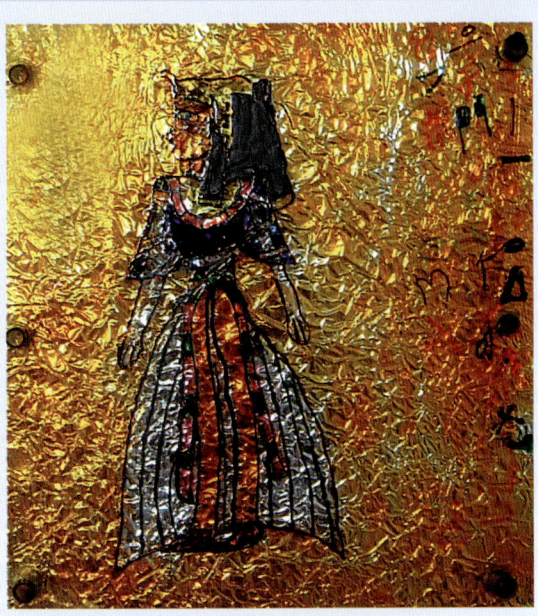

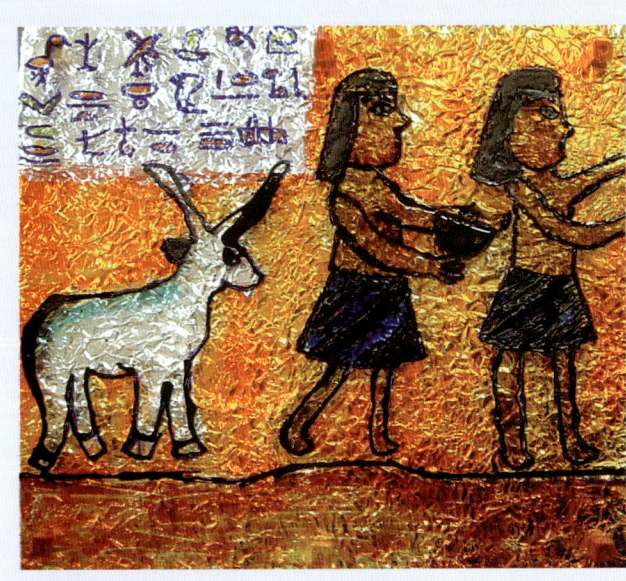

▲ **이집트 벽화**

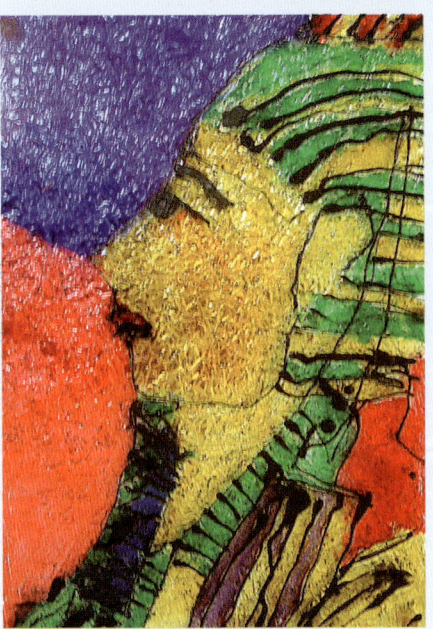

▶ **파라오**

# 2. 양초 만들기

▶ **준비물** 파라핀, 한지 종이컵, 작은 양초, 머핀 컵, 명주실, 헌 크레파스, 물감, 버너, 냄비, 나무젓가락

1. 냄비 안에 파라핀을 넣어서 젓가락으로 저어주면서 녹인다.
2. 크레파스를 넣어서 같이 녹인다.
3. 다 녹으면 컵에 부어 창가에 두고 말려준다. 이때 명주실(심지)을 길게 잘라 같이 끼워준다.
4. 한 층이 다 마르면 다른 색 크레파스를 녹여 같은 방법으로 부어준다.
5. 다 붓고 나면 굳기 전에 나무젓가락을 이용해 명주실을 가운데로 고정한다.
6. 완성되면 컵에서 초를 꺼낸다.

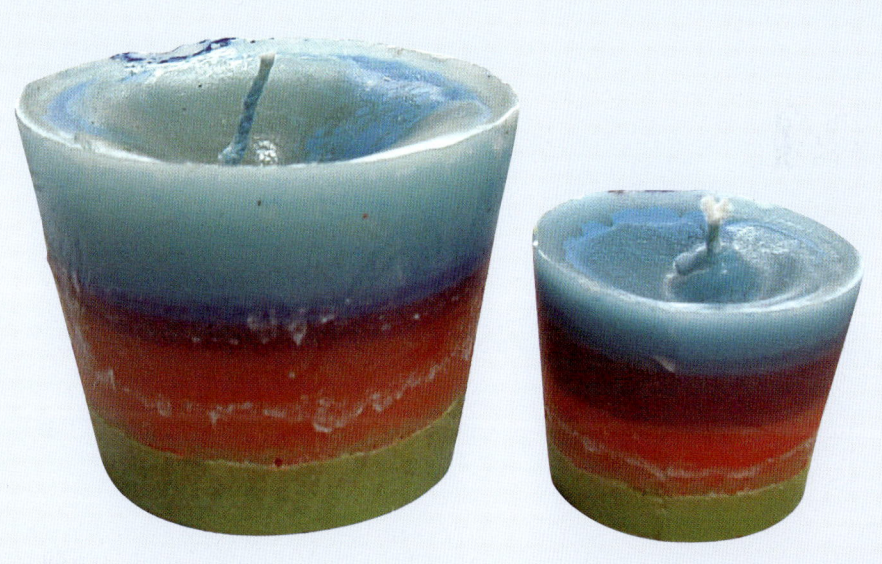

▲ **다색 양초**

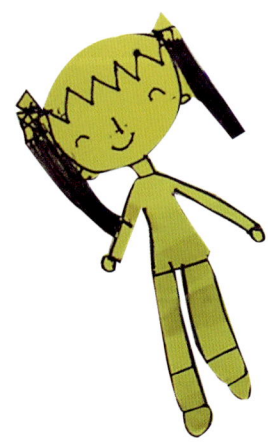